Como usar este planner

Como obter o melhor resultado do *Meu plano com Deus*

Mensalmente

1 **Motivos de oração.** Liste seus motivos conforme a orientação na abertura de cada mês. Lembre-se de orar por todos!

2 **Calendário para anotações.** Organize seus compromissos e cole os adesivos para destacar suas prioridades, datas especiais etc.

3 **Objetivos espirituais.** Estabeleça novos desafios na sua caminhada com Deus.

Diariamente

1 **Escolha um momento e local.** Escolha um momento e um local específico para ler, refletir e fazer suas anotações.

2 **Leia os versículos da Bíblia.** Inicie o seu momento com Deus lendo a passagem bíblica indicada abaixo do título de cada meditação.

3 **Medite sobre o versículo do dia.** Ele destaca um tema-chave e indica um bom ponto de partida para a leitura do artigo.

4 **Leia o artigo e reflita.** Ao ler, procure aprender mais sobre Deus, seu relacionamento com Ele, e como o Senhor deseja que você viva.

5 **Dedique um momento às suas anotações pessoais.** Considere e medite sobre a aplicação da mensagem na sua vida, seus motivos de gratidão e oração.

6 **A Bíblia em um ano.** Leia os capítulos indicados em cada meditação, para que no final de um ano você tenha lido a Bíblia inteira.

Mais sobre mim

MEU VERSÍCULO FAVORITO

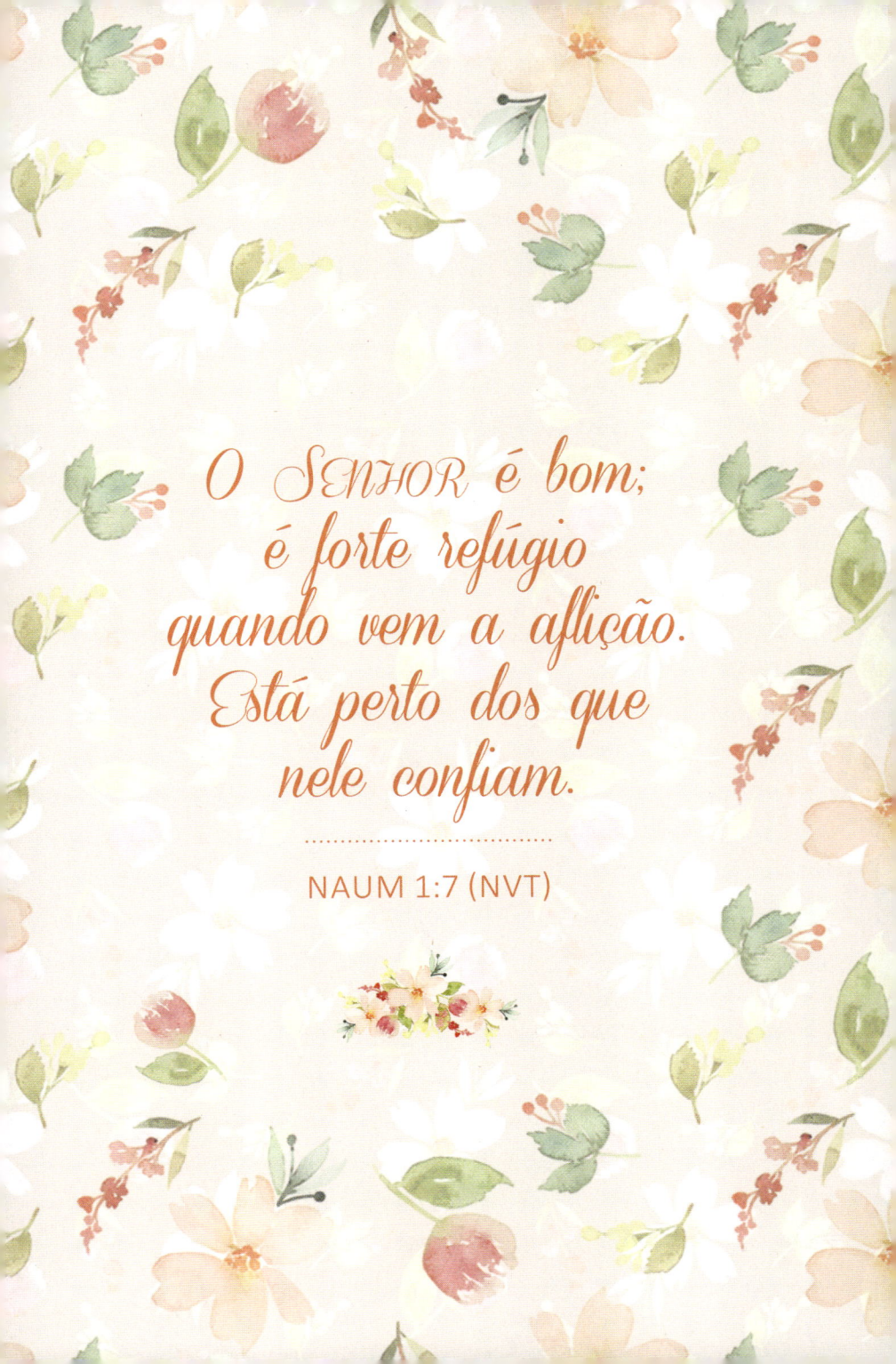

O SENHOR é bom;
é forte refúgio
quando vem a aflição.
Está perto dos que
nele confiam.

NAUM 1:7 (NVT)

Meus sonhos para este ano

MINHA ORAÇÃO

Meus próximos passos

VIDA ESPIRITUAL

RELACIONAMENTOS

CUIDADO PESSOAL E SAÚDE

FINANÇAS

Meu mural de sonhos

> Tudo neste mundo tem o seu tempo; cada coisa tem a sua ocasião.
>
> ECLESIASTES 3:1 (NTLH)

O que é realmente importante?

Checando o coração

O QUE EU PRECISO DEIXAR PARA TRÁS?

QUEM EU PRECISO PERDOAR?

QUAIS SÃO OS MEUS MAIORES TEMORES?

PARA QUEM EU DEVO DEDICAR MAIS TEMPO?

Meu mural de valores

JANEIRO

quarta	quinta	sexta	sábado

JANEIRO

OBJETIVOS

TAREFAS DO MÊS

PENSAMENTO DO MÊS

Um *coração* aberto a Deus é *um solo* no qual a *semente* da Sua Palavra *floresce.*

IMPORTANTE

ANIVERSARIANTES

Meus objetivos espirituais

SEMANA 1

SEMANA 2

SEMANA 3

SEMANA 4

1º de janeiro

Restaurando o passado

Leitura: Joel 2:12-27

Leitura da Bíblia em um ano
GÊNESIS 1–3;
MATEUS 1

Restituir-vos-ei os anos que foram consumidos pelo gafanhoto… —JOEL 2:25

Quantos anos você perdeu para os gafanhotos? Será que a autossatisfação, a sensualidade, a motivação pecaminosa e a ambição pessoal roubaram a sua alegria, paz e os bons frutos da vida? Talvez você se sinta desanimada quando pensa em todo o tempo que parece ter perdido e que nunca mais poderá ser recuperado.

Se este é o seu caso, considere as palavras que o Senhor falou por meio do profeta Joel. Deus disse ao povo de Israel que mesmo que eles fossem desobedientes e tivessem que ser disciplinados por meio de pragas de gafanhotos, ainda havia esperança. O Senhor é "…misericordioso, e compassivo, e tardio em irar-se, e grande em benignidade…" (Joel 2:13). E Deus prometeu: "Restituir-vos-ei os anos que foram consumidos pelo gafanhoto…" (v.25).

Quando confessamos o nosso pecado a Deus, Ele é rápido em perdoar o passado e encher de esperança o nosso futuro. O Senhor pode fazer com que obtenhamos frutos bons dos anos que desperdiçamos, ao nos ensinar a humildade por meio dos nossos fracassos e nos ajudar a compreender as fraquezas que temos em comum com os outros.

Mesmo que o passado tenha sido motivo de frustração por causa do pecado, Deus quer nos restaurar e abençoar com muitos frutos do nosso trabalho. O que aprendemos do passado pode resultar em louvor sincero ao nosso Pai. Os anos por vir estão repletos de esperança! —DAVID H. ROPER

Não importa o quão escuro tenha sido o seu passado, com Cristo o futuro será brilhante.

Leitura da Bíblia em um ano

GÊNESIS 4–6;
MATEUS 2

APLICAÇÃO PESSOAL

Gratidão

Orar por

2 de janeiro

Planos nobres

Leitura: Isaías 32:1-8

Mas o nobre projeta coisas nobres e na sua nobreza perseverará. —ISAÍAS 32:8

Existe uma diferença entre dizer: "Um dia gostaria de visitar a Inglaterra" e "Estou planejando visitar a Inglaterra na próxima semana." A primeira afirmação expressa um desejo, a segunda, uma preparação definida.

Entramos tantas vezes em um ano novo com esperanças, desejos e resoluções. Eles podem ser o início de uma mudança positiva. Mas a chave para o que acontece em nossas vidas é o fato de estabelecermos planos definidos. Isto, por sua vez, envolve pensamento, propósito e esforço.

O profeta Isaías escreveu sobre um tempo futuro quando "...reinará um rei com justiça..." (Isaías 32:1). Esta passagem profética nos fala sobre o futuro governo de Cristo, mas também oferece um princípio para nós, que nos curvamos diante de Jesus como Rei, aplicarmos hoje. Isaías contrastou as artimanhas do homem sem caráter, que "...maquina intrigas...", com o homem generoso que "...projeta coisas nobres..." (vv.7,8). Como seguidores de Cristo, devemos ser pessoas generosas.

Que planos você fez para ser mais generosa durante este novo ano? Estamos apenas planejando dar mais tempo e atenção aos outros, ou já fizemos alguns compromissos específicos? Se quisermos ajudar financeiramente a alguém ou uma causa, já emitimos o primeiro cheque?

Esta é uma época maravilhosa para fazer planos nobres que honram a Deus com a nossa visão e generosidade. —DAVID MCCASLAND

Os planos de Deus incluem você.
Será que os seus planos incluem Deus?

3 de janeiro

Eu sorrio

Leitura: Salmo 118:14-21

*E, assim, se alguém está em Cristo,
é nova criatura; as coisas antigas
já passaram; eis que se fizeram novas.*
—2 CORÍNTIOS 5:17

Leitura da Bíblia em um ano
GÊNESIS 7–9;
MATEUS 3

Alguns anos atrás, o cantor Russ Lee apresentou uma música intitulada *Eu sorrio*. Quando você descobre como a vida dele foi transformada por Jesus Cristo, entende por que ele canta uma canção que diz: "Eu sorrio quando penso em como mudaste a minha vida. Eu sorrio quando penso na alegria que encontrei em ti."

Quando Lee tinha 17 anos, os seus dias eram desperdiçados com drogas, álcool, tédio e dor. Sua vida estava cheia de problemas que ele mesmo tinha causado e sem esperança. Certo dia, enquanto escutava a antiga canção de rock *Não consigo encontrar satisfação*, compreendeu que ela descrevia a sua vida. Dois dias mais tarde, um amigo o convidou para ir à igreja. Lee ouviu que a verdadeira satisfação vem quando conhecemos a Jesus Cristo e então buscou ao Senhor, em fé.

Qual foi a primeira atitude dele após confiar em Cristo? Segundo o livro *Touched by the Saviour* (Tocado pelo Salvador), de Mike Yorkey, Lee disse: "Caminhei de volta para o carro. No porta-malas havia uma sacola de lixo cheia de drogas que eu estava vendendo. Pensei: Não vou mais precisar disso! E estava certo. Joguei a sacola fora. Daquele dia em diante, Deus transformou a minha vida de dentro para fora. Eu me tornei uma nova criatura."

Não é de se admirar que Russ Lee pode cantar com exuberância: Eu sorrio. E você, também pode? Jesus é digno de ser celebrado! —DAVE BRANON

Uma canção no coração coloca
o sorriso no rosto.

Leitura da Bíblia em um ano

GÊNESIS 10–12;
MATEUS 4

APLICAÇÃO PESSOAL

Gratidão

Orar por

4 de janeiro

Deus é sempre por nós

Leitura: Rute 1

…Se Deus é por nós, quem será contra nós? —ROMANOS 8:31

Noemi, seu esposo e seus dois filhos deixaram Israel e foram viver nas terras de Moabe por causa de uma grande fome (Rute 1:1,2). Um dos filhos dela se casou com Rute, o outro com Orfa. No entanto, quando o marido e os dois filhos de Noemi morreram (vv.3,5), ela decidiu voltar para Israel. Mas Noemi achou que seria melhor para as suas duas noras ficarem em Moabe (vv.6-13). Ela quis que as mulheres desistissem de acompanhá-la, dizendo: "…Não, filhas minhas! Porque, por vossa causa, a mim me amarga o ter o Senhor descarregado contra mim a sua mão" (v.13).

Noemi estava certa em relação ao que pensava de Deus? Talvez a família havia mostrado falta de fé ao se mudar para Moabe, uma região pagã, mas Deus certamente não estava contra ela. Ele demonstrou isto ao cuidar de forma maravilhosa dela e de Rute, depois que ambas retornaram a Israel (leia o restante do livro).

Você pode estar desempregada, com uma doença incurável, ter um filho deficiente ou estar cuidando de alguém querido e doente. Deus não prometeu que ficaríamos livres destes problemas. Mas Ele tem provado que sempre é "por nós" como cristãs, por meio do que fez através de Jesus (Romanos 5:8,9). Nada, nem mesmo a morte pode nos separar do Seu amor (Romanos 8:35-39). O Senhor nunca está "contra nós", nem mesmo quando Ele nos disciplina (Hebreus 12:5-6). Ele sempre é por nós!

—HERB VANDER LUGT

Aquele que morreu para salvá-la,
nunca será contra você.

5 de janeiro

Vamos para a cozinha!

Leitura: Mateus 5:11-16

Vós sois o sal da terra…
—MATEUS 5:13

Leitura da Bíblia em um ano
GÊNESIS 13–15;
MATEUS 5:1-26

Trata-se de algo comum, barato, usado em todo o mundo. Provocou guerras, conduziu ao estabelecimento de rotas de comércio e pagou o salário de soldados. Hoje em dia, serve principalmente como meio de preservação e como condimento. Trata-se da substância cristalina que chamamos de sal.

Jesus, que era mestre em usar exemplos do dia a dia para ilustrar realidades espirituais, falou do sal quando ensinava aos Seus discípulos como deveriam servir de agentes do Seu reino. Ele disse: "Vós sois o sal da terra…" (Mateus 5:13).

Quando pensamos no sal como produto de preservação, podemos supor que Jesus quer que evitemos a decadência moral em nossa sociedade. E quando pensamos na capacidade do sal de dar sabor, temos certeza de que Jesus quer que ajudemos as pessoas a descobrir a alegria de conhecê-lo e de viver para Ele.

O sal armazenado em uma prateleira não cumpre a sua função. De forma semelhante, a não ser que estejamos compartilhando ativamente a verdade da vida em Deus, não estamos servindo como sal espiritual. Afinal, o lugar do sal é no lugar em que o ser humano está. Em vez de somente criticar a corrupção da nossa cultura e o lado difícil da vida devemos ir para a cozinha — pois somos o sal do mundo. —VERNON C. GROUNDS

Quando somos o sal do mundo mostramos aos outros que Jesus é a Água da Vida.

Leitura da Bíblia em um ano
GÊNESIS 16–17;
MATEUS 5:27-48

APLICAÇÃO PESSOAL

Gratidão

Orar por

6 de janeiro

O grande oleiro

Leitura: Jeremias 18:1-6

…como o barro na mão do oleiro, assim sois vós na minha mão, ó casa de Israel.
—JEREMIAS 18:6

Uma das definições para a palavra atitude é: o ângulo de aproximação de um avião ao aterrissar. Já se escreveu que as atitudes são para a nossa vida, o que o ângulo de aproximação é para a aviação. Atitude é a forma que escolhemos de pensar, o que nos leva a reagir e a nos comportar de determinada forma. As atitudes não são inatas da pessoa, nem acidentais. São reações que aprendemos e absorvemos e que, portanto, podem ser mudadas.

Quando tinha cerca de 30 anos, o Senhor começou a me convencer sobre a minha maneira errada de pensar em relação a mim mesma, aos outros e à vida — pensamentos negativos, de autocomiseração e amargura. Com a ajuda da Palavra de Deus, reconheci a minha necessidade de mudança em três áreas principais: atitudes, ações e reações. Mas eu temia que não pudesse mudar. Um dia, li em Jeremias 18 sobre como o oleiro transformou um vaso de barro danificado (era assim que eu me sentia) em um vaso diferente, de acordo com a vontade dele. O que eu não podia fazer, o Grande Oleiro podia fazer por mim! Eu só precisava ser um barro que colaborasse.

Hoje, este vaso ainda está longe de estar pronto. Mas à medida que me coloco em Suas mãos, o Oleiro continua trabalhando em mim e moldando as minhas atitudes e ações. Eu as chamo de atitudes, ações e reações de Cristo. O Grande Oleiro pode fazer o mesmo por você. —JOANIE E. YODER

A transformação no coração produz mudança de comportamento.

7 de janeiro

Lista de alegrias

Leitura: João 15:9-17

Tenho-vos dito estas coisas para que o meu gozo esteja em vós, e o vosso gozo seja completo. —JOÃO 15:11

Certo escritor trabalhava como voluntário num hospital quando conheceu um menino de 13 anos, que tinha uma doença incurável. Certo dia, aquele menino deu ao escritor meia dúzia de folhas de papel, escritas dos dois lados, e disse: "Eu quero que você dê isto para a minha mãe e o meu pai depois que eu morrer. É uma lista de todas as alegrias que tivemos, todas as vezes que rimos juntos." O homem ficou admirado com a preocupação do garoto com o bem-estar de outros.

A lista foi entregue. Anos mais tarde, o escritor decidiu fazer uma lista própria e, para sua surpresa, teve dificuldades em compilar a sua "lista de alegrias". Mas quando percebeu os momentos de riso, satisfação e alegria de cada dia, a sua lista começou a aumentar.

Qualquer lista de alegrias que nós, cristãos, compilamos sem dúvida incluirá muitas referências à presença e ao poder de Jesus Cristo. Não importam quais sejam as suas circunstâncias, a alegria é um dom gracioso para todos os que confiam no Senhor. Jesus mantinha a alegria em mente, mesmo quando enfrentou a agonia da cruz. Ele disse aos Seus discípulos: "Tenho-vos dito estas coisas para que o meu gozo esteja em vós, e o vosso gozo seja completo" (João 15:11).

Que tal começar a sua própria lista hoje? Pode ser um bom lembrete do amor fiel do Senhor e do contentamento que Ele traz ao nosso coração. —DAVID MCCASLAND

Para multiplicar a sua alegria, conte as suas bênçãos.

Leitura da Bíblia em um ano
GÊNESIS 18–19;
MATEUS 6:1-18

Leitura da Bíblia em um ano

GÊNESIS 20–22;
MATEUS 6:19-34

APLICAÇÃO PESSOAL

Gratidão

Orar por

8 de janeiro

Nosso lar por vir

Leitura: Hebreus 11:8-10

Pela fé, peregrinou na terra da promessa como em terra alheia…
—HEBREUS 11:9

Agora que me aproximo do final da jornada da vida, penso como um passageiro. Acho que isto é normal. Abraão, a princípio, descreveu-se a si mesmo como "um estrangeiro" quando comprou uma propriedade para sepultar a sua mulher Sara (Gênesis 23:4). O tempo e a morte que se aproxima nos levam a refletir deste modo.

A maioria das pessoas idosas diz o mesmo: não existe um lar para nós deste lado do céu. Como *O Peregrino* no livro de Bunyan (Publicações Pão Diário, 2023), uma vez que tenhamos olhado de relance para a cidade celestial, não nos contentamos com menos do que isso. Como Abraão, olhamos para uma cidade cujo construtor é o próprio Deus (Hebreus 11:10).

Em um dos livros de Tolkien, *O Senhor dos Anéis* (Martins Fontes, 1991), ao iniciar uma grande aventura as personagens cantam: "Atrás está o lar, à frente o mundo." Mas para os cristãos, é justamente o contrário: o mundo está atrás, nosso lar à frente.

Neste lar não haverá vales de lágrimas, pois Deus "…enxugará dos olhos toda lágrima, e a morte já não existirá, já não haverá luto, nem pranto, nem dor, porque as primeiras coisas passaram" (Apocalipse 21:4). Esta promessa nos ajuda a suportar a presente jornada.

Ou seja, é a esperança de ir para casa que me ajuda a prosseguir caminhando. Mal posso esperar até chegar lá! —DAVID H. ROPER

Quanto mais você olhar para frente e para o céu, menos desejará as coisas deste mundo.

9 de janeiro

Quem é o culpado?

Leitura: Mateus 7:1-5

Hipócrita! Tira primeiro a trave do teu olho e, então, verás claramente para tirar o argueiro do olho de teu irmão.
—MATEUS 7:5

Uma mulher foi acusada de bigamia por seu marido. Ao ser presa, ela não somente admitiu a culpa, mas também contou às autoridades que se considerava louca para ter se casado duas vezes, sem ter passado pelo divórcio ou pela viuvez.

Mas esta foi somente a metade da história. A mulher disse que o que mais a surpreendeu foi o seu marido tê-la denunciado, sendo ele culpado do mesmo crime. No decorrer das investigações, o marido admitiu que também estava casado ilegalmente com duas mulheres.

Este marido é um exemplo do que Jesus descreveu em Mateus 7:1-5. Enquanto tinha uma "trave" em seu próprio olho, apontava de forma crítica para um "argueiro" no olho da sua esposa. Ambos desrespeitaram a lei. Entretanto, o pecado do marido era maior do que o da esposa, pois foi arrogante ao pensar que poderia julgar uma outra pessoa pelo mesmo pecado que ele estava cometendo.

A mensagem é clara. Cristo nos mostra misericórdia quando admitimos o nosso pecado, mas Ele julga a nossa hipocrisia e orgulho quando nos recusamos a ser humildes em Sua presença.

Vamos tratar dos nossos próprios pecados e não nos tornarmos especialistas em apontar os pecados dos outros. —MART DEHAAN

A maioria de nós enxerga os pecados dos outros, mas não os nossos próprios.

Leitura da Bíblia em um ano
GÊNESIS 23–24; MATEUS 7

Leitura da Bíblia em um ano
GÊNESIS 25–26;
MATEUS 8:1-17

APLICAÇÃO PESSOAL

Gratidão

Orar por

10 de janeiro

O mundo nos observa

Leitura: 1 João 2:1-11

Aquele que diz que permanece nele, esse também deve andar assim como ele andou. —1 JOÃO 2:6

Se as pessoas da sua cidade fossem entrevistadas a respeito dos cristãos que vivem nela, o que você acha que elas diriam? Será que os cristãos seriam reconhecidos por seu amor ou por algo diferente?

Considere estas duas situações verídicas: numa pequena vila, um restaurante decidiu fechar aos domingos à noite porque os empregados se negavam a trabalhar para as pessoas da igreja que frequentavam o estabelecimento depois do culto. Afirmavam que os que vinham da igreja eram grosseiros, deixavam tudo sujo e davam pouca gorjeta.

Noutra cidade, a gerente de uma loja que vendia entradas para concertos disse que algumas das pessoas mais rudes que ela já havia encontrado tinham sido as que compraram os bilhetes para ouvir um renomado grupo vocal cristão.

Algumas vezes, não nos damos conta, mas as pessoas que não seguem a Cristo estão nos observando. Os nossos vizinhos e outras pessoas que encontramos pelo caminho, percebem o nosso comportamento. Sabem que se dissermos que somos seguidores de Cristo, deveríamos ser amáveis e compassivos. Sabem que nossas vidas deveriam refletir amor à semelhança de Cristo (João 13:35; 1 João 2:6). Sabem que não deveríamos estar tão ocupados com os nossos próprios interesses, a ponto de nos impedir de amarmos outras pessoas.

Devemos garantir que as pessoas que nos observam queiram também conhecer o nosso Salvador. —DAVE BRANON

Nada é mais atraente do que ser como Cristo.

11 de janeiro

Somente Ele

Leitura: Esdras 4:1-5

Leitura da Bíblia em um ano
GÊNESIS 27–28;
MATEUS 8:18-34

…Nada tendes conosco na edificação da casa a nosso Deus; nós mesmos, sozinhos, a edificaremos ao Senhor, Deus de Israel… —ESDRAS 4:3

Uma organização cristã de jovens em Singapura soube que os proprietários do hipódromo local queriam doar-lhes uma soma significativa em dinheiro. A doação seria de grande ajuda, mas a organização havia se posicionado contra o vício do jogo. Agora precisava decidir se aceitaria dinheiro de um clube de corridas de cavalo, cujo lucro provinha de apostas, comprometendo o seu compromisso com Cristo.

Zorobabel, Jesua e os demais chefes das famílias de Israel enfrentaram um dilema semelhante. Os moradores assírios que haviam se casado com remanescentes das tribos de Israel que estiveram no exílio lhes ofereciam ajuda para reconstruir o templo. Mais tarde foram conhecidos como samaritanos, e eram considerados adversários de Israel (Esdras 4:1). A resposta de Zorobabel foi decisiva: "…nós mesmos, sozinhos, a edificaremos ao Senhor…". Por que tanta exclusividade? Em 2 Reis 17:33 lemos que estes que ofereceram ajuda "…temiam o Senhor e, ao mesmo tempo, serviam aos seus próprios deuses…".

Precisamos ser lembrados muitas vezes do primeiro mandamento: "Não terás outros deuses diante de mim" (Êxodo 20:3). Embora o Senhor possa até usar pessoas descrentes para realizar os Seus propósitos, nunca devemos comprometer a nossa lealdade a Ele. Devemos mostrar pelas nossas palavras e pelos nossos atos que adoramos a Ele e somente a Ele. —ALBERT LEE

Existem muitas maneiras de adorar a Deus, mas somente um Deus a ser adorado.

Leitura da Bíblia em um ano

GÊNESIS 29–30;
MATEUS 9:1-17

APLICAÇÃO PESSOAL

Gratidão

Orar por

12 de janeiro

Frio ou quente

Leitura: Apocalipse 3:14-22

*Conheço as tuas obras,
que nem és frio nem quente.
Quem dera fosses frio
ou quente!* —APOCALIPSE 3:15

Gosto muito de sopa bem quente e de refrigerante bem frio. Mas não gosto de nenhum dos dois quando estão mornos. Jesus tem a mesma atitude para com as pessoas que dizem que são Seus filhos. O Senhor não gosta de quem é morno ou indiferente; Ele disse que preferiria ou frio ou quente (Apocalipse 3:15).

Embora algumas pessoas creiam que o termo frio se refere a hostilidade com Jesus e o evangelho, não creio que Ele prefira a hostilidade à indiferença. Na mensagem à igreja de Laodiceia, Jesus talvez tivesse em mente duas fontes de água da região — a fonte quente mineral de Hierápolis e a água pura e fria em Colosso. As fontes quentes eram vistas como as que tinham poder para curar. As frias providenciavam refrigério. Os cristãos da igreja de Laodiceia não trouxeram nem cura para os que estavam espiritualmente enfermos, nem refrigério para os fracos. Eram mornos e de nenhuma ajuda aos outros.

Você e eu precisamos nos fazer as seguintes perguntas: estou provendo refrigério para os que estão espiritualmente fracos, dando-lhes encorajamento, alegria e esperança? Estou trazendo cura, ao desafiar os descuidados, corrigir os que estão errados e motivar os indiferentes? Lembre-se: não podemos ajudar a ninguém se formos mornos. O Senhor quer que sejamos ou frios ou quentes, qualquer que seja a necessidade do momento. —HERB VANDER LUGT

Uma cristã indiferente precisa readquirir
um coração voltado para Deus.

13 de janeiro

Olhando para frente

Leitura: Filipenses 3:13-14

…esquecendo-me das coisas que para trás ficam […] prossigo para o alvo… —FILIPENSES 3:13-14

Leitura da Bíblia em um ano
GÊNESIS 31–32;
MATEUS 9:18-38

APLICAÇÃO PESSOAL

O mês de janeiro recebeu o seu nome por causa de *Janus*, o deus romano dos recomeços. Ele era simbolizado por um homem de duas faces, uma olhando para trás e a outra olhando para a frente.

Algumas pessoas têm problemas ao olhar para a frente com esperança, porque continuam a olhar para trás e ficam desanimadas com os erros do passado. Assim, sua perspectiva para o futuro é ofuscada, e o entusiasmo é abatido. Mas não ganhamos nada ao chorar pelo "leite derramado". A história provavelmente se repetirá se continuarmos a meditar sobre os fracassos do ano que passou, ou reclamarmos das injustiças que sofremos nos últimos meses. Nada se ganha ao lamentar-se continuamente sobre o passado.

Neste início de novo ano, comece a confessar os seus pecados ao Senhor e aceitar o perdão misericordioso que Ele oferece (1 João 1:9,10). Corrija o que precisa ser acertado e então "…esquecendo das coisas que para trás ficam…", siga adiante com confiança no seu Pai celestial (Filipenses 3:13,14). Este era o segredo do êxito de Paulo.

Vamos parar de olhar para trás e de meditar sobre os fracassos do passado. Com o olhar adiante, sigamos em frente com esperança e alegria. —RICHARD W. DEHAAN

Não viva nas sombras de ontem, caminhe sob a luz de hoje e esperança do amanhã.

Gratidão

Orar por

Leitura da Bíblia em um ano

GÊNESIS 33–35;
MATEUS 10:1-20

APLICAÇÃO PESSOAL

Gratidão

Orar por

14 de janeiro

Pela manhã

Leitura: Marcos 1:23-39

Tendo-se levantado alta madrugada, saiu, foi para um lugar deserto e ali orava. —MARCOS 1:35

Você está a tal ponto atarefado durante o dia, que lhe é difícil encontrar apenas alguns minutos para investir no seu relacionamento com Deus? Muitas pessoas separam um tempo pela manhã, antes de serem envolvidas no ritmo agitado do dia.

Li a respeito de um homem bastante ocupado que de alguma forma encontra tempo para dar ao dia uma "partida" espiritual. Trata-se do Dr. Ben Carson, cirurgião chefe de um hospital infantil, posição que assumiu aos 33 anos.

Aqui está o testemunho de Carson sobre o valor de colocar as coisas espirituais em primeiro lugar: "Descobri que o ritual matutino — meditação ou algum tempo silencioso de leitura — pode determinar o tom para todo o dia. Toda manhã, invisto meia hora do meu tempo lendo a Bíblia, especialmente o livro de Provérbios. Ali encontramos tanta sabedoria. Durante o dia, se me deparo com uma situação frustrante, penso novamente em um dos versículos que li naquela manhã."

Jesus enfrentou dias bastante ocupados, com multidões de pessoas lhe fazendo pedidos. Nós lemos no evangelho de Marcos: "Tendo-se levantado alta madrugada, saiu, foi para um lugar deserto e ali orava" (1:35).

Você investe tempo para ler a Palavra de Deus e orar? Tente fazê-lo pela manhã. Isto pode transformar o seu dia. —VERNON C. GROUNDS

Permita que Cristo seja o primeiro
nos seus pensamentos pela manhã,
e o último à noite.

15 de janeiro

Não nos enganemos!

Leitura: Tiago 1:19-25

Leitura da Bíblia em um ano
GÊNESIS 36–38;
MATEUS 10:21-42

Tornai-vos, pois, praticantes da palavra e não somente ouvintes, enganando-vos a vós mesmos. —TIAGO 1:22

Uma mãe falou para o seu filho: "Olhe-se no espelho e lave o seu rosto." O menino respondeu: "Eu já lavei!" Mas ela insistiu: "Você está apenas enganando a si mesmo!" O rosto sujo do menino era prova de que se ele realmente tivesse se olhado no espelho, ignorava o que este tinha lhe mostrado. Talvez o menino tenha visto a verdade a seu próprio respeito, mas não fez nada em relação a isto.

O apóstolo Tiago ensinou que toda aquele que ouve a Palavra de Deus, mas não a obedece, está enganando a si mesmo. É semelhante a alguém que se olha no espelho, mas segue seu caminho da mesma maneira (Tiago 1:22-24). Ele ouve e lê a Palavra de Deus, mas não permite que as Escrituras lhe transformem. Todavia, a pessoa que olha no espelho da Palavra de Deus, desejando transformação de vida, "…nela persevera…" (v.25). Esta pessoa vai desejar que a Palavra lhe revele suas necessidades e lhe mostre as verdades a serem obedecidas. Assim, se tornará mais semelhante a Jesus. Tiago disse que este tipo de pessoa "…será bem-aventurada no que realizar" (v.25).

Se quisermos honestamente tornar-nos semelhantes a Cristo em nossas atitudes, ações e reações, devemos olhar regularmente no espelho de Deus, a Bíblia. Mas não nos enganemos — somente olhar não basta. A Palavra de Deus nos transformará, mas apenas se nós a obedecermos. —JOANIE E. YODER

Abra a sua Bíblia em oração, leia-a cuidadosamente e obedeça-a com alegria.

Leitura da Bíblia em um ano

GÊNESIS 39–40;
MATEUS 11

16 de janeiro

Nada além da verdade

Leitura: Provérbios 12:17-22

Os lábios mentirosos são abomináveis ao Senhor, mas os que agem fielmente são o seu prazer. —PROVÉRBIOS 12:22

Anos atrás, li algumas explicações incomuns e humorísticas sobre acidentes de carros. Descrevo abaixo exemplos do que as pessoas informaram a uma companhia de seguros:

"Um carro invisível saiu do nada, bateu no meu carro e desapareceu."

"Eu havia dirigido o meu carro por 40 anos, mas adormeci no volante e então ocorreu o acidente."

"Eu saí do acostamento, olhei de relance para a minha sogra e acabei subindo o barranco."

"O pedestre não sabia em que direção queria ir, então eu o atropelei."

"O poste telefônico se aproximava rapidamente. Tentei me desviar do seu caminho, quando este bateu na minha parte dianteira."

"O camarada estava ocupando toda a rua. Tive que desviar algumas vezes antes de bater nele."

"A causa indireta deste acidente foi um homem pequeno, num carro pequeno, com uma boca enorme."

Estas "desculpas" podem nos fazer rir e algumas provavelmente tinham esta intenção. Mas elas também nos recordam como somos propensos a encobrir os fatos, especialmente quando é para o nosso próprio proveito. O livro de Provérbios nos diz que "Os lábios mentirosos são abomináveis ao Senhor…" (12:22).

Por isso, falemos a verdade todo o tempo, nada além da verdade! —RICHARD W. DEHAAN

A mentira é a tentativa do covarde para desvencilhar-se de um problema.

17 de janeiro

Estratégia de compras

Leitura: Malaquias 1:6-14

...vós ofereceis o dilacerado, e o coxo, e o enfermo [...]. Aceitaria eu isso da vossa mão? — diz o Senhor.
—MALAQUIAS 1:13

"Eu não tenho prazer em vós...". Esta foi a dolorosa repreensão do Senhor ao Seu povo, por meio do profeta Malaquias (1:10). Deus estava irado com a adoração de má qualidade do povo, os animais trazidos para o sacrifício não eram aceitáveis diante dele, porque não eram os melhores dos seus rebanhos. Ofereciam animais dilacerados, coxos e enfermos (v.13).

Mesmo que nós talvez não demonstremos este grau de desprezo para Deus, às vezes somos muito casuais em nossa adoração. Uma amiga fez uma observação a respeito de si mesma: "Quando compro coisas simples como sabonete, raramente penso sobre isso. Mas quando estou procurando uma blusa para combinar com uma saia, faço minhas compras com cuidado. Vou de loja em loja até encontrar exatamente o que estou procurando." Então ela acrescentou pensativamente: "Eu deveria ter a mesma atenção quando estou adorando a Deus. Às vezes, me aproximo dele sem refletir, como se estivesse comprando uma caixa de lenços de papel."

Durante os cultos de adoração em nossas igrejas, podemos falhar em dar toda a nossa atenção a Deus. Chegamos atrasados. Os nossos pensamentos vagam. Precisamos disciplinar a nossa mente de maneira que não nos concentremos nos cuidados de ontem ou nas responsabilidades do amanhã. Quando adoramos ao Senhor com todo o nosso coração, Ele se agradará de nós. —DAVID C. EGNER

A adoração sincera vem do âmago do coração.

Leitura da Bíblia em um ano
GÊNESIS 41–42;
MATEUS 12:1-23

APLICAÇÃO PESSOAL

Gratidão

Orar por

Leitura da Bíblia em um ano

GÊNESIS 43–45;
MATEUS 12:24-50

APLICAÇÃO PESSOAL

Gratidão

Orar por

18 de janeiro

Realidade ou ilusão?

Leitura: Malaquias 2:13-17

Nisto, que pensais: Qualquer que faz o mal passa por bom aos olhos do Senhor... —MALAQUIAS 2:17

Eu tinha acabado de tirar o meu carro da área de carregamento. Pelo retrovisor vi dois pequenos caminhões, lado a lado. Havia espaço suficiente para manobrar. De repente, parecia que um dos caminhões estava se dirigindo em minha direção. Parei. Mas então compreendi que o outro caminhão, na verdade, estava dando a ré, criando a ilusão de que o que estava parado se movia para a frente.

Uma ilusão, segundo o dicionário, é "uma percepção errônea da realidade". Artistas ilusionistas têm se utilizado dela para "fazer o impossível". A maioria das ilusões é inofensiva, mas algumas podem ser fatais. Em um deserto, correr atrás de uma miragem que parece ser água, pode levar à morte.

As ilusões mais perigosas são as espirituais e morais, e as pessoas são tão propensas a acreditar nelas. Em Malaquias 2, os israelitas não estavam cumprindo os seus votos de casamento (vv.14-16). Eles sabiam que Deus detesta o divórcio (v.16), todavia estavam dizendo: "Qualquer que faz o mal passa por bom aos olhos do Senhor..." (v.17).

Isto não se parece com a cultura dos nossos dias? As pessoas creem que fatos como o aborto, sexo extraconjugal e divórcio por qualquer razão, são moralmente certos. Mesmo alguns cristãos creem em tais ilusões.

É crucial que tenhamos a Bíblia como o padrão para distinguir a realidade da ilusão! —DENNIS DEHAAN

Uma das maiores ilusões da vida é a de que o pecado não tem consequências.

19 de janeiro

Uma obra de paz

Leitura: Tiago 3:13-18

Leitura da Bíblia em um ano
GÊNESIS 46–48;
MATEUS 13:1-30

Ora, é em paz que se semeia o fruto da justiça, para os que promovem a paz. —TIAGO 3:18

A pequena igreja do Texas não era um lugar apropriado para uma obra de arte internacional. Mas ao final da Segunda Guerra Mundial, sete prisioneiros italianos foram escolhidos para ajudar a decorar as paredes daquela pequena igreja.

Eles estavam relutantes em ajudar os seus captores, mas concordaram sob a condição de que os seus esforços fossem aceitos como uma contribuição para a irmandade e exemplo de cooperação cristã. Sobre o trabalho das pinturas e de uma obra de escultura em madeira sobre a Última Ceia, um dos oficiais comentou: "uma torrente espontânea de bons sentimentos começou quase que simultaneamente a fluir entre nós. Ninguém mais falou em guerra ou do passado porque nós estávamos ali para uma obra de paz e amor."

As nossas vidas estão repletas de momentos difíceis, e neles podemos introduzir a paz de Deus. Podemos nos sentir aprisionados por sentimentos duros, relacionamentos tensos e circunstâncias limitadas. Não obstante, a paz tem o poder de brotar em qualquer lugar. Tiago nos lembrou de que "A sabedoria, porém, lá do alto é […] pura, depois pacífica, indulgente, tratável, plena de misericórdia e de bons frutos, imparcial, sem fingimento. Ora, é em paz que se semeia o fruto da justiça, para os que promovem a paz" (Tiago 3:17,18).

Onde quer que estejamos hoje, clamemos ao Senhor para que nos use como os Seus pacificadores.

—DAVID MCCASLAND

Os melhores pacificadores são aqueles que conhecem a paz de Deus.

Leitura da Bíblia em um ano

GÊNESIS 49–50;
MATEUS 13:31-58

APLICAÇÃO PESSOAL

Gratidão

Orar por

20 de janeiro

Fardo ou bênção?

Leitura: 2 Coríntios 12:1-10

Então, ele me disse: A minha graça te basta, porque o poder se aperfeiçoa na fraqueza... —2 CORÍNTIOS 12:9

Aprendemos que quando pedimos algo a Deus por meio da oração, as respostas podem ser sim, não ou espere. Sabemos que mesmo um não é uma resposta, embora não seja a que queiramos. Quando Paulo rogou três vezes a Deus para remover o seu "espinho na carne", certamente não recebeu a resposta que queria (2 Coríntios 12:7-8).

Qualquer que tenha sido o espinho de Paulo, ele o enfraqueceu. Como Paulo queria ser forte no seu ministério, pediu que Deus o libertasse desse fardo. Ainda que o Senhor não tenha atendido ao seu pedido, Ele respondeu sua oração! Deus disse a Paulo: "A minha graça te basta, porque o poder se aperfeiçoa na fraqueza..." (v.9). A suficiência da graça de Cristo tornou-se a nova vantagem de Paulo.

O autor J. Oswald Sanders resumiu a atitude de Paulo sobre o seu espinho: "A princípio, ele o viu como uma desvantagem que o limitava, porém mais tarde, chegou a considerá-lo como uma vantagem celestial." Por isso, Paulo podia testemunhar: "Pelo que sinto prazer nas fraquezas, nas injúrias, nas necessidades, nas perseguições, nas angústias, por amor de Cristo. Porque, quando sou fraco, então, é que sou forte" (v.10).

Você tem orado pela libertação de algo que a enfraquece, mas ainda não recebeu a resposta? Lembre-se: a graça de Deus é suficiente para você. O Senhor pode transformar a sua limitação em uma "vantagem celestial". —JOANIE E. YODER

A nossa fraqueza é bênção quando
nos apoiamos na força de Deus.

21 de janeiro

O que você busca?

Leitura: João 1:35-42

E Jesus, voltando-se e vendo que o seguiam, disse-lhes: Que buscais?... —JOÃO 1:38

Leitura da Bíblia em um ano
ÊXODO 1–3;
MATEUS 14:1-21

Como você responderia se Jesus lhe perguntasse: "Que buscais?" (João 1:38). Você lhe pediria saúde e bem-estar físico? Um emprego melhor? Um casamento mais feliz? Segurança financeira? A defesa contra uma injúria? A salvação para um ente querido? A explicação de um conceito teológico difícil?

Para dois dos discípulos de João Batista, esta situação foi mais do que um exercício de imaginação. Certo dia, enquanto eles caminhavam com João, Jesus apareceu e João anunciou: "Eis o Cordeiro de Deus!" (v.36). Em vez de continuarem a seguir a João, os dois discípulos seguiram a Jesus.

Quando Jesus os viu, perguntou: "Que buscais?" (v.38).

Aparentemente, João os havia ensinado bem porque a resposta deles indicava que não buscavam algo para si mesmos, mas buscavam o próprio Jesus. Queriam saber onde Ele estava hospedado. Jesus não lhes mostrou somente o lugar, mas passou o restante do dia com os discípulos.

Eu me pergunto quantas vezes desperdiçamos a oportunidade de investir o nosso tempo com Jesus porque estamos em busca de algo mais do que a Sua presença. Sei por experiência própria que, quanto mais tempo investido na presença de Jesus, menos desejo tenho por inúmeras coisas que antes pareciam tão importantes. —JULIE ACKERMAN LINK

Jesus anseia ter comunhão conosco, apresentemo-nos em Sua presença.

APLICAÇÃO PESSOAL

Gratidão

Orar por

Leitura da Bíblia em um ano
ÊXODO 4–6;
MATEUS 14:22-36

APLICAÇÃO PESSOAL

Gratidão

Orar por

22 de janeiro

Luz da esperança

Leitura: Atos 26:1-8,24-32

…estando sempre preparados para responder a todo aquele que vos pedir razão da esperança que há em vós.
—1 PEDRO 3:15

Nickolas, um jovem russo, foi o único da sua escola que se recusou a unir-se ao grupo político local. Ele foi ridicularizado por sua fé em Deus, recebeu notas ruins imerecidas e negaram-lhe uma boa recomendação para entrar na universidade. Apesar da oposição, ele persistiu, e anos mais tarde levou alguns de seus perseguidores a confiarem em Jesus Cristo. Hoje, ele é pastor de uma abençoada igreja.

O apóstolo Paulo também sofreu perseguição. A sua fé o levou à corte de Agripa e ele teve a oportunidade de contar como Deus havia transformado a sua vida. Ele testemunhou: "E, agora, estou sendo julgado por causa da esperança da promessa que por Deus foi feita a nossos pais" (Atos 26:6). O seu testemunho ao rei sobre a salvação em Cristo e a esperança da ressurreição foram claros e convincentes.

Quando vivemos a nossa fé em Cristo, atraímos a atenção dos outros e podemos até sofrer perseguição. Mas sabemos que nossos pecados foram perdoados e ansiamos por estar com Jesus para sempre, no céu. Queremos compartilhar a nossa fé com outros, e algumas pessoas questionarão a razão da nossa esperança (1 Pedro 3:15). Estejamos alertas para dar o nosso testemunho quando surgirem as perguntas.

—DAVID C. EGNER

O nosso testemunho para Cristo é luz para um mundo que vive na escuridão.

23 de janeiro

A verdadeira liberdade

Leitura: 1 João 5:1-13

Leitura da Bíblia em um ano
ÊXODO 7–8;
MATEUS 15:1-20

Porque este é o amor de Deus: que guardemos os seus mandamentos; ora, os seus mandamentos não são penosos. —1 JOÃO 5:3

A pianista Jeannette Haien acredita que a estrutura de uma boa composição musical proporciona grande liberdade para a pessoa que a toca. Ela diz: "Dentro da precisão e limitação da assim chamada forma, temos toda a liberdade do mundo."

É fácil nos sentirmos limitados por estruturas da nossa fé porque temos uma resistência natural às normas e regras. Mas os mandamentos de Deus nos foram dados para beneficiar as nossas vidas, em vez de restringi-las.

Em 1 João 5:3 o autor afirma: "Porque este é o amor de Deus: que guardemos os seus mandamentos; ora, os seus mandamentos não são penosos." Em vez de nos sobrecarregarem, eles nos protegem do peso do pecado. A obediência nos leva a experimentarmos a liberdade.

Falando de uma excelente composição musical, a pianista diz: "sob as leis da estrutura você tem a liberdade de trabalhar da forma mais livre imaginável. Respeito o que o autor compôs."

A Bíblia é a peça musical da vida. Hoje, podemos tocar a canção da vida como Deus a escreveu, e podemos descobrir novamente a promessa de Jesus àqueles que creem nele: "…se vós permanecerdes na minha palavra, sois verdadeiramente meus discípulos; e conhecereis a verdade, e a verdade vos libertará" (João 8:31,32). —DAVID MCCASLAND

A verdadeira liberdade se encontra na obediência a Cristo.

APLICAÇÃO PESSOAL

Gratidão

Orar por

Leitura da Bíblia em um ano
ÊXODO 9–11;
MATEUS 15:21-39

APLICAÇÃO PESSOAL

Gratidão

Orar por

24 de janeiro

Firmeza

Leitura: Atos 20:23,24

…sede firmes, inabaláveis e sempre abundantes na obra do Senhor, sabendo que, no Senhor, o vosso trabalho não é vão. —1 CORÍNTIOS 15:58

De que maneira reagimos aos acontecimentos trágicos? Como respondemos às experiências perturbadoras que nos sobrevêm e criam uma atmosfera de escuridão e tristeza? Podemos entrar em pânico ou nos sentir desolados. Um homem, chamado Abraham Davenport, pode nos ensinar uma lição de firmeza.

No dia 19 de maio de 1780 aconteceu um fenômeno misterioso. Uma densa escuridão (quem sabe causada por fumaça de florestas em chamas, somada a um denso nevoeiro) cobriu áreas do estado americano de Nova Inglaterra. Amedrontadas, muitas pessoas pensaram que o mundo estava acabando.

O governo local estava reunido naquele dia e muitos participantes estavam insistindo para terminar a reunião. Entretanto, Abraham Davenport disse aos seus colegas: "eu não sou a favor de encerrarmos a reunião. Ou está chegando o dia do julgamento ou não. Se ele não está chegando, não há nenhuma razão para pararmos a reunião; se ele está chegando, eu prefiro ser encontrado cumprindo a minha tarefa. Portanto, peço que nos tragam velas."

O apóstolo Paulo teve determinação semelhante. Embora ele tenha enfrentado sofrimentos severos, oposição, e notícias sombrias sobre o seu futuro, ele estava determinado a "completar a carreira" (Atos 20:24).

Por isso, permaneçamos firmes, com o coração confiante e calmos em nosso Senhor, servindo-o todos os dias da nossa vida. —VERNON C. GROUNDS

Para sobreviver as tempestades da vida, ancore-se na rocha eterna.

25 de janeiro

Outros deuses

Leitura: Êxodo 12:29-36

Não terás outros deuses diante de mim. —ÊXODO 20:3

Deus havia chamado a atenção de Faraó e do povo do Egito com uma série de pragas. Agora os egípcios ansiavam por se livrar de seus escravos hebreus. Mas Deus não queria que os israelitas deixassem o Egito de mãos vazias. Afinal, eles tinham 400 anos de salário a receber. Por isso, quando eles pediram aos seus ex-patrões objetos de prata, ouro e roupas, eles foram atendidos. Êxodo 12:36 diz que, desta maneira, os israelitas "despojaram os egípcios".

Entretanto, não muito tempo depois, o povo de Deus caiu na idolatria. Eles fundiram um bezerro de ouro, ao qual adoraram enquanto Moisés recebia as leis de Deus no Monte Sinai (Êxodo 32:1-4).

Esta experiência trágica ressalta o cuidado que os cristãos devem ter em relação aos seus bens. Há muita coisa em nossa sociedade com as quais podemos nos alegrar, mas bens materiais também podem trazer graves perigos quando os usamos sem sabedoria. O autor Os Guinness diz que somos "livres para utilizá-las" mas "proibidos de idolatrá-las". Somos "estrangeiros e peregrinos na terra" (Hebreus 11:13) e não devemos nos enamorar dos "tesouros do Egito" (v.26) de forma que nos tornemos condescendentes e esqueçamos o nosso verdadeiro chamado.

Você usa suas bênçãos materiais para servir ao Senhor — ou se torna escrava delas? —HADDON W. ROBINSON

O ouro pode ser um servo útil,
mas é um mestre cruel.

Leitura da Bíblia em um ano

ÊXODO 12–13;
MATEUS 16

APLICAÇÃO PESSOAL

Gratidão

Orar por

Leitura da Bíblia em um ano
ÊXODO 14–15;
MATEUS 17

APLICAÇÃO PESSOAL

Gratidão

Orar por

26 de janeiro

Tempo para agir

Leitura: Êxodo 14:5-18

*Disse o Senhor a Moisés:
Por que clamas a mim?
Dize aos filhos de Israel que
marchem.* —ÊXODO 14:15

A mulher riu quando me contou sobre o dia em que acordou o marido para dizer-lhe que estava em trabalho de parto e que precisava ir ao hospital. Ele pulou da cama, ajoelhou-se e disse: "Querida, vamos orar." Ela lhe explicou que aquele não era um momento apropriado para orar. Era tempo de se vestir e ir ao hospital. Era tempo de agir!

Acredito que este foi o tipo de mensagem que Deus deu a Moisés quando falou a respeito dos israelitas: "…Por que clamas a mim?…" (Êxodo 14:15). Não muito tempo antes disso, o Faraó havia permitido que os israelitas deixassem o Egito, mas depois mudara de ideia (vv.5,6). Querendo trazer os israelitas de volta, o Faraó e seu exército os perseguiram (vv.7,9). Os israelitas ficaram aterrorizados quando viram que os egípcios se aproximavam. Estavam presos nas margens do mar Vermelho, sem saber para onde ir! Mas Moisés assegurou a Israel de que Deus iria libertá-los. Agora era o momento de agir — e não clamar a Deus. Era tempo de atravessar "o mar em seco" (v.16).

Há um tempo apropriado para tudo (Eclesiastes 3:1), incluindo tempo para orar e tempo para agir. Quando vemos alguém em necessidade de comida e roupas, devemos providenciar o que é necessário (Tiago 2:15,16). Às vezes, precisamos confiar em Deus e agir imediatamente. —HERB VANDER LUGT

Se Deus já lhe disse o que deve fazer,
não lhe pergunte novamente. Faça!

27 de janeiro

De amarga a doce

Leitura: Êxodo 15:22-27

*...o S*ENHOR *lhe mostrou uma árvore; lançou-a Moisés nas águas, e as águas se tornaram doces...* —ÊXODO 15:25

Leitura da Bíblia em um ano
ÊXODO 16–18;
MATEUS 18:1-20

Alegria e tristeza são, muitas vezes, companheiras bem próximas. Assim aconteceu aos israelitas que haviam acabado de experimentar a emoção da vitória no mar Vermelho quando, três dias depois, se viram diante das águas amargas de Mara (Êxodo 15:22-23). Nosso júbilo pode transformar-se rapidamente em angústia.

Em Mara, o Senhor ordenou a Moisés que lançasse um arbusto na água, o qual a tornou "doce" para beber (v.25). Outra "árvore" quando "lançada" nas circunstâncias amargas da nossa vida, pode torná-las doces. Trata-se da cruz de Jesus (1 Pedro 2:24). A nossa perspectiva será transformada ao contemplarmos a Sua morte sacrificial e Sua submissão à vontade de Deus (Lucas 22:42).

Nossa dor pode vir da vontade doentia ou da negligência de terceiros. Contudo, o nosso Senhor a permitiu. Talvez não entendamos o motivo, porém, é da vontade de nosso Pai e Amigo, cuja sabedoria e amor são infinitos.

Quando dizemos sim a Deus, à medida que Ele nos revela a Sua vontade através da Palavra, nos lembramos da cruz de Jesus e nos submetemos ao Pai, a amargura se transforma em doçura. Não devemos nos queixar daquilo que o Senhor permite. Mas devemos fazer tudo o que Ele nos pede para fazer. Jesus disse que devemos tomar diariamente a nossa cruz e segui-lo (Lucas 9:23). —DAVID H. ROPER

Deus usa as nossas dificuldades para fazer-nos melhores — e não amarguradas.

Leitura da Bíblia em um ano
ÊXODO 19–20;
MATEUS 18:21-35

APLICAÇÃO PESSOAL

Gratidão

Orar por

---

28 de janeiro

Oração compassiva

Leitura: Romanos 15:30-33

Rogo-vos, pois, irmãos,
por nosso Senhor Jesus Cristo [...]
que luteis juntamente comigo
nas orações a Deus a meu favor.
—ROMANOS 15:30

Recentemente recebi um *e-mail* de alguém que eu não conhecia. Era de um adolescente que nos deu um exemplo que serve de lição para todos nós. O seu *e-mail* demonstrava o quanto ele confiava no poder da oração.

Ele contou sobre uma adolescente da sua cidade natal, que estava grávida. Os pais da moça a estavam ameaçando de fazer um aborto. Quando este rapaz ouviu isto, foi ao seu computador e enviou um *e-mail* para mais de 100 pessoas, contando da situação difícil da adolescente e dizendo repetidamente: "Por favor, orem por esta moça." A sua compaixão por ela era evidente — bem como a sua fé em Deus, que responde às orações.

Este rapaz poderia ter investido o seu tempo no computador fazendo outras coisas: vendo informações sobre carros, entretendo-se com jogos, enviando piadas aos seus colegas. Mas ele usou este tempo para compilar muitos endereços de *e-mail* e então escrever uma nota repleta de compaixão e cordialidade. Em Romanos 15:30-33, o apóstolo Paulo mostrou que conhecia o valor de uma oração conjunta — seja esta para nós mesmos ou para alguém em necessidade.

Que lição! Isto nos lembra de nos aproximarmos do Senhor em oração e nos dá um exemplo da compaixão que nos leva a unir-nos aos outros, em oração. —DAVE BRANON

Você pode não estar presente,
mas pode ajudar por meio da oração.

29 de janeiro

Vamos conversar!

Leitura: Mateus 18:15-20

Não te desamparem a benignidade e a fidelidade; ata-as ao pescoço; escreve-as na tábua do teu coração.
—PROVÉRBIOS 3:3

A polícia de uma cidade americana recebeu queixas de uma mulher que dizia estar recebendo telefonemas irritantes. No meio da noite, uma pessoa ligava, latia como um cachorro e depois desligava. Por fim, descobriu-se que a fonte de tais telefonemas era um vizinho. Ele disse que sempre que era acordado pelo latir do cachorro da vizinha, queria se assegurar de que ela também estivesse acordada.

A forma de agir do vizinho certamente não expressou sabedoria de Deus. As Escrituras nos ensinam que às vezes é necessário enfrentar um problema diretamente (Mateus 18:15-20). No momento certo e por amor a todas as partes envolvidas, uma discussão honesta faz parte da solução.

No entanto, uma aproximação assim amorosa e franca normalmente não é utilizada entre os cristãos. Em vez de confiarmos em Deus e enfrentarmos uma situação de tensão com a consciência clara e o desejo de ter paz, temos a tendência de insinuarmos. As dicas são dadas. A afeição é retida. As conversas são abreviadas. O ar congela ao redor de uma situação que somente pode ser aquecida por meio de uma combinação sábia de misericórdia e verdade (Provérbios 3:3).

As nossas queixas contra os outros não podem ser acalmadas se enterrarmos a nossa ira. Se um problema não é suficientemente pequeno para ser esquecido de forma afável, então devemos conversar abertamente sobre isto. —MART DEHAAN

A melhor maneira de destruir
um inimigo é torná-lo seu amigo.

Leitura da Bíblia em um ano
ÊXODO 21–22;
MATEUS 19

Leitura da Bíblia em um ano
ÊXODO 23–24;
MATEUS 20:1-16

APLICAÇÃO PESSOAL

Gratidão

Orar por

30 de janeiro

Perito em reviravoltas

Leitura: Gálatas 3:22; 4:7

…vindo, porém, a plenitude do tempo, Deus enviou seu Filho, nascido de mulher, nascido sob a lei. —GÁLATAS 4:4

Consultores de recuperação empresarial raramente são requisitados para unir-se a companhias de grande sucesso. Pelo contrário, esses profissionais são chamados para ajudar negócios que não estão bem, a fim de se recuperarem e voltarem a ter sucesso.

A mesma necessidade de mudança dramática existe em toda a sociedade. Pessoas especializadas em ajudar a reverter a situação de decadência da vida de um indivíduo, de um relacionamento ou um time, são constantemente requisitadas.

Mas o que dizer sobre mudar este mundo? Muitas pessoas diriam que somente Deus pode fazer isto. E foi exatamente para isso que Ele enviou o Seu Filho. A Bíblia descreve a decadência deste mundo, dizendo que ele estava encerrado debaixo do pecado e escravizado (Gálatas 3:22; 4:3).

Jesus veio em meio a esta situação sem esperança "…para resgatar os que estavam sob a lei, a fim de que recebêssemos a adoção de filhos" (Gálatas 4:5). A reviravolta pessoal para nós começa quando aceitamos a oferta de Deus da vida eterna em Cristo e recebemos o Seu Espírito em nossos corações (v.6). Em vez de recebermos apenas uma nova porção de leis e sermos enviados a seguir por conta própria, somos adotados na família de Deus.

O grande perito em dar reviravoltas é Jesus Cristo. Ele é especializado em casos impossíveis. Você vai convidá-lo a entrar em sua vida, hoje? —DAVID MCCASLAND

Quando escolhemos seguir a Jesus,
a nossa vida muda de direção,
dá uma reviravolta.

31 de janeiro

O tempo voa

Leitura: Salmo 90:10-17

Leitura da Bíblia em um ano
ÊXODO 25–26;
MATEUS 20:17-34

Ensina-nos a contar os nossos dias para que alcancemos coração sábio.
—SALMO 90:12

Muitas metáforas são usadas para descrever a brevidade da vida: um sonho, um corredor veloz, uma neblina, uma rajada de fumaça, uma sombra, um gesto no ar, uma sentença escrita na areia, um pássaro que entra voando pela janela de uma casa e sai pela outra. Outra descrição simbólica foi sugerida por um amigo meu que disse que o pequeno hífen entre as datas de nascimento e morte nas pedras dos túmulos representa um pequeno instante da vida de alguém.

Quando éramos crianças, perdíamos a noção de tempo. Mas à medida que nos aproximamos do fim de nossas vidas, o tempo se move com rapidez acelerada, como a água que cai no ralo. Na infância, medíamos a nossa idade em pequenos aumentos. "Eu tenho 6 anos e meio", diríamos, pois parecia demorar tanto para ficarmos grande. Agora não temos mais tempo para pensar assim. Quem diz que tem 60 anos e meio?

É bom ponderar sobre a brevidade da vida. A vida é demasiado curta para ser tratada sem precaução. No Salmo 90 Moisés orou: "Ensina-nos a contar os nossos dias para que alcancemos coração sábio" (v.12).

Para tirar o maior proveito possível da nossa vida terrena, devemos viver "…segundo a vontade de Deus" (1 Pedro 4:2). Podemos fazer isto, mesmo quando o tempo está se esgotando. Nunca é tarde demais para nos entregarmos totalmente a Deus. —DAVID H. ROPER

Não apenas conte os seus dias,
mas faça-os valer a pena.

APLICAÇÃO PESSOAL

Gratidão

Orar por

Fevereiro

FEVEREIRO

quarta	quinta	sexta	sábado

FEVEREIRO

OBJETIVOS

TAREFAS DO MÊS

> O amor de *Deus* não pode ser *explicado* — apenas *vivenciado*.

IMPORTANTE

ANIVERSARIANTES

Meus objetivos espirituais

SEMANA 1

....
....
....
....
....

SEMANA 2

....
....
....
....
....

SEMANA 3

....
....
....
....
....

SEMANA 4

....
....
....
....
....

1º de fevereiro

Os resistentes

Leitura: Isaías 30:8-17

Leitura da Bíblia em um ano
ÊXODO 27–28;
MATEUS 21:1-22

Porque povo rebelde é este, filhos mentirosos, filhos que não querem ouvir a lei do Senhor. —ISAÍAS 30:9

"Eu não tenho que ouvi-la!" Esta é uma frase que os pais não gostam de escutar de seus filhos adolescentes, pois significa que eles decidiram não obedecê-los. Geralmente, são palavras pronunciadas com raiva e brevemente esquecidas.

No entanto, às vezes um adolescente pode fazer desta atitude um estilo de vida, tornando difícil o convívio em família. A recusa de um filho em obedecer à autoridade dos pais, cria constante perturbação no lar e corrói a alegria da vida.

O adolescente se revolta abertamente, pensando que seria mais feliz ao resistir à autoridade. Mas, em vez disso, pode sentir-se miserável em seu coração.

O profeta Isaías falou a respeito de algumas pessoas resistentes — rebeldes e mentirosas — que se negavam a ouvir o que Deus estava dizendo (30:8-17). Elas disseram ao Senhor: "Nós ouvimos o suficiente. Não precisamos mais ouvi-lo!". Seus corações resistentes se posicionaram contra a verdade de Deus.

A rebelião não está limitada apenas aos adolescentes ou ao povo da época de Isaías. Muitas vezes, nós também somos resistentes. Lemos a Palavra de Deus e achamos que ela é muito restrita. Ou sabemos que Deus quer que façamos alguma coisa, mas fugimos disto, levando-nos somente à tristeza. Se obedecermos à Palavra de Deus, desfrutaremos da Sua paz em nossos corações. —DAVE BRANON

A obediência é o caminho para a alegria.

Leitura da Bíblia em um ano

ÊXODO 29–30;
MATEUS 21:23-46

APLICAÇÃO PESSOAL

Gratidão

Orar por

2 de fevereiro

Perdoai livremente

Leitura: Colossenses 3:12-17

*Suportai-vos uns aos outros,
perdoai-vos mutuamente [...]
Assim como o Senhor vos perdoou,
assim também perdoai vós.*
—COLOSSENSES 3:13

Estudos feitos por psicólogos demonstram que não são as grandes riquezas que tornam as pessoas felizes, mas sim os amigos e o perdão. Um artigo de jornal comentou sobre o tema: "As pessoas mais felizes se cercam de família e amigos, não se importam em ajudar os vizinhos, se esforçam nas atividades diárias e, o mais importante, perdoam com facilidade."

Um conhecido psicólogo americano, Christopher Peterson diz que a habilidade para perdoar os outros é o traço que tem a mais forte ligação com a felicidade. Ele a chama de "a rainha de todas as virtudes e provavelmente a mais difícil de ser adquirida".

Um espírito que não sabe perdoar geralmente é a última fortaleza emocional que cedemos ao poder de Deus. Mesmo como cristãs, talvez nos agarremos à ira e à amargura, achando que aqueles que nos ofenderam deveriam sofrer por suas ofensas. Mas quando compreendemos o quanto Deus nos amou, somos impelidas a mostrar misericórdia aos outros. A Bíblia nos motiva a nos revestirmos de "...ternos afetos de misericórdia, de bondade, de humildade, de mansidão, de longanimidade [...] Assim como o Senhor vos perdoou, assim também perdoai vós" (Colossenses 3:12,13).

O perdão é um mandamento de Deus para nós e faz parte de uma vida de amor, paz, gratidão e louvor (vv.14-16). Fomos perdoadas livremente; perdoemos da mesma forma. —DAVID MCCASLAND

Quando parece que não é possível perdoar, lembre-se do quanto você mesma foi perdoada.

3 de fevereiro

Envelhecer com graça

Leitura: Salmo 139:13-18

Graças te dou, visto que por modo assombrosamente maravilhoso me formaste; as tuas obras são admiráveis. —SALMO 139:14

**ÊXODO 31–33;
MATEUS 22:1-22**

APLICAÇÃO PESSOAL

Muitas pessoas tentam reverter o processo de envelhecimento. Os que têm rugas, fazem cirurgias plásticas ou tomam injeções para remover linhas faciais indesejáveis. Por detrás desta prática está a ideia de que um rosto que envelhece é inaceitável. Uma senhora idosa foi entrevistada na televisão e lhe perguntaram: "Você gosta do seu rosto?" Ela respondeu com convicção: "Eu amo o meu rosto! Foi o rosto que Deus me deu e eu o aceito com alegria."

Davi expressou no Salmo 139 a convicção de que todo o seu ser foi feito por Deus e que, portanto, era digno de aceitação. Ele orou: "Graças te dou, visto que por modo assombrosamente maravilhoso me formaste; as tuas obras são admiráveis" (v.14). Ele também acreditava que Deus fez todos os dias da sua vida (v.16).

Em vez de lutarmos uma batalha perdida contra o envelhecimento, deveríamos nos concentrar em cultivar qualidades interiores que durarão para sempre. Um elemento-chave é a fé vitalícia em Deus, que assegura ao Seu povo: "Até a vossa velhice, eu serei o mesmo e, ainda até às cãs, eu vos carregarei…" (Isaías 46:4).

Myron Taylor, um pensador, escreveu: "O tempo pode enrugar a pele, mas a preocupação, a dúvida, o ódio e a perda dos ideais vão enrugar a alma." Ao aceitarmos graciosamente o passar dos anos, Deus apagará as rugas de nossas almas. —JOANIE E. YODER

O amor de Deus que preenche o seu coração se reflete em seu rosto.

Gratidão

Orar por

Leitura da Bíblia em um ano
ÊXODO 34–35;
MATEUS 22:23-46

APLICAÇÃO PESSOAL

Gratidão

Orar por

4 de fevereiro

Eu o vejo!

Leitura: João 21:1-7

Aquele discípulo a quem Jesus amava disse a Pedro: É o Senhor!... —JOÃO 21:7

Minha esposa e eu encontramos alguns amigos que costumavam fazer um jogo com os seus filhos, chamado: "Eu o vejo!". Se um membro da família visse algo que parecia corresponder a alguma coisa que Deus estava fazendo ao seu redor, eles gritavam: "Eu o vejo!" Podia ser um pôr de sol maravilhoso ou alguma bênção especial. Estas experiências os lembravam da presença de Deus no mundo e em suas vidas.

Este jogo me lembra dos discípulos de Jesus e de sua pesca frustrante, registrada em João 21:1-7. Ao amanhecer, eles viram, em meio à neblina, um homem parado na praia, mas não sabiam que era Jesus. Ele lhes perguntou: "Filhos, tendes aí alguma coisa de comer?" Eles responderam que não. "Então, lhes disse: "Lançai a rede à direita do barco e achareis…". Os discípulos obedeceram e a sua rede ficou repleta de peixes, de forma que não conseguiam recolhê-la. João exclamou: "É o Senhor!" Foi um momento como o jogo "Eu o vejo!", e foi João, "o discípulo a quem Jesus amava", o primeiro a reconhecê-lo.

Peça a Deus que lhe dê olhos para "ver" Jesus, seja nos eventos extraordinários ou nos acontecimentos do dia a dia. Se prestar atenção, você verá a mão do Senhor agindo, onde outros nada podem ver. Tente jogar "Eu o vejo!" hoje e deixe que a presença de Deus lhe assegure do Seu amor e cuidado. —DAVID H. ROPER

Os olhos da fé conseguem ver
Deus em ação.

5 de fevereiro

Ele se preocupa?

Leitura: Mateus 6:25-34

...logo, já não sou eu quem vive, mas Cristo vive em mim [...] que me amou e a si mesmo se entregou por mim. —GÁLATAS 2:20

Leitura da Bíblia em um ano
ÊXODO 36–38;
MATEUS 23:1-22

Se alguma vez você for tentada a ver a si mesma como insignificante, em meio aos bilhões de pessoas deste mundo, considere isto — você é uma criatura única de Deus (Salmo 139:13,14). Mesmo gêmeos totalmente idênticos são únicos. Nunca houve, nem haverá outra pessoa exatamente igual a você.

Mais importante ainda é saber que Deus a valoriza (Mateus 6:26-30) e deu grandes passos para demonstrar o Seu amor. A Bíblia diz que o Seu Filho, Jesus Cristo, a ama de tal maneira que deu a Sua vida por você (Gálatas 2:20).

Se perguntassem a uma mãe com muitos filhos qual deles ela estaria disposta a entregar, tenho certeza que ela consideraria sua pergunta absurda. Susannah Wesley, por exemplo, teve 19 filhos. Entre eles, John e Charles, que foram os responsáveis pelo reavivamento evangélico do século 18 na Inglaterra. Mas se você lesse as cartas que ela escreveu a cada um deles, ficaria maravilhada por sua preocupação com a personalidade individual e problemas de cada um. Era como se cada um deles fosse filho único.

Do mesmo modo, Deus se preocupa com você. Se alguma vez você duvidar se Ele sabe que você existe ou vê o que lhe acontece, lembre-se do que Jesus fez por você na cruz. Esta é a medida do amor do Senhor por você. —VERNON C. GROUNDS

Deus a ama tanto como se você fosse Sua filha única.

Leitura da Bíblia em um ano
ÊXODO 39–40;
MATEUS 23:23-39

APLICAÇÃO PESSOAL

Gratidão

Orar por

6 de fevereiro

Foco

Leitura: Colossenses 3:1-11

Pensai nas coisas lá do alto,
não nas que são aqui da terra.
—COLOSSENSES 3:2

O piloto missionário Bernie May escreveu: "Uma das lições mais difíceis a serem ensinadas aos novos pilotos sobre aterrissar em pistas curtas e perigosas é manter os olhos na parte boa da pista, e não na parte ruim dela".

A tendência natural é concentrar-se no obstáculo, no perigo, naquilo que ele está tentando evitar. Mas a experiência nos ensina que um piloto que mantém os seus olhos focados no perigo, cedo ou tarde vai parar no meio dele.

Isto me leva a pensar em um princípio espiritual da Bíblia. Em vez de nos concentrarmos no pecado que queremos evitar, a Palavra de Deus nos ensina a focalizarmos no comportamento positivo que Cristo deseja para nós. Paulo disse aos cristãos de Colossos: "Pensai nas coisas lá do alto, não nas que são aqui da terra" (Colossenses 3:2). Devemos descartar antigas formas de pensar e agir (vv.5-9) e nos "revestirmos" de novas formas de vida (vv.10-17).

Pilotos experientes concentram a sua atenção firmemente na pista pela qual querem que o avião siga, mantendo os perigos somente na sua visão periférica. Quando Cristo e Seus interesses são o nosso foco, a sedução da vida antiga permanece na nossa visão de canto, enquanto nos concentramos em aterrissar exatamente no centro da vontade de Deus. —DAVID MCCASLAND

Aqueles que fixam os seus olhos no céu
não se distraem com o mundo.

7 de fevereiro

Com Deus todo o tempo

Leitura: 2 Coríntios 5:1-10

...se a nossa casa terrestre [...] se desfizer, temos da parte de Deus um edifício, casa não feita por mãos, eterna, nos céus. —2 CORÍNTIOS 5:1

Durante as férias escolares de verão, quando Melissa e sua amiga Mandy viajavam pela Espanha, elas passaram uma noite em claro discutindo seriamente. Tinham acabado de assistir às notícias na TV sobre alguns adolescentes que morreram num acidente e começaram a falar sobre a morte. Melissa disse a Mandy que não entendia por que os cristãos tinham medo da morte. Afinal, para ela quando um cristão morre estará "com Deus todo o tempo". "O que poderia ser melhor do que isso?", perguntou Melissa.

Como eu soube desta conversa? Mandy compartilhou esta história comigo e com minha esposa, pouco depois que perdemos a nossa preciosa filha Melissa, aos 17 anos, em um acidente de carro. Isto nos confortou porque nos lembra de que ela sabia que estava salva, e confiante que passaria a eternidade com o seu Salvador. Nós nunca esperávamos que nossa filha estaria "todo o tempo com Deus" tão repentinamente e tão cedo.

Você tem a mesma certeza de Melissa, de que se você morresse, estaria na presença de Deus para sempre? (2 Coríntios 5:6-8). Assegure-se da sua salvação hoje. E então você não terá medo de morrer. —DAVE BRANON

Se você der lugar a Jesus em seu coração,
Ele preparará um lugar para você no céu.

Leitura da Bíblia em um ano
LEVÍTICO 1–3;
MATEUS 24:1-28

APLICAÇÃO PESSOAL

Gratidão

Orar por

Leitura da Bíblia em um ano
LEVÍTICO 4–5;
MATEUS 24:29-51

APLICAÇÃO PESSOAL

Gratidão

Orar por

8 de fevereiro

Corações orgulhosos

Leitura: 2 Crônicas 26

…nos dias em que buscou ao Senhor, Deus o fez prosperar. —2 CRÔNICAS 26:5

Como é triste testemunhar alguém começar bem a vida, mas ter um fim triste. Esta é a história de Uzias. Ele foi proclamado rei de Judá com a tenra idade de 16 anos. Apesar de ser tão jovem, lemos que "ele fez o que é reto perante o Senhor […] os dias em que buscou ao Senhor, Deus o fez prosperar" (2 Crônicas 26:4,5).

A fama de Uzias se espalhou e o seu exército cresceu poderosamente (v.8). Ele tinha 2.600 chefes dos homens de combate e 307.500 soldados que o apoiavam contra os seus inimigos (vv.12,13).

Infelizmente, lemos adiante: "Mas, havendo-se já fortificado, exaltou-se o seu coração para a sua própria ruína…" (v.16). Uzias falhou em lembrar-se daquele que lhe havia dado sucesso e daqueles que lhe haviam instruído no temor a Deus. Ele pecou contra o Senhor quando queimou incenso no templo e Deus o feriu com lepra (vv.16-19). Ele sofreu com a lepra até o dia de sua morte (v.21).

Para terminar bem a vida, precisamos evitar ter um coração "orgulhoso". Lembremo-nos sempre da advertência de Provérbios 16:18: "A soberba precede a ruína, e a altivez do espírito, a queda." Busquemos ao Senhor, em obediência e gratidão por tudo o que Ele fez. —ALBERT LEE

Não lhe fará mal engolir o orgulho.

9 de fevereiro

Trabalho entorpecente

Leitura: Eclesiastes 2:1-11

Leitura da Bíblia em um ano
LEVÍTICO 6–7;
MATEUS 25:1-30

...pois eu me alegrava com todas as minhas fadigas [...] e eis que tudo era vaidade e correr atrás do vento...
—ECLESIASTES 2:10,11

Uma amiga me disse que se sente mais próxima de Deus quando está muito atarefada. Ela me explicou que quando as exigências são maiores, ela confia mais nas forças do Senhor. Porém, salientou que necessita dedicar tempo para a adoração diária para que o seu trabalho não se torne um escape.

Muitas pessoas se envolvem em atividades simplesmente para estarem ativas e usam o fato de estarem ocupadas como um mecanismo de fuga da realidade. Assim como o álcool pode tornar os sentidos insensíveis para os relacionamentos pessoais, obrigações familiares e as responsabilidades da comunidade, assim também o trabalho constante pode ser um narcótico. Ele pode entorpecer a nossa sensibilidade para as questões mais profundas da vida.

Há cerca de três mil anos, o autor do livro de Eclesiastes descobriu esta verdade. Buscou satisfação ocupando-se em construir casas e plantando vinhas. Mas quando refletiu sobre o trabalho que havia realizado, compreendeu que era tudo inútil, um vazio (2:10,11).

Podemos cometer esse erro, mesmo em nome do Senhor. Será que esta é a razão pela qual procuramos fazer a obra na igreja por meio de nossos próprios esforços, mas nos esquecemos de que a realização na vida vem somente de corações repletos de Deus? Estamos trabalhando sem este tempo vital de adoração e reflexão? Se sim, é tempo de adorarmos, antes de nos envolvermos de novo na armadilha de trabalhar simplesmente para estarmos ocupados. —MART DEHAAN

Nunca aceite mais trabalho além do tempo que tenha para orar por ele.

Leitura da Bíblia em um ano
LEVÍTICO 8–10;
MATEUS 25:31-46

APLICAÇÃO PESSOAL

Gratidão

Orar por

10 de fevereiro

Nas mãos de Deus

Leitura: 2 Samuel 16:5-14

*Talvez o S*ENHOR *olhará para minha aflição e o S*ENHOR *me pagará com bem a sua maldição deste dia.* —2 SAMUEL 16:12

Em 2 Samuel 16:5-14, lemos a respeito do rei Davi, quando foi amaldiçoado por Simei, enquanto fugia de seu filho Absalão, que queria matá-lo.

Ao contrário de Davi, muitas vezes queremos silenciar aqueles que nos criticam, insistir em justiça e defesa. Mas, à medida que crescemos em nosso conhecimento do amor protetor de Deus, ficamos menos preocupadas com o que os outros dizem a nosso respeito e mais dispostas a confiar em nosso Pai Celestial. Assim como Davi, podemos dizer de cada crítica que recebemos: "…Deixai-o que amaldiçoe, pois o SENHOR lhe ordenou" (2 Samuel 16:11). Isto significa humilde submissão à vontade de Deus.

Podemos pedir aos nossos oponentes que justifiquem as suas acusações, ou enfrentá-los negando resolutamente. Ou, como Davi (v.12), podemos esperar pacientemente até que Deus nos defenda. Devemos olhar adiante dos que se opõem a nós, devemos olhar para Aquele que nos ama com amor infinito.

É bom poder crer que Deus permite o que é para o nosso bem final — bem, ainda que sejamos expostas às maldições de Simei; bem, ainda que os nossos corações fiquem quebrantados e derramemos lágrimas amargas.

Você está nas mãos de Deus, não importa o que os outros digam a seu respeito. Ele vê a sua angústia, e no devido tempo, a recompensará pelo mal que você sofreu. Por isso, confie nele e permaneça em Seu amor. —DAVID H. ROPER

Podemos suportar as injustiças da vida porque sabemos que Deus tudo endireitará.

11 de fevereiro

Um grande impacto

Leitura: Daniel 10

Porque a nossa luta não é contra o sangue e a carne, e sim […] contra os dominadores deste mundo tenebroso… —EFÉSIOS 6:12

Leitura da Bíblia em um ano
LEVÍTICO 11–12;
MATEUS 26:1-25

APLICAÇÃO PESSOAL

John Wesley tinha certeza de que as orações do povo de Deus, e não as suas pregações, levaram milhares a Cristo por meio do seu ministério. Ele disse: "Deus nada fará a não ser em resposta às orações." Uma afirmação exagerada? Sim. Mas, na verdade, as nossas orações são uma arma poderosa na batalha entre Deus e Satanás.

Na leitura bíblica de hoje, Daniel ficou tão perturbado com uma revelação sobre o futuro de Israel, que não conseguiu fazer nada mais a não ser jejuar e orar. Três semanas depois, apareceu um mensageiro do céu, dizendo que Deus o havia enviado enquanto Daniel estava orando, mas que o "príncipe do reino da Pérsia" lhe havia resistido (v.13). Era um espírito perverso que procurava influenciar os reis da Pérsia a se colocarem contra os planos de Deus e que havia detido o mensageiro do Senhor até o arcanjo Miguel ter vindo em sua ajuda.

O conflito entre o bem e o mal segue acontecendo no mundo espiritual, invisível. Paulo nos lembrou de que esta batalha envolve os cristãos. Ele enumerou a armadura espiritual e quais defesas precisamos ter para enfrentar essas tais batalhas (Efésios 6:13-17). E acrescentou: "orando em todo tempo" (v.18).

As nossas orações podem ter um impacto importante nos resultados destas batalhas espirituais. Portanto, oremos com fidelidade ao combatermos o bom combate (1 Timóteo 1:18). —HERB VANDER LUGT

Satanás treme quando vê
o mais fraco dos santos de joelhos.

Gratidão

Orar por

Leitura da Bíblia em um ano
LEVÍTICO 13;
MATEUS 26:26-50

APLICAÇÃO PESSOAL

Gratidão

Orar por

12 de fevereiro

Oceanos de louvor

Leitura: Salmo 104:24-30

Que variedade, Senhor, nas tuas obras! Todas com sabedoria as fizeste...
—SALMO 104:24

Sempre que vejo o oceano, fico maravilhado por seu volume, beleza e poder. Enormes navios, carregados de petróleo, alimentos ou outras mercadorias, fazem grandes jornadas, atravessando a sua vasta superfície. Navios de pescadores, trabalhando nas imediações da praia ou a centenas de quilômetros mar adentro, pescam ricas provisões de inúmeros tipos de peixes. Por baixo de sua movimentada superfície, existe um depósito de riquezas, algumas ainda não descobertas.

O autor do Salmo 104, ao relembrar as obras de Deus em um sublime hino de louvor, usou o "imenso e vasto mar" como um exemplo do poder criador e da sabedoria de Deus (vv.24,25). O Senhor reina sobre os "seres sem conta, animais pequenos e grandes" que habitam os oceanos (v.25). O salmista usou termos poéticos para se referir ao oceano como o lugar de recreação de "leviatã", um monstro gigante do mar que Deus formou para "nele folgar" (v.26).

O vasto oceano, que sustenta vida e perigo, nos mostra a grandeza de nosso Deus. Ele é maravilhoso em Suas obras, sem limites em Sua provisão e generoso em Sua oferta de todos os tipos de vida.

Senhor, Suas obras são verdadeiramente esplendorosas! Quando penso nelas, eu o louvo, como o salmista. —DAVID C. EGNER

Toda a criação canta louvores a Deus.

13 de fevereiro

Amor perfeito

Leitura: 1 João 4:15-18

No amor não existe medo, antes o perfeito amor lança fora o medo […] aquele que teme não é aperfeiçoado no amor. —1 JOÃO 4:18

Leitura da Bíblia em um ano
LEVÍTICO 14;
MATEUS 26:51-75

Um sábio escreveu: "Quando o amor chega, o medo se vai."

Conheço tantos cristãos que são atormentados por sentimentos de dúvida, de inutilidade e de pecado. Eles pensam que precisam fazer algo para que Deus os ame mais. No entanto, segundo o apóstolo João "ele (Jesus) é, também nós somos neste mundo" (1 João 4:17). Em outras palavras, compartilhamos a mesma confiança que Jesus tem em saber que o Pai nos ama com amor perfeito.

Por Jesus ter nos dado a redenção na cruz, todo o julgamento por nossos pecados ficou para trás, para Ele e para nós. A questão do pecado foi resolvida para sempre. Agora não precisamos mais enfrentar a condenação.

Isto elimina o medo. Como João escreveu: "No amor não existe medo; antes o perfeito amor lança fora o medo" (v.18). João referiu-se ao medo do julgamento. Mas não precisamos temer nada, pois "agora já não há condenação para os que estão em Cristo Jesus" (Romanos 8:1). O medo foi afastado pelo "amor perfeito" de Deus.

Fomos perdoadas de todos os nossos pecados, estamos seguras no amor de Deus e destinadas a desfrutar a comunhão eterna com Ele, não por causa de algo que tenhamos feito, mas porque Ele fez tudo por nós. "Nisto consiste o amor: não em que nós tenhamos amado a Deus, mas em que ele nos amou…" (1 João 4:10). É este o amor perfeito! —DAVID H. ROPER

Não temeremos o julgamento de Deus quando conhecermos Seu amor e perdão.

APLICAÇÃO PESSOAL

Gratidão

Orar por

**LEVÍTICO 15–16;
MATEUS 27:1-26**

APLICAÇÃO PESSOAL

Gratidão

Orar por

14 de fevereiro

Mantenha o romance

Leitura: Judas 17

...guardai-vos no amor de Deus.
—JUDAS 21

Enquanto pintava o retrato do grande estadista e advogado americano William Jennings Bryan (1860–1925), o artista perguntou: "Por que você usa o seu cabelo por cima das orelhas?"

Bryan respondeu: "Existe um romance conectado a isso. Quando comecei a namorar a Sra. Bryan, ela não gostava de como minhas orelhas se destacavam. Assim, para agradá-la, eu deixei crescer o meu cabelo para encobri-las."

O artista disse: "Mas se isto foi há tantos anos, por que você não corta agora o seu cabelo?"

Bryan piscou com os olhos: "Porque o romance ainda continua."

E o romance ainda continua em seu relacionamento com Jesus? Quando conhecemos a fé em Cristo, experimentamos a alegria de saber que os nossos pecados foram perdoados e que fomos adotados em Sua família. Nossos corações estavam cheios e transbordantes de amor pelo Senhor. Ansiávamos em agradá-lo.

Entretanto, com o passar do tempo, o zelo por nosso primeiro amor pode ter começado a esfriar. Por isso precisamos dar ouvidos às palavras de Judas em sua breve carta. Ele escreveu: "Guardai-vos no amor de Deus" (v.21). Jesus usou termos semelhantes quando disse: "Permanecei no meu amor" (João 15:9,10). Nutrimos este amor quando nos concentramos em agradá-lo, em vez de agradarmos a nós mesmos.

Dê continuidade a este romance! —DAVID C. EGNER

Para renovar o seu amor por Cristo,
lembre-se do amor dele por você.

15 de fevereiro

Recomeço

Leitura: Efésios 2:1-10

E, assim, se alguém está em Cristo, é nova criatura; as coisas antigas já passaram; eis que se fizeram novas.
—2 CORÍNTIOS 5:17

O menino olhou para a sua mãe e perguntou: "Mamãe, você sabe por que Deus nos fez?"

Sabendo que o filho tinha a sua própria explicação, ela perguntou: "Bem, Júlio, você sabe por quê?" "Oh, isso é fácil", ele respondeu. "Porque as pessoas na Bíblia eram tão más que Ele queria começar tudo de novo."

Quando você pensa sobre isto, é fácil ver como uma criança podia chegar a tal conclusão. Quando ela ouve as histórias da Bíblia na escola dominical, aprende sobre Adão e Eva, que eles estragaram tudo para todos nós. Ouve de Jonas, que não queria obedecer a Deus e foi tragado por um peixe. Ouve de Judas, que traiu Jesus por 30 moedas de prata.

A Bíblia é dolorosamente realista quando retrata as pessoas. Ela não é uma versão dissimulada da história do povo de Deus. Pela apresentação honesta de suas personagens, a Bíblia prova que todas nós precisamos ser perdoadas por nossos pecados. As pessoas "más" da Bíblia nos lembram de que "todos pecaram e carecem da glória de Deus" (Romanos 3:23).

Mas há boas notícias. Deus providenciou um caminho para recomeçar. Ele enviou Jesus, que morreu para que pudéssemos ser uma "nova criatura" (2 Coríntios 5:17). Confie em Jesus e seja salva dos seus pecados. E então você será capaz de recomeçar.

—DAVE BRANON

Peça a Deus um novo coração, para um novo começo.

Leitura da Bíblia em um ano
LEVÍTICO 17–18;
MATEUS 27:27-50

APLICAÇÃO PESSOAL

Gratidão

Orar por

Leitura da Bíblia em um ano
LEVÍTICO 19–20;
MATEUS 27:51-66

APLICAÇÃO PESSOAL

Gratidão

Orar por

16 de fevereiro

O teste da crítica

Leitura: Levítico 19:15-18

Leais são as feridas feitas pelo que ama, porém os beijos de quem odeia são enganosos. —PROVÉRBIOS 27:6

Após o culto em que ensinou sobre os dons espirituais, um pastor foi saudado na porta da igreja por uma mulher, que lhe disse: "Pastor, eu creio que tenho o dom da crítica." Ele respondeu: "Você se lembra daquela pessoa na parábola de Jesus que tinha apenas um talento e do que ela fez com ele?" "Sim, ele cavou um buraco e o escondeu" (Mateus 25:18), disse a mulher. Com um sorriso, o pastor sugeriu: "Vá e faça o mesmo!"

A crítica quando não é feita com amor e com o desejo honesto de ajudar, pode ser cruel e destrutiva. As palavras em Levítico 19:17: "...mas repreenderás o teu próximo e, por causa dele, não levarás sobre ti pecado", são precedidas por advertências sobre espalhar calúnias e nutrir o ódio contra os outros. Antes de criticar alguém, faça a si mesma as perguntas abaixo:

1. Estou sendo motivada pelo desejo de ajudar a outra pessoa?

2. Planejo confrontar a pessoa honestamente, mas com gentileza?

3. Estou fazendo isto para o Senhor, ou porque gosto de ser crítica?

Se o seu objetivo é ajudar, se os seus motivos são de amor e se o seu desejo é o de agradar a Deus, então vá em frente e critique. Se não conseguir passar pelo teste das perguntas acima, é melhor ficar calada. —RICHARD W. DEHAAN

Quem tem um coração que quer ajudar, tem o direito de criticar.
—ABRAHAM LINCOLN

17 de fevereiro

A melhor norma de vida

Leitura: Levítico 19:32-37

Leitura da Bíblia em um ano
LEVÍTICO 21–22;
MATEUS 28

APLICAÇÃO PESSOAL

Balanças justas, pesos justos […] Eu sou o Senhor, vosso Deus, que vos tirei da terra do Egito. —LEVÍTICO 19:36

O presidente de uma empresa de contabilidade afirmou que o comportamento ético é a base do sucesso nos negócios. Falando a uma audiência de executivos e líderes públicos, ele disse: "As pessoas querem fazer negócios com quem possam confiar. A confiança faz os negócios funcionarem. Ela é o fundamento sólido do sistema de livre iniciativa."

Nos tempos atuais, de escândalos corporativos e erosão da confiança pública, essas palavras nos lembram do valor da honestidade. Sem ela, nossas vidas e trabalho estão longe de alcançar os projetos de Deus.

A lei do Antigo Testamento diz: "Balanças justas, pesos justos […] Eu sou o Senhor, vosso Deus, que vos tirei da terra do Egito" (Levítico 19:36). E o Novo Testamento ensina que a verdade e a honestidade em tudo o que dizemos e fazemos deve caracterizar aqueles que foram redimidos por Cristo (Efésios 4:25-28).

Uma boa maneira de avaliar as nossas escolhas diárias é nos perguntarmos: "Eu me sentiria constrangida se lesse a meu respeito no jornal ou se minha família e amigos soubessem disso? Estou desculpando ou tirando proveito de atos não éticos de outras pessoas?"

A honestidade não é apenas a melhor norma de vida; é a norma de Deus para cada um dos aspectos das nossas vidas. Viver com integridade e honra glorifica a Deus. —DAVID MCCASLAND

A honestidade é a melhor norma de vida.
—BENJAMIN FRANKLIN

Gratidão

Orar por

Leitura da Bíblia em um ano

LEVÍTICO 23–24;
MARCOS 1:1-22

APLICAÇÃO PESSOAL

Gratidão

Orar por

18 de fevereiro

Acima está sempre livre

Leitura: Hebreus 4:14-16

Tendo, pois, a Jesus, o Filho de Deus, como grande sumo sacerdote que penetrou os céus... —HEBREUS 4:14

Um pastor, ao ensinar diante de uma grande congregação, destacou em seu sermão que os cristãos não estão isentos de problemas. Na verdade, alguns estão rodeados por problemas de todos os lados — à esquerda, à direita, adiante e atrás. Então, um homem que havia servido ao Senhor por muitos anos, gritou: "Glória a Deus, acima está sempre livre!"

A confiança deste homem em Deus é plenamente reiterada em Hebreus 4. Por que o nosso grande sumo sacerdote, Jesus o Filho de Deus, subiu aos céus e está intercedendo por nós, temos bons motivos para confiar nele em meio aos problemas (v.14). Jesus é capaz de compadecer-se de nossas fraquezas, pois quando Ele viveu na terra, foi tentado em tudo como nós, todavia nunca pecou (v.15). Temos acesso completo ao Seu trono, chamado de "trono da graça" (v.16).

Na carta aos Hebreus, somos impelidas a olhar para cima, desviando nosso olhar das provações, e nos achegarmos àquele trono, com ousadia e fé. Por meio da oração humilde, receberemos misericórdia para as nossas falhas e graça que nos ajudará em tempos de necessidade (v.16).

As provações e tentações da vida a cercam? Quem sabe o tentador lhe disse que não há lugar para onde ir? Anime-se! Continue olhando para cima, o caminho está sempre livre! —JOANIE E. YODER

Para melhorar a visão,
tente olhar para cima.

19 de fevereiro

Sem louvores

Leitura: Romanos 16:1-16

Leitura da Bíblia em um ano: LEVÍTICO 25; MARCOS 1:23-45

...porque tem sido protetora de muitos e de mim inclusive. —ROMANOS 16:2

James Deitz produziu pinturas de aviões e tripulações tão reais que parecem fotografias. Suas obras estão expostas em muitas galerias de aviação nos EUA.

Uma das pinturas de Deitz intitulada *Unsung* (sem louvores) apresenta quatro mecânicos trabalhando em um avião de bombardeio. Eles estão na parte inferior da pista de aterrissagem de um porta-aviões, em algum lugar do Pacífico, durante a Segunda Guerra Mundial. Os homens estão pálidos, com expressão séria, sujos de óleo e trabalham incansavelmente para que o avião possa voltar a batalha.

Quem sabe nós também estejamos desempenhando tarefas despercebidas ao obedecermos ao mandamento da igreja de propagar o evangelho e treinar os cristãos. Porém, sem estes inúmeros voluntários, nenhuma igreja ou missão poderia fazer o seu trabalho de forma eficaz.

Ao encerrar a sua carta aos cristãos de Roma, o apóstolo Paulo fez uma lista contendo o nome de diversas pessoas que não tinham sido mencionadas anteriormente nas Escrituras, como, por exemplo, Febe, de quem disse ter "sido protetora de muitos" (16:2). Ela e muitos outros foram essenciais para a vida e a obra da igreja primitiva.

Você está trabalhando "nos bastidores"? Lembre-se: o seu serviço para Cristo é essencial. Mesmo que ninguém demonstre apreciação pelo seu árduo trabalho, tenha certeza que um dia o Senhor a recompensará (Colossenses 3:23,24). —DAVID C. EGNER

Nenhum serviço para Cristo passa despercebido a Ele.

Leitura da Bíblia em um ano
LEVÍTICO 26–27;
MARCOS 2

APLICAÇÃO PESSOAL

Gratidão

Orar por

20 de fevereiro

Maravilhoso!

Leitura: Marcos 2:1-12

…retirou-se à vista de todos, a ponto de se admirarem todos e darem glória a Deus… —MARCOS 2:12

Quando Jesus curou um paralítico, como prova da Sua autoridade para perdoar os pecados de um homem, as pessoas que presenciaram o evento ficaram maravilhadas e glorificaram a Deus, dizendo: "Jamais vimos coisa assim!" (Marcos 2:12). Há mais de uma dezena de relatos no evangelho de Marcos de pessoas que reagiram de forma semelhante às palavras e obras de Jesus.

A palavra traduzida como atônitos ou maravilhados traz em si o significado de "ser lançado em um estado de surpresa ou temor, ou ambos". Quem sabe, às vezes nos sentimos desta maneira quando nos encontramos com Jesus Cristo, por meio da Palavra de Deus. Assim como os discípulos, podemos também nos admirar quando lemos que Jesus disse: "Quão dificilmente entrarão no reino de Deus os que têm riquezas!" (Marcos 10:23). Quantas vezes pensamos que o dinheiro resolveria todos os nossos problemas!

Aqueles que viram como um homem foi liberto de uma legião de demônios, reagiram com admiração (v.20). Mas por quê? Será que eles acharam que era impossível salvar aquele homem? Sentimos o mesmo quando Deus salva certas pessoas?

Jesus não está confinado às nossas limitações ou expectativas. Ele fala e age com autoridade e sabedoria muito além de nossa capacidade de compreensão. Com reverência e admiração, ouçamos as palavras de Jesus e vejamos o toque transformador de Sua poderosa mão. —DAVID MCCASLAND

Nunca meça o poder ilimitado de Deus com as suas expectativas limitadas.

21 de fevereiro

Como você responderia?

Leitura: 1 Tessalonicenses 4:13-18

Porquanto o Senhor mesmo [...] descerá dos céus, e os mortos em Cristo ressuscitarão primeiro.
—1 TESSALONICENSES 4:16

LEITURA DA BÍBLIA EM UM ANO: NÚMEROS 1–3; MARCOS 3

Norman Anderson foi convidado para falar na TV sobre a evidência da ressurreição de Cristo, um assunto sobre o qual havia escrito bastante. Quando o seu filho morreu de câncer, os produtores do programa propuseram cancelar a sua participação, dizendo: "Você não pode falar sobre a ressurreição quando acaba de perder um filho." Mas Anderson disse: "Eu quero falar muito mais agora sobre isto." E assim foi, com um coração triste, mas com grande certeza que ele falou.

A ressurreição de Jesus não é um mito — é um fato histórico, confirmado. Verdadeiramente, é um fato eterno! Jesus declarou: "...estive morto, mas eis que estou vivo pelos séculos dos séculos...!" (Apocalipse 1:18).

Jesus falou aos Seus discípulos sobre a Sua própria ressurreição e lhes reafirmou: "...porque eu vivo, vós também vivereis" (João 14:19). Paulo escreveu sobre a ressurreição dos cristãos, ensinando que quando um companheiro cristão morre, não precisamos nos entristecer como os que não têm esperança (1 Tessalonicenses 4:13).

Quando Lázaro morreu, Jesus assegurou a Marta que todo aquele que crer em Jesus, como salvador pessoal, mesmo que morra, viverá novamente (João 11:25,26). E o Senhor lhes perguntou: "Crês isto?" Marta respondeu: "Sim, Senhor, eu tenho crido que tu és o Cristo, o Filho de Deus que devia vir ao mundo" (v.27). Qual é a sua resposta a essa mesma pergunta? —JOANIE E. YODER

A ressurreição de Cristo é a garantia de nossa própria ressurreição.

Leitura da Bíblia em um ano
NÚMEROS 4–6;
MARCOS 4:1-20

APLICAÇÃO PESSOAL

Gratidão

Orar por

22 de fevereiro

Dicas de jardinagem

Leitura: Marcos 4:1-9

*Os que foram semeados em boa terra
são aqueles que ouvem a palavra
e a recebem, frutificando a trinta,
a sessenta e a cem por um.*
—MARCOS 4:20

Certo dia, peguei um livro sobre jardinagem e encontrei bons conselhos: "Cuide do solo e não se preocupe com as plantas. Se o solo é bom, a semente vai produzir raízes e crescer."

Na parábola do semeador do evangelho de Marcos 4, Jesus falou da importância de uma "boa terra" (ou um bom solo). Ele se referia àqueles que "ouvem" a Palavra de Deus, "a recebem" e "frutificam" (v.20). Se mantivermos nossos corações brandos e receptivos, a Palavra de Deus criará raízes, crescerá e produzirá frutos.

Na jardinagem, a vida está contida na semente. Sob as condições certas, ela crescerá até alcançar a maturidade e produzir frutos. De forma semelhante, se a semente da Palavra é plantada em terra boa e de coração receptivo, crescerá até que se veja o caráter de Cristo.

Para o cristão, o poder da vida espiritual vem do Espírito Santo que habita em nós. Ao abrirmos o nosso coração para a Palavra ansiando obedecê-la, o Espírito nos ajudará a crescermos e produzirmos frutos (Gálatas 5:22,23).

Nós próprias não podemos crescer, assim como não podemos forçar nenhum crescimento das sementes em nosso jardim. Mas podemos preparar o solo, mantendo os nossos corações brandos, receptivos e obedientes à Palavra de Deus. Dessa maneira, daremos lugar ao fruto da justiça.

Que tipo de solo você é? —DAVID H. ROPER

Um coração aberto a Deus é um solo
no qual a semente da Sua Palavra
pode florescer.

23 de fevereiro

Liderança submissa

Leitura: 2 Crônicas 10

Sujeitando-vos uns aos outros no temor de Cristo. —EFÉSIOS 5:21

Um homem estava lendo um livro sobre autoafirmação e decidiu praticar este conceito em casa. Ele entrou exaltado em casa, apontou o dedo para o rosto de sua esposa e disse: "De agora em diante, eu sou o chefe aqui e a minha palavra é lei! Quero que você prepare minha refeição e o meu banho. E, quando eu terminar de comer e tomar banho, adivinhe quem vai me vestir e me pentear?" "O agente funerário", replicou a esposa.

O rei Roboão tentou este tipo de autoafirmação e com esta atitude causou a revolta de Israel contra si. Quando se tornou rei, o povo lhe implorou que diminuísse os impostos opressivos. Os seus conselheiros mais velhos insistiram que ele atendesse ao pedido do povo, mas os seus amigos mais jovens lhe aconselharam a ser ainda mais exigente do que o seu pai. Ao aceitar esse último conselho, 10 das 12 tribos de Israel se separaram e formaram um novo reino (2 Crônicas 10:16,17).

Boas líderes não precisam autoafirmar-se sendo dominadoras — nem em casa, nem na igreja, nem nos negócios. Mas elas equilibram o desejo de autoafirmar-se (o que em si mesmo não é errado) com o princípio da sujeição um ao outro (Efésios 5:21). Elas ouvem com respeito, admitem quando estão erradas, mostram disposição em mudar e combinam a gentileza com a firmeza. É liderança submissa — e funciona! —HERB VANDER LUGT

As únicas líderes qualificadas para a liderança são aquelas que aprenderam a servir.

Leitura da Bíblia em um ano
NÚMEROS 7–8;
MARCOS 4:21-41

Leitura da Bíblia em um ano
NÚMEROS 9–11;
MARCOS 5:1-20

APLICAÇÃO PESSOAL

Gratidão

Orar por

24 de fevereiro

Equação misteriosa

Leitura: Colossenses 1:9-18

Mas Deus prova o seu próprio amor para conosco pelo fato de ter Cristo morrido por nós, sendo nós ainda pecadores. —ROMANOS 5:8

O professor americano John Nash é um gênio em matemática, e passou a sua vida no mundo abstrato dos números, equações e ilusões. Nash sofre de esquizofrenia, uma doença mental que pode resultar em comportamento estranho e destruir relacionamentos. Com a ajuda de medicamentos e do amor de sua esposa, ele aprendeu a viver com a sua enfermidade e até receber o Prêmio Nobel.

Na versão do filme sobre a sua vida, Nash disse: "Sempre acreditei nos números, nas equações e na lógica que conduz à razão… A minha busca me conduziu através da física, da metafísica, da ilusão e me trouxe de volta ao mesmo ponto, e fiz a descoberta mais importante da minha vida. É somente nas equações misteriosas do amor que qualquer razão lógica pode ser emoldurada."

No capítulo 1 de Colossenses, lemos sobre a "misteriosa equação do amor" no seu nível mais profundo — o amor de Deus por nós, em Cristo. Jesus é a imagem do Deus invisível e foi por amor que Ele nos criou e nos sustenta (vv.16,17). Ele também providenciou a libertação dos poderes das trevas (v.13) e o perdão dos nossos pecados (v.14). Não é de se admirar que Paulo dissesse que tal amor "excede todo entendimento" (Efésios 3:19). Isto nos leva além da lógica, até o âmago de quem Deus realmente é (1 João 4:16).

Nós devemos viver e demonstrar este amor — sempre. —DENNIS DEHAAN

O amor de Deus não pode ser explicado — apenas vivenciado.

25 de fevereiro

Grafite

Leitura: Lucas 12:13-21

...a vida de um homem não consiste na abundância dos bens que ele possui. —LUCAS 12:15

O falecido pastor E. V. Hill foi muito requisitado como orador em conferências e poucos como ele conseguiram obter a atenção e o respeito de pessoas de todos os níveis sociais.

Há muitos anos, o pastor Hill foi convidado para falar em uma igreja da periferia de uma grande cidade, no sul dos EUA. Na introdução da sua mensagem, ele comentou sobre a diferença entre o bairro rico e a área urbana pobre onde ele era pastor, dizendo: "Eu sei o que está faltando aqui. Vocês não tem muros pichados em lugar algum, e eu gostaria de me colocar à disposição para dar um jeito nisso para vocês. Vou arrumar um balde de tinta e caminhar nas suas redondezas, escrevendo esta única palavra em suas casas de milhões de dólares e nos seus carros importados e caros: temporário. É isso — temporário. Nada disto vai durar para sempre."

Nós usufruímos e cuidamos do que temos, e é assim que deve ser. Mas Jesus disse que não deveríamos ser dominadas por nossos bens materiais, pois eles não durarão até a eternidade (Lucas 12:15-21). Uma casa é somente uma caixa na qual permanecemos quentes e secos; um carro é uma forma de nos locomovermos de um lugar a outro. Como não poderemos levar nenhum deles conosco quando morrermos, faremos bem em vê-los como o pastor Hill os viu — temporários. —DAVID C. EGNER

A verdadeira medida da nossa fé
é o que terá valor na eternidade.

Leitura da Bíblia em um ano
NÚMEROS 12–14;
MARCOS 5:21-43

Leitura da Bíblia em um ano
NÚMEROS 15–16;
MARCOS 6:1-29

APLICAÇÃO PESSOAL

Gratidão

Orar por

26 de fevereiro

Ídolos do coração

Leitura: 1 Coríntios 10:1-14

Portanto, meus amados, fugi da idolatria.
—1 CORÍNTIOS 10:14

Nos tempos do Antigo Testamento, a idolatria era facilmente reconhecida — como dançar ao redor de bezerros de ouro ou curvar-se diante dos deuses Baal. Mesmo quando o apóstolo Paulo escreveu aos seguidores de Cristo em Corinto, no primeiro século, a idolatria pagã era praticada abertamente. Ele admoestou-os para que evitassem qualquer associação com ela (1 Coríntios 10:14).

A idolatria ainda é um perigo para o povo de Deus, embora nem sempre seja visível ou óbvio. Ídolos são geralmente mais sutis e difíceis de serem detectados, pois fazem seus lares nos lugares escondidos do nosso coração.

Se quisermos conhecer os nossos ídolos, devemos considerar quais são os nossos pensamentos predominantes, pois idolatramos o que pensamos na maior parte do tempo: nosso último pensamento antes de dormir e o primeiro pensamento ao acordarmos. Qualquer propriedade ou pessoa na qual colocamos esperança de trazer-nos realização, qualquer objetivo ou aspiração que se torna mais importante para nós do que Deus — estes são "deuses" que atraem a nossa lealdade e controlam sutilmente as nossas vidas.

Somente Deus pode satisfazer as profundas necessidades do nosso coração e fazer-nos viver de verdade. Seríamos sábios se considerássemos o conselho amoroso do apóstolo Paulo: "Portanto, meus amados, fugi da idolatria." —DAVID H. ROPER

Um ídolo é qualquer coisa que ocupa o lugar de Deus.

27 de fevereiro

Um bom próximo

Leitura: Lucas 10:25-37

Leitura da Bíblia em um ano
NÚMEROS 17–19;
MARCOS 6:30-56

Qual destes três te parece ter sido o próximo do homem que caiu nas mãos dos salteadores? —LUCAS 10:36

Quando o apresentador americano de programas infantis Fred Rogers morreu, os jornais dos EUA mostraram a notícia nas suas primeiras páginas, e quase todas as manchetes incluíam a palavra próximo. Ele era bastante conhecido por ser uma pessoa amável, gentil, calorosa e que acreditava genuinamente que "cada pessoa é especial, bem no fundo, assim como ela é".

O Sr. Rogers contou certa vez a um jornalista: "Quando olhamos para o nosso próximo com os olhos de apreço, com gratidão pelo que esta pessoa realmente é, então sinto como se estivéssemos de mãos dadas com Cristo Jesus, o defensor do bem eterno." Rogers reconhecia o valor de cada pessoa, e acreditava ser um bom próximo para todos.

Quando perguntaram a Jesus: "E quem é o meu próximo?", Ele contou a parábola do bom samaritano (Lucas 10:29-35). Ao concluir a história, o Senhor perguntou: "Qual destes três te parece ter sido o próximo do homem que caiu nas mãos dos salteadores?" Qual a resposta? "…o que usou de misericórdia para com ele…" (vv.36,37).

Quem em nossa "vizinhança" precisa hoje de uma palavra amável, um abraço de amizade ou um ato de encorajamento? Jesus nos conclama a mostrar amor e compaixão aos outros, ao amarmos a Deus de todo o nosso coração e ao nosso próximo como a nós mesmas. —DAVID MCCASLAND

O seu amor para com o seu próximo é a prova do seu amor a Deus.

Leitura da Bíblia em um ano

NÚMEROS 20–22;
MARCOS 7:1-13

APLICAÇÃO PESSOAL

Gratidão

Orar por

28 de fevereiro

Um velho sovina

Leitura: 1 Timóteo 6:17-19

Porque Deus amou o mundo de tal maneira que deu o seu Filho unigênito, para que todo o que nele crê não pereça, mas tenha a vida eterna. —JOÃO 3:16

Algumas pessoas fazem de tudo para poupar um real. Li a história de um tio avarento, que convidou os seus sobrinhos para caçar pontas de flechas no campo, atrás da sua casa. Entretanto, antes de começarem a busca, ele disse aos jovens ansiosos que eles tinham que tirar todas as pedras do solo e limpar a vegetação rasteira. Quando haviam terminado tudo, era tarde demais para procurar pontas de flechas. Mais tarde, os jovens souberam que nunca havia sido encontrado estas flechas na propriedade do tio. Quando se queixaram para o seu pai, ele disse: "Meu velho irmão sovina enganou vocês, para não pagá-los por um dia de trabalho." Estes meninos não esquecerão tão cedo da maneira como o próprio tio aproveitou-se deles.

Não há problema algum no fato de sermos econômicas. É uma questão de boa administração. Mas há algo de errado ao ser tão sovina, e não querer pagar a um menino o que ele merece.

A avareza, à custa da humilhação ou dor de alguém, não é da vontade de nosso Senhor. Em 1 Timóteo 6:18 aprendemos que devemos "praticar o bem," e ser "generosas e prontas a repartir." Devemos ser justas e generosas. Deus é o grande doador de tudo. Ele deu o Seu Filho, como um sacrifício imensurável, para oferecer-nos nova vida (João 3:16). Vamos seguir o Seu exemplo de amor e generosidade — e assim não seremos acusadas de sermos como um "velho sovina." —DAVID C. EGNER

Deus nos dá tudo o que precisamos, ajudemos aos outros em suas necessidades.

Minhas notas

Março

Março

MOTIVOS DE ORAÇÃO

VIDA ESPIRITUAL

FAMÍLIA

VIDA PROFISSIONAL

FINANÇAS

OUTROS

Então, ele me disse: A minha graça te basta, porque o poder se aperfeiçoa na fraqueza...
2 CORÍNTIOS 12:9

domingo	segunda	terça

MARÇO

quarta	quinta	sexta	sábado

MARÇO

OBJETIVOS

TAREFAS DO MÊS

-
-
-
-
-
-
-
-
-
-
-
-
-
-

PENSAMENTO DO MÊS

A verdadeira medida da nossa fé é o que tem valor para a eternidade.

IMPORTANTE

ANIVERSARIANTES

Meus objetivos espirituais

SEMANA 1

SEMANA 2

SEMANA 3

SEMANA 4

1º de março

Forças para hoje

Leitura: Filipenses 4:8-13

...tudo posso naquele que me fortalece.
—FILIPENSES 4:13

Leitura da Bíblia em um ano
NÚMEROS 23–25;
MARCOS 7:14-37

A maioria das pessoas possui um calendário ou uma agenda, nos quais escreve detalhes de futuros compromissos. Uma amiga cristã os usa de forma diferente. Ela registra atividades importantes apenas depois que elas ocorrem.

A cada manhã ela ora: "Senhor, eu sigo fortalecida somente por ti. Por favor, usa-me conforme a Tua vontade." Sempre que ela realiza algo incomum ou difícil, registra isto em seu diário, à noite. Escreve, por exemplo: "Hoje fui capaz de compartilhar o meu testemunho com uma amiga." "Hoje Deus me ajudou a superar o meu medo, por meio da fé." "Hoje fui capaz de ajudar e encorajar uma pessoa em dificuldades."

Minha amiga usa a palavra capaz porque ela sabe que não poderia fazer isto sem a ajuda de Deus. Ao registrar cada fato que foi capaz de realizar, ela dá toda a glória a Deus. Confiando sempre nas forças que Deus lhe dava, minha amiga pôde testemunhar como o apóstolo Paulo: "...tudo posso naquele que me fortalece" (Filipenses 4:13).

Ao começar cada dia, peça a Deus para fortalecer e usá-la. Você pode ter certeza de que, ao olhar para trás e relembrar os seus dias, louvará e glorificará ao Senhor ao ver como Ele a ajudou. —*JOANIE E. YODER*

Deus sempre nos fortalece o suficiente para o próximo passo.

Leitura da Bíblia em um ano

NÚMEROS 26–27;
MARCOS 8:1-21

APLICAÇÃO PESSOAL

Gratidão

Orar por

2 de março

Sair e entrar

Leitura: Números 27:15-23

…segundo a sua palavra, sairão e, segundo a sua palavra, entrarão…
—NÚMEROS 27:21

O versículo acima enfatiza a maneira como Deus guiaria Israel. Josué deveria conduzir o povo a "sair" e "entrar", alicerçado no que o Senhor falava ao sacerdote Eleazar.

Quantas vezes tomamos decisões de ir para algum lugar ou fazer algo, baseados apenas em nosso orgulho, em ambição pessoal ou simplesmente para manter-nos ocupados? Quantas vezes vamos somente por que alguém, a quem queremos agradar, nos pediu para fazê-lo, e não para agradar ao Senhor? Quando "saímos" para realizar os nossos próprios desejos em lugar de seguir a orientação de Deus, experimentamos frustrações em nossos esforços e permanecemos vazios e decepcionados.

Mas quando saímos por que o Senhor o pediu e por que Ele nos dirigiu, segundo as "Suas instruções", Deus será o responsável pelos resultados. As consequências serão um trabalho frutífero, quer nos demos conta disto ou não.

O tempo de "entrar" também é uma ordem do Senhor. São os tempos de retrair-se — para orar e encher os nossos corações com a Sua Palavra, para descansar os nossos corpos.

Precisamos nos apresentar diariamente perante o nosso sumo sacerdote, o Senhor Jesus, e receber dele as instruções necessárias. Se nos curvarmos perante Ele e lhe pedirmos por orientação, o Senhor nos dará sabedoria sobre o que fazer e quando devemos fazê-lo.

—DAVID H. ROPER

Você não tomará o caminho errado
se seguir a orientação de Deus.

3 de março

Bondade inesperada

Leitura: 1 Samuel 26:1-26

...se o teu inimigo tiver fome, dá-lhe de comer; se tiver sede, dá-lhe de beber...
—ROMANOS 12:20

Leitura da Bíblia em um ano
NÚMEROS 28–30;
MARCOS 8:22-38

Uma missionária ensinava a uma classe de jovens a respeito da bondade e lhes contou que Jesus disse que aquele que der um copo de água em Seu nome, "...de modo algum perderá o seu galardão" (Marcos 9:41).

No dia seguinte, a missionária observou um grupo de homens cansados ao entrarem na vila, tirando suas mochilas pesadas das costas e se sentando para descansar. Alguns minutos mais tarde, diversas meninas se aproximaram timidamente dos homens e lhes deram algo para beber. Então elas correram para a missionária e gritaram: "Professora, nós demos algo para beber a estes homens, em nome de Jesus."

Embora o versículo de Marcos 9:41 se aplique principalmente em mostrar bondade a pessoas que creem em Cristo, sabemos que devemos fazer "o bem a todos" (Gálatas 6:10), e dar algo de beber até aos nossos inimigos (Romanos 12:20).

Na leitura bíblica de hoje, Davi teve a chance de vingar-se do rei Saul (1 Samuel 26:9). Mas como Davi reverenciava a Deus, ele demonstrou bondade com o rei Saul.

Demonstrar bondade inesperada a estranhos ou inimigos nem sempre mudará os seus corações. Mas, cedo ou tarde, alguém se perguntará por que fomos bondosos e assim teremos a oportunidade de falar sobre o nosso Senhor, que foi bondoso até com os Seus inimigos (Romanos 5:10). —HERB VANDER LUGT

Um ato de bondade pode ensinar mais sobre o amor de Deus do que muitos sermões.

Leitura da Bíblia em um ano
NÚMEROS 31–33;
MARCOS 9:1-29

4 de março

Feliz adversidade?

Leitura: Tiago 1:1-12

...tende por motivo de toda alegria o passardes por várias provações. —TIAGO 1:2

Na parte de trás do cartão de aniversário de casamento foram desenhadas algumas linhas tortuosas, rabiscadas por meu neto de 3 anos. Ao lado, havia uma nota de nossa filha sobre o que ele havia explicado e o que estava escrito ali: "Escrevo uma carta para o seu amor e a sua feliz adversidade."

O "erro" de meu neto tornou-se um lema para nós, porque "feliz adversidade" contém o princípio bíblico de enfrentar as dificuldades com alegria: "...tende por motivo de toda alegria o passardes por várias provações, sabendo que a provação da vossa fé [...] produz perseverança" (Tiago 1:2,3).

Em nossa perspectiva, a adversidade pode ser tudo, menos alegria. Temos a ideia de que a vida cristã tem que ser livre de problemas, e damos pouco valor ao sofrimento. Mas Deus o vê de forma diferente. A Bíblia diz: "Meus irmãos, tende por motivo de toda alegria o passardes por várias provações, sabendo que a provação da vossa fé, uma vez confirmada, produz perseverança" (Tiago 1:2-3). A aflição não vem como um ladrão para roubar a nossa alegria, mas como um amigo que traz um presente de poder eterno. Em meio à aflição, Deus promete nos dar Sua sabedoria e forças.

Por essa razão, não se ofenda se eu lhe desejar "feliz adversidade." —DAVID MCCASLAND

Os fardos da vida servem não para nos quebrantar, mas para nos voltarmos a Deus.

5 de março

Pressionar Deus

Leitura: Mateus 26:36-46

...Meu Pai, se não é possível passar de mim este cálice sem que eu o beba, faça-se a tua vontade. —MATEUS 26:42

Sob o comando do general George Patton na Segunda Guerra Mundial, o exército americano enfrentou os nazistas até que o nevoeiro e a chuva forçaram as tropas a parar. Patton telefonou a um capelão e lhe perguntou: "Você tem uma boa oração para o tempo?" O capelão imediatamente respondeu ao pedido do general e escreveu uma oração, e Patton ordenou que ela fosse impressa e distribuída aos 250 mil soldados sob o seu comando, orientando-os a orarem por tempo bom e claro.

As Escrituras nos ensinam que Deus quer que lhe apresentemos os nossos pedidos, que podemos estar confiantes de que Ele se preocupa e que vai nos responder (Filipenses 4:6; 1 João 5:14,15). Mas Deus não tem a obrigação de responder da maneira que queremos ou simplesmente porque muitas pessoas estão orando.

O Filho de Deus, quando agonizava no Getsêmani, fez Seu pedido em humilde submissão ao Pai, dizendo: "Faça-se a tua vontade" (Mateus 26:42). Este mesmo princípio deveria governar todas as nossas orações.

A vontade do Pai celestial sempre é repleta de infinito amor e sabedoria. Assim, em vez de tentar pressionar Deus porque achamos que Ele tem obrigações conosco, devemos, como filhas confiantes nos entregar com alegria ao Senhor e à Sua vontade. Seja o que for que Ele nos conceder, ao final será a melhor das bênçãos. —VERNON C. GROUNDS

Em vez de pressionar Deus,
coloque-se em Suas mãos.

Leitura da Bíblia em um ano
NÚMEROS 34–36;
MARCOS 9:30-50

Leitura da Bíblia em um ano

DEUTERONÔMIO 1–2;
MARCOS 10:1-31

APLICAÇÃO PESSOAL

Gratidão

Orar por

6 de março

Uma vida desperdiçada

Leitura: Efésios 4:17-29

...não mais andeis como andam os gentios, na vaidade dos seus próprios pensamentos. —EFÉSIOS 4:17

É frustrante falar a certas pessoas a respeito de Deus, de Jesus e da salvação. Elas negam a importância destas verdades, ao dizer: "Você tem a sua crença, e eu tenho a minha." Ou: "Não lhe direi como deve viver se você também não me disser como eu devo viver."

Como respondemos a isto? Devemos mostrar que a nossa crença em Cristo faz sentido, que ela traz significado para a vida agora e para toda a eternidade.

No livro *Papillon* (Florence, 2014), o personagem principal sonha que está num julgamento. O juiz afirma que ele é acusado do crime mais horrível que alguém poderia cometer. Quando *Papillon* pergunta qual é este crime, respondem-lhe: "A tragédia de uma vida desperdiçada." "Culpado!", diz *Papillon*, chorando. "Culpado."

Há pessoas ao nosso redor cujas vidas não têm sentido ou esperança. Estão presas na teia do pecado, vivendo "na vaidade dos seus pensamentos" (Efésios 4:17). Como seguidores de Jesus Cristo, nosso papel é demonstrar que a vida de fé tem sentido. Em meio a um mundo sem rumo e cheio de desespero, devemos viver com propósito e esperança.

Quando mostrarmos às pessoas a diferença que Jesus fez em nossas vidas, elas verão que a vida pode ter sentido e propósito. E assim, ao se voltarem para Jesus, evitarão a tragédia de uma vida desperdiçada. —DAVID C. EGNER

Uma vida à semelhança da vida de Cristo pode ser uma Bíblia para o mundo.

7 de março

Detrás do trono

Leitura: Ester 1

…é ele quem muda o tempo e as estações, remove reis e estabelece reis… —DANIEL 2:21 (NAA)

Durante toda a minha vida tenho visto homens maus obterem poder político e militar, cometerem erros colossais e saírem novamente de cena. Mesmo bons líderes deixam registro de erros e fraquezas.

O primeiro capítulo do livro de Ester nos mostra o orgulho do rei Assuero, o cabeça do poderoso Império Persa. Ele ofereceu um suntuoso banquete para exibir suas riquezas e esplendor. Depois de sete dias de festa, o rei ordenou aos oficiais que trouxessem a rainha Vasti à sua presença, para que os seus súditos e nobres vissem a sua grande beleza. Mas a rainha Vasti se recusou a ir, humilhando com esta atitude o grande rei da Pérsia (vv.12-18).

O rei Assuero ficou furioso e consultou os homens sábios do seu reinado. Estes o aconselharam que Vasti não fosse mais considerada rainha e que o rei desse "…o reino dela a outra […] melhor do que ela" (v.19). Deus usou estes acontecimentos incomuns para colocar uma jovem judia em posição estratégica, a fim de preservar o Seu povo da destruição.

O nome de Deus não é mencionado no livro de Ester, mas a mensagem no primeiro capítulo aparece de forma clara e evidente: o Senhor pode fazer algo bom surgir de qualquer situação — mesmo quando seres humanos, com erros e defeitos, estão envolvidos nela. Ele é o verdadeiro poder por detrás do trono. —HERB VANDER LUGT

O mais poderoso dos governantes é somente um "brinquedo" nas mãos do Rei dos reis.

Leitura da Bíblia em um ano
DEUTERONÔMIO 3–4;
MARCOS 10:32-52

APLICAÇÃO PESSOAL

Gratidão

Orar por

Leitura da Bíblia em um ano

DEUTERONÔMIO 5–7;
MARCOS 11:1-18

APLICAÇÃO PESSOAL

Gratidão

Orar por

8 de março

Ambição demais

Leitura: Marcos 10:35-45

*Pois o próprio Filho do Homem
não veio para ser servido,
mas para servir e dar a sua vida
em resgate por muitos.*
—MARCOS 10:45

Se você está familiarizada com as obras de William Shakespeare deve conhecer Macbeth, um de seus personagens. Ele queria tanto ser rei que cometeu homicídio — e teve que pagar por isto com a própria vida.

Assemelhamo-nos a este personagem trágico quando permitimos que as ambições turvem os nossos pensamentos e então esquecemos quem, na realidade, controla as nossas vidas. Não usamos métodos maus para alcançarmos os nossos objetivos, mas permitimos que a ambição ofusque os nossos pensamentos em relação à soberania de Deus. Em vez de deixarmos as questões em Suas mãos, nós as tomamos para nós mesmos.

Encontramos outro exemplo de ambição exagerada na conversa que Tiago e João tiveram com Jesus, em Marcos 10. Eles queriam se assentar em posições de grande prestígio e poder no reino de Deus. E por não estarem contentes em esperar para saber se Jesus lhes daria a honra, ousaram fazer-lhe este pedido. Estavam impacientes demais para deixar toda a questão nas mãos do Senhor.

A ambição nem sempre é errada. Mas se ela nos consome a ponto de não sabermos esperar por Deus, demonstra então a nossa falta de fé, como aconteceu com os discípulos.

Quando submetemos os nossos objetivos e desejos ao Senhor, podemos ter a certeza de que Ele nos dará o melhor. —DAVE BRANON

Ambicione as bênçãos do Senhor,
mas seja cautelosa quanto às suas
motivações.

9 de março

Dinheiro e tempo

Leitura: Marcos 12:13-17, 28-31

*…Dai a César o que é de César
e a Deus o que é de Deus…*
—MARCOS 12:17

Leitura da Bíblia em um ano
DEUTERONÔMIO 8–10;
MARCOS 11:19-33

Durante uma viagem a Londres visitei dois museus: o do Banco da Inglaterra e o *Clockmaker* (relojoeiro). Fiquei impressionado como os temas dinheiro e tempo têm sido algo muito importante desde as épocas mais remotas. Todavia, eles representam um dos maiores dilemas da vida. Trocamos nosso precioso tempo trabalhando para obter dinheiro, e então gastamos o nosso dinheiro para termos tempo livre. Raramente possuímos os dois com certo grau de equilíbrio.

Em contraste, nosso Senhor nunca ficava perplexo com o dinheiro ou com o tempo. Quando lhe perguntaram se era certo pagar impostos a César, Jesus respondeu: "…Dai a César o que é de César e a Deus o que é de Deus…" (Marcos 12:17). O tempo de Jesus sempre foi muito requisitado, mas Ele passou muitas manhãs e noites em oração, buscando descobrir e fazer a vontade de Seu Pai.

Frances Havergal, autor do hino "Consagração" (CC 296), escreveu:

"A ti seja consagrada minha vida, ó meu Senhor. Meus momentos e meus dias sejam só em Teu louvor. Minha prata e ouro toma; nada quero te esconder; minha inteligência guia só e só por teu saber."

Podemos equilibrar adequadamente o tempo e o dinheiro quando nos oferecemos a Deus sem nenhuma reserva. —DAVID MCCASLAND

Invista o seu tempo e dinheiro de forma sábia — ambos pertencem a Deus.

Leitura da Bíblia em um ano

DEUTERONÔMIO 11–13;
MARCOS 12:1-27

APLICAÇÃO PESSOAL

Gratidão

Orar por

10 de março

O lugar secreto

Leitura: Salmo 34:4-8

*Oh! Provai e vede que o S*ENHOR *é bom; bem-aventurado o homem que nele se refugia.* —SALMO 34:8

Neste mundo repleto de miséria, existe apenas um refúgio seguro: o próprio Deus. "…Ele é escudo para todos os que nele se refugiam" (Salmo 18:30).

A expressão "os que se refugiam" provém de uma palavra hebraica que significa "buscar refúgio em" ou "esconder-se nele" ou "esconder-se com". Esta palavra sugere um lugar secreto, um esconderijo. Quando estamos exaustos por causa de nossos esforços, quando somos perturbados por nossos problemas, quando somos feridos pelos amigos, quando somos rodeados por inimigos, podemos nos refugiar em Deus. Não existe segurança neste mundo. Se a encontrássemos aqui, nunca chegaríamos a conhecer a alegria do amor e da proteção de Deus para o propósito a que fomos criados. O único lugar seguro é o próprio Deus. Quando tempestades se formam e as calamidades trazem escuridão, precisamos correr para Sua presença, em oração, e lá permanecer (Salmo 57:1).

O escritor escocês George MacDonald disse: "O homem perfeito na fé é aquele que pode vir a Deus com os seus mais profundos sentimentos e desejos, sem nenhum brilho ou aspiração, com o peso de pensamentos humildes, com fracassos, negligências e esquecimentos, e dizer-lhe: 'Tu és o meu refúgio.'"

Estamos seguros sob o amor e bênçãos do Senhor!

—DAVID H. ROPER

A presença de Deus é a nossa segurança.

11 de março

O farol

Leitura: Marcos 6:45-52

...por volta da quarta vigília da noite, veio ter com eles, andando por sobre o mar... —MARCOS 6:48

DEUTERONÔMIO 14–16; MARCOS 12:28-44

Quando um helicóptero sofreu um acidente num deserto frio e montanhoso, os pilotos sobreviveram, mas ficaram seriamente feridos. A tarde gelada se estendia até se findar e chegar a noite mais gelada ainda. A situação parecia sem esperança — mas surgiu um helicóptero de resgate com suas luzes de busca iluminando a escuridão. Ele encontrou os escombros, pousou nas imediações e levou os sobreviventes embora em segurança.

Um homem ferido perguntou: "Como vocês sabiam onde estávamos?"

Os homens de resgate responderam: "Pelo aparelho guia da sua aeronave. Ele desligou-se automaticamente quando vocês caíram. Tudo o que tínhamos a fazer era segui-lo."

Os discípulos de Jesus também experimentaram a alegria de serem resgatados. Eles enfrentaram grandes lutas ao remarem contra o vento e as ondas na escuridão da noite do mar da Galileia (Marcos 6:45-47). Mas Jesus se dirigiu a eles caminhando sobre a água e acalmou o mar (vv.48-51).

Às vezes também experimentamos tempos parecidos com esses, quando tudo é escuro. Não podemos ajudar a nós mesmos e parece que ninguém mais o pode. Ninguém sabe o quão exausto estamos. Ninguém — exceto Jesus.

Jesus sabe quando cada uma das pessoas se sentem presas, feridas, solitárias ou desanimadas. O nosso choro de sofrimento é como um farol que o traz até nós — justamente quando mais precisamos dele.

—DAVID C. EGNER

Jesus ouve até o mais obscuro pedido de ajuda.

Leitura da Bíblia em um ano

DEUTERONÔMIO 17–19;
MARCOS 13:1-20

APLICAÇÃO PESSOAL

Gratidão

Orar por

12 de março

Uma única opção

Leitura: Habacuque 1:1–2:4

Eis o soberbo! Sua alma não é reta nele;
mas o justo viverá pela sua fé.
—HABACUQUE 2:4

Se você pedisse a diversas pessoas para desenharem um risco tortuoso em um pedaço de papel, não haveria duas linhas idênticas. Há uma lição nisto: existem diversas formas de se fazer algo torto, mas uma só forma de se obter uma linha reta.

O Senhor nos conta que uma pessoa justa tem somente uma opção — a de viver "pela sua fé" (Habacuque 2:4). No capítulo anterior deste livro da Bíblia, o profeta Habacuque havia se queixado da violência e injustiça ao seu redor. Parecia que os perversos estavam devorando os justos (1:13).

Deus respondeu a Habacuque dizendo que o Seu povo deveria ser "justo" e viver com fé. Não deveriam ser como aqueles que vivem "envaidecidos" com desejos que "não são bons" (2:4). Uma pessoa orgulhosa e autossuficiente racionaliza as suas falhas e imperfeições. Ela não quer admitir que precisa de Deus. Os seus caminhos são tortuosos.

A maldade parece prevalecer em nosso mundo. Deus nos conclama a vivermos as nossas vidas em fé, tratando com seriedade o que Ele assegurou a Habacuque, de que virá o dia do juízo final.

A única maneira de agradar a Deus agora e estar preparada para o dia do juízo é viver pela fé. —ALBERT LEE

O único caminho certo é reto e estreito.

13 de março

Em todas as estações

Leitura: Atos 5:31-42

*...erguei os olhos e vede os campos,
pois já branquejam para a ceifa.*
—JOÃO 4:35

Sou novata em plantar flores, mas aprendi a diferença entre as que crescem a cada ano e as que sempre brotam e florescem novamente por si só, minhas preferidas. Toda primavera, compro mudas de plantas que só crescem por alguns meses. Elas criam rapidamente suas raízes. A sua breve vida termina com as geadas do outono e o solo permanece infértil até que eu as plante novamente na primavera seguinte. Elas crescem ano após ano, florescem regularmente e se reproduzem. Os cristãos do Novo Testamento também se reproduziram devido aos esforços daqueles que espalharam as sementes do amor de Cristo como flores que crescem e se reproduzem regularmente.

Eles não colocaram todas as suas energias apenas em um único esforço evangelístico anual. Mas compartilharam as boas-novas de Cristo, a "suprema preocupação de cada cristão, todos os dias do ano, em todos os lugares". Em Atos 5:42; 8:4, a esfera de ação do testemunho dos cristãos está clara: eles compartilharam Cristo e o evangelho no templo, em suas casas e nos lugares públicos, usando os métodos fornecidos pelo Espírito Santo para pregar, ensinar e dar o seu testemunho pessoal.

Jesus ensinou que a estação para a colheita espiritual é sempre o hoje (João 4:35). E o apóstolo Paulo disse que hoje é: "...o dia da salvação" (2 Coríntios 6:2).

Tenha certeza de que não há colheita fora de estação. Os campos estão "brancos", hoje. —JOANIE E. YODER

Testemunhar para Cristo
nunca está fora da época.

Leitura da Bíblia em um ano
DEUTERONÔMIO 20–22;
MARCOS 13:21-37

APLICAÇÃO PESSOAL

Gratidão

Orar por

Leitura da Bíblia em um ano

DEUTERONÔMIO 23–25;
MARCOS 14:1-26

APLICAÇÃO PESSOAL

Gratidão

Orar por

14 de março

Alto custo

Leitura: 1 Samuel 13:1-15

…Procedeste nesciamente em não guardar o mandamento que o Senhor, teu Deus, te ordenou […] Já agora não subsistirá o teu reino…. —1 SAMUEL 13:13,14

Sempre soube que a desobediência traz consequências — mas elas me alcançaram pesadamente durante a Segunda Guerra Mundial. Eu tinha viajado além da distância permitida em meu passe de fim de semana para visitar minha esposa, e voltei ao campo de treinamento tarde porque o trem teve um problema mecânico. Paguei por não obedecer aos regulamentos: 20 horas de trabalho extra, lavando potes e panelas!

O rei Saul também aprendeu o alto custo da desobediência. Ele estava em lutas contra o forte exército dos filisteus, dispondo apenas de seu pequeno grupo de homens, temerosos e pouco treinados. Enquanto esperava por Samuel para oferecer sacrifícios antes de sair para a batalha, Saul ficou impaciente e ele mesmo ofereceu o sacrifício — apesar de saber que Deus tinha concedido este direito somente aos sacerdotes. Foi um erro com consequências de alto custo.

Saul começou o seu reinado com humildade e compaixão, dando todo o crédito a Deus (1 Samuel 11). E o profeta Samuel lhe disse que o Senhor teria estabelecido para sempre o seu reinado se ele tivesse obedecido ao mandamento de Deus (13:13-14). Mas este ato de desobediência mudou o curso de sua vida, trazendo-lhe a decadência deste momento em diante.

Jamais esqueça que a desobediência tem consequências, e algumas delas podem ter alto custo.

—HERB VANDER LUGT

A obediência é o único caminho da benção.

15 de março

Saúde para o coração

Leitura: Provérbios 4:20-27

Leitura da Bíblia em um ano
DEUTERONÔMIO 26–27;
MARCOS 14:27-53

Sobre tudo o que se deve guardar, guarda o coração, porque dele procedem as fontes da vida. —PROVÉRBIOS 4:23

Se você tem mais de 40 anos, seu coração já bateu mais de 1,5 bilhão de vezes. Sei que quando o meu coração parar, será tarde demais para mudar a minha vida. Por isso, procuro controlar o meu peso, fazer exercícios e cuidar não somente do que eu consumo — mas do que está me consumindo.

Este último ponto está relacionado a um órgão vital chamado "coração" — o nosso coração espiritual. Este também bateu bilhões de vezes, com pensamentos, afetos e escolhas. É no coração que determinamos como vamos falar, comportar e responder às circunstâncias da vida (Provérbios 4:23). Será que vamos confiar no Senhor e procurar ser bondosos, pacientes e amorosos? Ou vamos dar lugar ao orgulho, à avareza e à amargura?

A leitura bíblica de hoje enfatiza a importância de cuidarmos do nosso coração. Estamos nos mantendo em forma?

- Peso: Precisamos perder o peso das cargas e cuidados desnecessários?
- Pulso: Mantemos um ritmo firme de gratidão e louvor?
- Pressão Arterial: A nossa confiança é maior do que a nossa ansiedade?
- Dieta: Usufruímos dos nutrientes que a vida nos dá, na Palavra de Deus?

Você já fez o *check-up* do seu coração? —MART DEHAAN

Para manter-se espiritualmente em forma, consulte o Médico dos médicos.

Leitura da Bíblia em um ano

DEUTERONÔMIO 28–29;
MARCOS 14:54-72

APLICAÇÃO PESSOAL

Gratidão

Orar por

16 de março

Buscai e achareis

Leitura: Provérbios 2:1-6

…se buscares a sabedoria como a prata e como a tesouros escondidos […] acharás o conhecimento de Deus.
—PROVÉRBIOS 2:4-5

Justin Martyr viveu no segundo século e buscou ansiosamente a verdade. Leu todos os escritores clássicos gregos, examinando e analisando cada filosofia por todos os lados.

Buscou discernimento, e em especial a resposta para os seus desejos por pureza sexual. Mas todo o esforço dele foi em vão. Ele escreveu: "Por fim, tudo provou ser infiel, e cedo ou tarde acabou sendo um amor traído."

Certo dia, caminhando sem rumo na beira da praia, encontrou um homem idoso que falou ao seu coração como ninguém havia feito antes. Ele lhe mostrou Deus, por intermédio de Jesus Cristo, e Justin encontrou o conhecimento que tinha procurado por toda a sua vida — "o conhecimento de Deus" (Provérbios 2:5).

Quem sabe você, como Martyr, está buscando o conhecimento, procurando-o em todo lugar, procurando por uma resposta para o seu anseio pela verdade. Você leu muito e pensou seriamente a respeito da vida, mas não consegue encontrar respostas que satisfaçam as profundas necessidades da sua alma. Se este é o seu caso, leia os evangelhos, os quatro primeiros livros do Novo Testamento e clame a Deus por entendimento. Ele vai ouvi-la e você encontrará o conhecimento de Deus por meio de Jesus Cristo (João 17:3).

Deus não força as pessoas que não querem encontrar a verdade, mas Ele ouve o clamor sincero daqueles que pedem por ela. Como Jesus disse: "Pedi e recebereis" (João 16:24). —DAVID H. ROPER

Para encontrar a verdade, olhe para Cristo.

17 de março

As estações da vida

Leitura: Salmo 71:1-21

Em ti me tenho apoiado desde o meu nascimento […] tu és motivo para os meus louvores constantemente.
—SALMO 71:6

Leitura da Bíblia em um ano
DEUTERONÔMIO 30–31;
MARCOS 15:1-25

Quando somos crianças, mal podemos esperar até crescer. Mas quando somos idosos, olhamos para trás com saudade dos anos que já passaram. Deus quer que aceitemos toda as estações da vida com alegria. Não importa a idade, Ele nos dá o que necessitamos para sermos tudo o que pudermos ser. O Senhor nos pede para entregar-lhe o nosso caminho, aceitar as lutas que Ele permite e as forças que Ele provê.

Uma idosa que enfrentava as dificuldades da velhice perguntou a um professor de ensino da Bíblia: "Por que Deus permite que fiquemos velhas e fracas?" Ele respondeu: "Acho que Deus quis que as forças e a beleza da juventude fossem físicas, enquanto que as da velhice fossem espirituais. Perdemos gradualmente a força e a beleza que são temporárias, para nos concentrarmos no que é eterno. E assim, estaremos ansiosos para deixar a parte que é temporária e que se deteriora em nós, para nos tornarmos verdadeiramente saudosos pelo lar eterno. Se permanecêssemos jovens, fortes e bonitos, nunca iríamos querer partir."

Se você estiver na primavera da vida, confie no tempo de Deus para cumprir os seus sonhos. Se estiver no verão ou no outono da vida, enfrente os desafios diários de cabeça erguida. E se estiver sentindo o frio do inverno, aproxime-se mais do Senhor. A Sua presença pode trazer a todas as estações da vida — a força e a beleza. —DENNIS DEHAAN

Em qualquer estação da vida,
a nossa atitude faz a diferença.

Leitura da Bíblia em um ano

DEUTERONÔMIO 32–34;
MARCOS 15:26-47

APLICAÇÃO PESSOAL

Gratidão

Orar por

18 de março

Amigos ouvem

Leitura: Jó 13:1-9

*Tomara vos calásseis de todo,
que isso seria a vossa sabedoria!*
—JÓ 13:5

Eram aproximadamente 9 horas da noite. Minha esposa e eu estávamos sentados em nossa sala de estar. Eu lia um livro, quando repentinamente, ela disse: "Querido, quero falar com você por alguns minutos." Ela começou a conversar e perguntou abruptamente: "Você está me ouvindo?"

Eu tive vontade de responder: "É claro que sim. Estou apenas a alguns metros de você." Mas, na verdade, a minha mente ainda estava em meu livro. Precisei fechá-lo e dar atenção ao que ela dizia. Minha esposa desejava isto de mim.

Jó também ficou frustrado porque os seus amigos não estavam prestando atenção ao que ele estava dizendo. Ele sentiu que, enquanto falava, os amigos planejavam a próxima resposta. Eles estavam propensos a convencê-lo que o sofrimento dele era um castigo por algum pecado anterior em sua vida. Eles não ouviam o profundo clamor do coração de Jó.

Muitos de nós também não sabemos ouvir. Os adolescentes se frustram porque os seus pais sempre têm uma resposta rápida, quando eles somente querem alguém que ouça as suas lutas e os aceite assim como são. Um adolescente disse: "Algumas vezes eu só queria falar até saber o que eu quis dizer."

Os relacionamentos profundos são construídos com a aceitação, compreensão, e principalmente quando sabemos ser bons ouvintes. —HERB VANDER LUGT

Ouvir pode ser a coisa mais amorosa
que você fará hoje.

19 de março

Vestido de borboleta

Leitura: Gálatas 5:13-26

...andai no Espírito e jamais satisfareis à concupiscência da carne. —GÁLATAS 5:16

A internet é um dos avanços mais extraordinários de nossos tempos. Como é assombroso o fato de que com apenas alguns toques nas teclas, você pode descobrir endereços de pessoas, uma receita de um peixe ou as estatísticas dos feitos de seu atleta favorito.

É claro, a internet também nos abre todo um mundo de escolhas pecaminosas. Por isso, muitos provedores oferecem um serviço para proteger o computador da família de páginas que promovem a imoralidade. Uma companhia usou um homem, vestido de forma cômica como uma borboleta, para representar o serviço e numa propaganda que mostrava como ele protegia as crianças de várias atividades imorais.

Os cristãos já têm um recurso semelhante, e isto não nos custa nenhuma taxa mensal. Não se trata de um homem-borboleta — é o Espírito Santo que vive no coração de cada cristão. Quando buscamos orientação na Palavra de Deus e oramos, Ele nos capacitará a detectar e afastar o que é imoral. Ele pode nos ajudar a não irmos a lugares onde não deveríamos, a fazer coisas que não deveríamos e a dizer o que não deveríamos.

O mundo, como a internet, tem muito a ser evitado. Quando procuramos diariamente "viver pelo Espírito", confiando em Sua sabedoria e poder, podemos permanecer limpos. —DAVE BRANON

O Espírito Santo é o nosso protetor sempre presente.

Leitura da Bíblia em um ano
JOSUÉ 1–3;
MARCOS 16

Leitura da Bíblia em um ano
JOSUÉ 4–6;
LUCAS 1:1-20

APLICAÇÃO PESSOAL

Gratidão

Orar por

20 de março

Ouvindo as crianças

Leitura: Mateus 21:1-17

...nunca lestes: Da boca de pequeninos e crianças de peito tiraste perfeito louvor?
—MATEUS 21:16

Os líderes religiosos estavam muito equivocados em relação a Jesus quando Ele entrou em Jerusalém (Mateus 21:15-16). É verdade que eles sabiam muito a respeito de teologia, mas não sabiam quem era Jesus.

Entretanto, as crianças estavam certas. Foram elas que clamaram no templo: "Hosana ao Filho de Davi" (v.15). Elas acreditavam que a pessoa que estava montada naquele jumento era o Filho prometido de Davi. E cumpriram a profecia do Salmo 8:2, dando louvores ao Cordeiro que estava para morrer pelos pecados do mundo. Foram as crianças que responderam com alegria sincera, embora talvez não compreendessem completamente a missão de Jesus de redimir a humanidade.

Sim, as crianças podem nos ensinar uma lição vital de fé. Em sua sinceridade e inocência, para elas é fácil confiar naquele cujo caráter puro desperta os seus tenros corações.

Como adultos, achamos que sabemos tantas coisas. Procuramos ser tão maduras, corretas, religiosas. Eu me pergunto se reconheceríamos o Salvador se Ele tivesse caminhado em nosso meio, fazendo os milagres que Ele fez, tanto tempo atrás.

Senhor, dá-nos a fé das crianças pequenas.

—*DAVID C. EGNER*

As crianças pequenas
podem ensinar grandes lições.

21 de março

Espinhos ou rosas?

Leitura: Números 14:1-11

Queixou-se o povo de sua sorte aos ouvidos do Senhor; ouvindo-o o Senhor, acendeu-se lhe a ira…
—NÚMEROS 11:1

Dois meninos estavam comendo uvas, e um deles perguntou: "Elas não são doces?" O outro respondeu: "Eu penso que sim, mas estão cheias de sementes." Caminhando em um jardim, o primeiro menino exclamou: "Olhe estas rosas bonitas, grandes e vermelhas!". O outro comentou: "Elas estão cheias de espinhos!". Estava um dia quente, e eles pararam num mercado para tomar um refrigerante. Depois de alguns goles, o segundo menino se queixou: "O meu refrigerante já está metade vazio." O primeiro respondeu rapidamente: "O meu ainda está metade cheio!".

Muitas pessoas são como o menino pessimista desta história. Elas sempre olham para a vida através de lentes escuras. Como os filhos de Israel na leitura bíblica de hoje, se queixam e resmungam quando deveriam estar louvando ao Senhor pela Sua graciosa provisão. Mas graças a Deus, nem todos são assim. Existem pessoas que se concentram no lado brilhante e são radiantes, felizes e agradecidas. Elas são realistas quanto ao lado sombrio da vida — mas não se afligem.

Você pode vencer os pensamentos negativos. Não importa quem você é ou quais são as suas circunstâncias. Sempre há muito pelo que agradecer. Pense no amor de Deus por você. Louve-o por Seu cuidado e provisão. Assim, em vez de queixar-se dos espinhos, você será grata pelas rosas. —RICHARD W. DEHAAN

Em vez de se queixar por não conseguir o que deseja, agradeça por não receber o que merece.

Leitura da Bíblia em um ano

JOSUÉ 7–9;
LUCAS 1:21-38

APLICAÇÃO PESSOAL

Gratidão

Orar por

Leitura da Bíblia em um ano
JOSUÉ 10–12;
LUCAS 1:39-56

APLICAÇÃO PESSOAL

Gratidão

Orar por

22 de março

Fazendo um nome

Leitura: Provérbios 10:1-17

A memória do justo é abençoada, mas o nome dos perversos cai em podridão. —PROVÉRBIOS 10:7

O fazendeiro americano Augustus Maverick que viveu no século 19, se recusava a marcar com ferro quente o seu gado. Quando um vaqueiro se deparava com um bezerro sem a marca, eles o chamavam de "maverick". A palavra foi incorporada ao idioma inglês para referir-se a uma pessoa que vive um padrão de independência e se recusa a ajustar-se.

O nome próprio Judas também descreve o caráter e o comportamento de um traidor. O nome de Einstein é usado também para descrever um gênio, enquanto Salomão é conhecido por ser homem sábio.

Poucos dos nossos nomes farão parte de um idioma — mas eles significam quem somos e como vivemos hoje e nas gerações futuras. Salomão disse: "A memória do justo é abençoada, mas o nome dos perversos cai em podridão. [...] Quem anda em integridade anda seguro, mas o que perverte os seus caminhos será conhecido" (Provérbios 10:7,9).

Quando pensamos em alguém que conhecemos e admiramos, as palavras que associamos ao nome desta pessoa geralmente representam os traços de seu caráter que também gostaríamos de ter. Honestidade, generosidade e amor normalmente encabeçam a lista. Vemos estes traços em nosso Senhor Jesus Cristo, cujo nome podemos usar.

Hoje, o Senhor quer que outros o conheçam por meio do nosso testemunho pessoal —DAVID MCCASLAND

Quando outros pensam em você,
será que se lembram de Jesus?

23 de março

Enfrentando meus temores

Leitura: Salmo 138

No dia em que eu clamei,
tu me acudiste e alentaste
a força de minha alma.
—SALMO 138:3

Leitura da Bíblia em um ano
JOSUÉ 13–15;
LUCAS 1:57-80

APLICAÇÃO PESSOAL

Depois que Bill e eu casamos, tornei-me muito dependente dele, mais do que de Deus, como minha segurança e fortaleza. Quando me sentia bastante insegura e temerosa, eu me preocupava secretamente: "E se um dia eu não tiver mais o Bill?"

Quando o nosso trabalho missionário exigiu que meu marido ficasse longe de casa por algumas semanas, comecei a depender de mim mesma. Sentindo-me ainda mais insegura, evitava o mais que podia expor-me aos riscos da vida e vivia num casulo de ansiedade, às vezes, até com receio de sair em público.

Finalmente, segui o exemplo de Davi, encontrado no Salmo 138:3. Ele disse: "No dia em que eu clamei, tu me acudiste e alentaste a força de minha alma." Eu também clamei a Deus e Ele me respondeu. A Sua resposta me deu entendimento e força para romper o casulo do medo e começar a estender as minhas asas, sob a total dependência de Deus. Lentamente — mas com segurança — Ele fez de mim uma serva ousada, ao lado de meu marido.

Anos mais tarde, quando meu marido partiu para a eternidade, reconheci como Deus havia tratado com compaixão os meus temores: "E se um dia eu não tiver mais o Bill?" Em lugar de remover o meu medo, Deus me deu forças e habilidade para enfrentar esta situação. E Ele a capacitará, quando você depender totalmente dele. —JOANIE E. YODER

Para vencer os seus temores, entregue-os ao Senhor.

Gratidão

Orar por

Leitura da Bíblia em um ano
JOSUÉ 16–18;
LUCAS 2:1-24

APLICAÇÃO PESSOAL

Gratidão

Orar por

24 de março

Os pés de Judas

Leitura:
João 13:1-20

Porque eu vos dei o exemplo,
para que, como eu vos fiz,
façais vós também. —JOÃO 13:15

Quando lemos a história de Jesus lavando os pés dos discípulos, podemos pensar que sabemos por que Ele fez isto. João, por exemplo, era um amigo chegado. E ali estavam Pedro e André, que haviam sido tão fiéis em seguir o Mestre.

Cada um dos discípulos deve ter tido um motivo para aproximar-se de Jesus. Mas por que Ele lavou os pés de Judas? Jesus sabia que se curvava para servir aquele que em breve realizaria o pior ato de traição.

Jesus cumpria a tarefa mais humilhante para uma pessoa que tratou o Criador do universo como alguém que não valia mais do que 30 moedas de prata. Conscientemente, aquele cujo nome está associado à doação da vida, sujou Suas mãos para servir alguém cujo nome estaria marcado pela traição e morte por todos os tempos.

O exemplo de Jesus exemplifica algo especial sobre o servir? Isto nos lembra de que não fomos chamados a servir somente àqueles que são como nós ou mesmo àqueles que se preocupam conosco? Somos chamadas para servir a todas as pessoas, as amáveis e as menos amáveis, as simpáticas e as antipáticas.

Qual foi a última vez que você "lavou os pés" de alguém como Judas? —DAVE BRANON

É difícil parar num pedestal e lavar os pés dos que estão lá embaixo. —COLSON

25 de março

JOSUÉ 19–21; LUCAS 2:25-52

A cruz fala

Leitura: Atos 2:22-39

…Cristo morreu pelos nossos pecados, segundo as Escrituras […] e ressuscitou ao terceiro dia… —1 CORÍNTIOS 15:3,4

As cruzes decoram torres de igrejas e sepulcros fúnebres. Algumas vezes indicam o lugar onde as pessoas morreram em acidentes de carro. Muitas vezes são usadas como joias.

As cruzes fazem as pessoas se lembrar de Jesus Cristo. Eu me conscientizei disso quando um homem de negócios, vendo uma pequena cruz dourada na lapela do meu paletó, me perguntou: "Por que você crê em Cristo?" Fiquei contente com a oportunidade de compartilhar a minha fé com ele.

Jesus morreu na cruz por nós, mas não adoramos a um Salvador morto. O corpo de nosso Senhor foi tirado da cruz e colocado em um sepulcro, e então, ao terceiro dia, Ele emergiu em um corpo glorificado.

A cruz nos fala do quadro todo — a morte sacrificial de nosso Senhor para pagar o preço pelos nossos pecados, bem como Sua gloriosa ressurreição para libertar-nos do poder da morte.

Se não fosse pelo que Cristo fez na cruz, todos seriam culpados diante de Deus e não haveria esperança diante da morte. Mas, pela fé nele, recebemos o perdão de todos os nossos pecados e a certeza de que a morte não poderá nos segurar.

Você já olhou para a cruz e colocou a sua confiança naquele que morreu ali? Este é o único remédio seguro e perfeito para a culpa e o medo. —HERB VANDER LUGT

A cruz de Cristo — o caminho para a eternidade.

Leitura da Bíblia em um ano

JOSUÉ 22–24;
LUCAS 3

APLICAÇÃO PESSOAL

Gratidão

Orar por

26 de março

Sendo útil

Leitura: Lucas 3:21-22

...e ouviu-se uma voz do céu:
Tu és o meu Filho amado,
em ti me comprazo.
—LUCAS 3:22

Jesus emergiu da escuridão e foi batizado por João Batista. Quando Ele saiu da água, ouviu Seu Pai dizer: "Tu és o meu Filho amado; em ti me comprazo" (Lucas 3:22).

O que fez Jesus para merecer a aceitação absoluta? Ele ainda não havia feito nenhum milagre; não havia pregado nenhum sermão; não havia curado nenhum leproso. Na verdade, Ele ainda não havia feito nada que pudéssemos associar à grandeza. O que Ele havia feito nestes 30 anos de silêncio, em Nazaré? Crescia "em sabedoria, estatura e graça diante de Deus e dos homens" (2:52).

O que importa para Deus é o que é feito no lugar secreto, em silêncio. Nas horas silenciosas de comunhão com Deus somos moldados e feitos homens e mulheres que Ele possa usar — pessoas nas quais Ele tem prazer. Talvez você pense: "Estou num lugar onde não posso ser útil." Talvez você se sinta limitada e frustrada pelas restrições da idade, de uma enfermidade, um filho difícil, um cônjuge que não colabora. Não importa o lugar em que você esteja neste momento. Ele é apropriado para crescer. Invista o seu tempo com a leitura da Palavra de Deus e em oração. Cresça e floresça onde você está e seu Pai se satisfará com você. —DAVID H. ROPER

O serviço frutífero cresce em solo de adoração fiel.

27 de março

Viver com expectativa

Leitura: João 20:1-10

Saiu, pois, Pedro e o outro discípulo e foram ao sepulcro. Ambos corriam juntos... —JOÃO 20:3-4

Quando o dia escuro da crucificação de Jesus chegava ao fim, parecia que a vida mais maravilhosa de todas havia chegado ao fim. Por poucos anos, Cristo tinha impressionado as multidões e Seus seguidores com a sabedoria dos Seus ensinamentos e a maravilha dos Seus milagres. Mas Jesus escolheu não se poupar da cruz — e agora a Sua vida havia terminado. Parecia que nada mais podia se esperar dele.

Entretanto, a esperança voltou naquela primeira manhã da ressurreição. O pintor suíço Eugene Burnand retrata lindamente Pedro e João correndo para o sepulcro. Pouco depois do amanhecer, Maria Madalena lhes havia contado que ela e suas amigas tinham encontrado o túmulo vazio. Na pintura de Burnand, os rostos de Pedro e João demonstram que eles tinham lutado com emoções de dor e alívio, tristeza e surpresa, desespero e expectativa, ao correrem para o túmulo. O olhar fixo deles está voltado ansiosamente para frente, chamando a atenção dos que os contemplam o túmulo. O que foi que eles encontraram? Um sepulcro vazio — o Salvador estava vivo!

Cristo ainda vive. Mas muitos de nós seguimos dia após dia como se Ele ainda estivesse no túmulo. É muito melhor olhar além do sepulcro vazio para aquele que pode preencher as nossas vidas com o poder da Sua ressurreição! —DAVID C. EGNER

A vítima da Sexta-feira Santa tornou-se o vencedor da Páscoa.

Leitura da Bíblia em um ano
JUÍZES 1–3;
LUCAS 4:1-30

APLICAÇÃO PESSOAL

Gratidão

Orar por

Leitura da Bíblia em um ano

JUÍZES 4–6;
LUCAS 4:31-44

APLICAÇÃO PESSOAL

Gratidão

Orar por

---

28 de março

Duas filhas

Leitura: Lucas 8:40-42,49-56

*…veio uma pessoa da casa
do chefe da sinagoga, dizendo:
Tua filha já está morta,
não incomodes mais o Mestre.*
—LUCAS 8:49

Jamais tinha refletido profundamente a respeito de Jairo. Sim, eu tinha ouvido a história deste dirigente da sinagoga e sabia que ele implorara a Jesus para vir à sua casa e curar sua filha que estava morrendo. Mas nunca entendi a profundidade da tristeza de Jairo. Não entendia a dor de seu coração e como devia estar despedaçado quando um mensageiro veio lhe anunciar: "Sua filha morreu."

Não, nunca havia compreendido aquela angústia e sofrimento — até que ouvi estas mesmas palavras de um policial, que veio à nossa casa no dia 6 de junho de 2002.

A filha de Jairo tinha 12 anos e morreu de uma enfermidade. A nossa filha tinha 17 anos e foi um acidente de carro que dilacerou o coração da nossa família.

A filha de Jairo voltou a viver, com o toque de Jesus. A minha filha Melissa — embora não tenha sido curada fisicamente — foi curada espiritualmente pelo sacrifício do amor de Jesus ao confiar nele como Salvador, ainda pequena. Agora o nosso único conforto é saber que a sua existência eterna com o Senhor já começou.

Duas filhas. O mesmo Jesus. Dois resultados diferentes. O Seu toque amoroso e compassivo é um milagre que pode trazer paz aos corações em luto — como o de Jairo, como o meu, como o seu. —DAVE BRANON

Nos momentos de angústia somos consolados, pois a promessa do Senhor nos dá vida.

29 de março

Onde tudo terminará?

Leitura: 1 Pedro 2:18-25

Leitura da Bíblia em um ano
JUÍZES 7–8;
LUCAS 5:1-16

...quando ultrajado, não revidava com ultraje; quando maltratado, não fazia ameaças, mas entregava-se àquele que julga retamente. —1 PEDRO 2:23

O pequeno Angelo, de 4 anos, acorda e descobre que o seu novo cachorrinho mordeu toda a guitarra de plástico. O garoto fica desolado. A mãe, abalada, responde asperamente ao esposo Antônio, que sai para o trabalho.

Ainda sentindo as palavras ásperas de despedida, Antônio cumprimenta a sua secretária com algumas instruções frias e absurdas. Ela é contagiada pelo mau humor e, na hora do lanche, repreende uma outra colega também secretária. Ao final do expediente, a segunda secretária fala ao chefe que quer sair do emprego.

Uma hora e meia mais tarde, depois de muito congestionamento no trânsito, o chefe entra em casa e grita palavras raivosas para o pequeno filho que havia deixado a sua bicicleta na entrada da garagem. A criança corre para o seu quarto, bate a porta e agride o seu cachorrinho escocês.

Onde isto vai terminar? Cada pessoa pode pensar que tem razões para se irritar. Mas o que faltou nesta cena imaginária foi alguém para interromper o tratamento injusto, sem revidar.

É aqui, em situação similares, que os cristãos têm uma oportunidades sem igual. Ao conhecer a verdade podemos suportar um mau tratamento a fim de mostrar aos outros um comportamento melhor. Podemos terminar as reações em cadeia de frustração e ira demonstrando que há um caminho melhor, o amor de Jesus em nossos corações. —MART DEHAAN

Quando você sofrer injustiças, responda agindo sobrenaturalmente.

APLICAÇÃO PESSOAL

Gratidão

Orar por

Leitura da Bíblia em um ano
JUÍZES 9–10;
LUCAS 5:17-39

APLICAÇÃO PESSOAL

Gratidão

Orar por

30 de março

Chamado para despertar

Leitura: Apocalipse 3:1-6

Sê vigilante e consolida o resto que estava para morrer, porque não tenho achado íntegras as tuas obras na presença do meu Deus. —APOCALIPSE 3:2

No dia 26 de fevereiro de 1993, uma poderosa bomba explodiu na garagem subterrânea do *World Trade Center*, na cidade de Nova Iorque, matando seis pessoas e ferindo mais de mil. Iniciou-se uma extensa investigação, com muitos presos. Mas poucas autoridades reconheceram a explosão como parte de uma conspiração terrorista internacional. Quando as torres do *World Trade Center* foram destruídas por terroristas em 2001, o comissário da polícia Raymond Kelly se lembrou do primeiro ataque e disse: "Aquele dia deveria ter sido uma chamada para despertar a nação."

O Senhor falou à igreja de Sardes que, embora fossem conhecidos por estarem espiritualmente vivos, estavam mortos. Ele lhes disse que deveriam estar alertas: "Sê vigilante e consolida o resto que estava para morrer, porque não tenho achado íntegras as tuas obras na presença do meu Deus. Lembra-te, pois, do que tens recebido e ouvido, guarda-o e arrepende-te" (Apocalipse 3:2-3).

O chamado para todo cristão é o de estar vigilante em relação ao Senhor, em vez de ser negligente e indiferente. Se o fogo se apagou em nossos corações, Ele nos pede para transformarmos as cinzas novamente em chamas.

Pergunte-se: recebi recentemente um chamado ao qual não respondi? Deus está querendo me dizer algo? Responderei hoje ao Seu chamado para despertar? —DAVID MCCASLAND

Para evitar que o seu coração se torne frio, mantenha acesa a chama da fé em Deus.

31 de março

Quanto tempo?

Leitura: Lucas 19:41-44

*Quando ia chegando,
vendo a cidade, chorou.*
—LUCAS 19:41

Leitura da Bíblia em um ano
JUÍZES 11–12;
LUCAS 6:1-26

Passaram-se anos até que ela finalmente dissesse sim. Um rapaz havia se enamorado de uma de suas vizinhas e queria se casar com ela. Mas como eles haviam discutido, ela se recusava a perdoá-lo. Tímido e relutante para enfrentar a mulher ofendida, o pretendente era persistente e colocava uma carta de amor debaixo da porta da casa da moça toda semana.

Por fim, após 42 anos, ele criou coragem, bateu à porta dela e a pediu em casamento. Para alegria dele, ela consentiu. Assim, eles se casaram com a idade de 74 anos!

Deus também é persistente. Século após século, Ele enviou profetas em busca do povo obstinado de Israel. Afinal, enviou o Seu Filho. Em Lucas 19, lemos que Jesus olhou para a cidade de Jerusalém e chorou por causa dos seus corações endurecidos (vv.41-44).

Todavia o Senhor persistiu em Sua busca amorosa. Abriu a porta para a reconciliação por meio do Seu sacrifício de redenção no calvário. Ainda hoje, Ele pede que os pecadores venham a Ele, aceitem-no como Salvador e desfrutem de um relacionamento pessoal com Ele (Mateus 11:28).

Se você já foi até a Sua presença, regozije-se por pertencer ao Senhor. Entretanto, se ainda não o fez, reflita sobre o tempo que está se esgotando. Não permaneça para sempre longe do Seu grande amor. Confie no Senhor hoje. —VERNON C. GROUNDS

Deus sempre bate a fim de que
a alma sedenta ouça o Seu chamado.

Abril

Abril

....
MOTIVOS DE ORAÇÃO

VIDA ESPIRITUAL

FAMÍLIA

VIDA PROFISSIONAL

FINANÇAS

OUTROS

...sede firmes, inabaláveis e sempre abundantes na obra do Senhor, sabendo que, no Senhor, o vosso trabalho não é vão. 1 CORÍNTIOS 15:58

domingo	segunda	terça

ABRIL

quarta	quinta	sexta	sábado

ABRIL

OBJETIVOS

TAREFAS DO MÊS

PENSAMENTO DO MÊS

O seu amor para com o *próximo* é a prova do seu *amor* a Deus.

IMPORTANTE

ANIVERSARIANTES

Meus objetivos espirituais

SEMANA 1

SEMANA 2

SEMANA 3

SEMANA 4

1º de abril

Organizando a sua mente

Leitura: Filipenses 4:4-9

Alegrai-vos sempre no Senhor;
outra vez digo: alegrai-vos.
—FILIPENSES 4:4

Leitura da Bíblia em um ano
JUÍZES 13–15;
LUCAS 6:27-49

APLICAÇÃO PESSOAL

Anos atrás, li a história de uma mulher cristã de 92 anos, totalmente cega. Apesar de sua limitação, ela estava sempre bem vestida, com o cabelo bem arrumado e maquiagem de bom gosto. A cada manhã ela esperava o novo dia com ansiedade.

Depois que o marido dela falecera aos 70 anos, ela teve que ir para um asilo, onde recebia o atendimento necessário. No dia em que ela se mudou um vizinho prestativo a levou até lá e a conduziu até a recepção. O seu quarto não estava pronto, e assim ela esperou pacientemente por diversas horas.

Quando finalmente alguém veio buscá-la, ela sorriu com doçura ao se encaminharem para o elevador. A funcionária lhe descreveu como seria o seu quarto, incluindo as novas cortinas nas janelas. Ela imediatamente declarou: "gostei muito." Admirada, a funcionária replicou: "Mas a senhora ainda nem viu o seu quarto." Mas ela respondeu: "Isso não tem importância. A alegria é algo que você escolhe. Gostar do meu quarto ou não, não depende de como ele foi arrumado, mas de como eu o organizo e vejo em minha mente."

A Bíblia diz: "Alegrai-vos sempre no Senhor" (Filipenses 4:4). Lembre-se sempre de todas as bênçãos que Jesus tem lhe dado e seja agradecida. É assim que devemos organizar a nossa mente. —DAVID H. ROPER

A alegria da vida depende da qualidade dos nossos pensamentos.

Leitura da Bíblia em um ano

JUÍZES 16–18;
LUCAS 7:1-30

APLICAÇÃO PESSOAL

Gratidão

Orar por

2 de abril

Dois reinos

Leitura: João 10:1-18

*O ladrão vem somente para
roubar, matar e destruir;
eu vim para que tenham vida
e a tenham em abundância.*
—JOÃO 10:10

Como é triste quando os pais veem um filho se afastar da fé em que foi educado. É ainda pior ver a tristeza substituindo a alegria que aquele filho experimentou anteriormente.

Certa mulher viu sua filha se desviar do amor e da confiança em Deus para uma vida de pecado e rebeldia, e, mais tarde, a viu voltar à alegria de caminhar com Jesus. As expressões tristes da filha durante o tempo em que fugia de Deus transformaram-se em alegria sincera quando ela voltou à comunhão com o Senhor. A mãe afirmou que a diferença era como acender uma luz que dissipa a escuridão.

Em João 10:10, lemos a respeito do contraste entre a alegria da vida com Jesus e a ansiedade da vida no reino de Satanás. Ele vem disfarçado como um "anjo de luz" (2 Coríntios 11:14), mas vem para arruinar. Ele é descrito como um ladrão que vem para roubar, matar e destruir. Jesus, no entanto, é apresentado como aquele que dá vida, e vida abundante.

Estes dois reinos estão em batalha constante pelos nossos corações. Temos a escolha: a luz da vida com Jesus ou as profundezas da escuridão na cova do diabo. Vida ou morte? Luz ou escuridão? Contentamento ou ansiedade? Ambos os reinos acenam para nós.

Quem você escolherá para confiar a sua vida? O ladrão ou o Salvador? —DAVE BRANON

*A verdade de Deus é a melhor proteção
contra as mentiras de Satanás.*

3 de abril

O mestre do xadrez

Leitura: Isaías 48:17-22

Leitura da Bíblia em um ano
JUÍZES 19–21;
LUCAS 7:31-50

*...fez-lhes correr água da rocha;
fendeu a pedra, e as águas correram.*
—ISAÍAS 48:21

Uma pintura intrigante está exposta no museu do *Louvre*, em Paris. Ela retrata Fausto (o legendário mágico alemão que entregou a sua alma ao diabo) sentado frente a frente com Satanás, diante de um tabuleiro de xadrez. Satanás está se regozijando com o que parece ser o xeque-mate do rei de Fausto. A expressão do mágico é a de um homem derrotado.

Segundo uma história conhecida, certo dia um famoso mestre do xadrez visitou a galeria e ficou estudando o quadro com grande atenção. De repente, ele surpreendeu a todos ao seu redor, gritando todo empolgado: "É mentira! É mentira! O rei e o cavalo ainda têm mais uma jogada." Isaías assegurou ao povo de Judá que Deus sempre provê uma forma de livramento. Embora tivessem sido deportados para a Babilônia por causa dos seus pecados, Isaías profetizou que no futuro viria um dia de libertação, quando voltariam com grande pressa. Mas eles não precisariam se preocupar. Assim como Deus providenciou água para os israelitas no deserto, Ele também cuidaria deles em sua longa e penosa caminhada de volta para casa.

Muitos de nós já experimentamos situações que pareciam sem esperança. Não podíamos ver nenhuma saída, mas oramos e Deus abriu um caminho. Ele fez aquela jogada "impossível". Podemos confiar nele. O Senhor nunca será derrotado por um xeque-mate. —HERB VANDER LUGT

Deus é o único Rei que jamais poderá ser derrotado.

Leitura da Bíblia em um ano
RUTE 1–4;
LUCAS 8:1-25

APLICAÇÃO PESSOAL

Gratidão

Orar por

4 de abril

As pedras clamarão

Leitura: Lucas 19:29-40

Mas ele lhes respondeu: Asseguro-vos que, se eles se calarem, as próprias pedras clamarão. —LUCAS 19:40

Recebi a carta de uma mulher contando que havia crescido em um lar com muitos problemas e que fugira de casa, começando uma vida de crimes e prisão. Enganada pelas drogas, achou que a única saída para a sua vida cheia de pecado e escuridão seria o suicídio.

Foi pelo testemunho de duas mulheres que lhe falaram a respeito de Jesus que ela confiou nele como seu Salvador e encontrou razão para viver. Em seguida, ela já quis falar a outros a respeito de Jesus. Como tinha dom artístico começou a pintar versículos bíblicos e dizeres espirituais em pedras lisas, que colecionava das praias. Ela as vendia e doava o dinheiro para causas missionárias. Aquelas pedras foram a sua maneira de contar aos outros a respeito de Jesus.

A história desta mulher me recorda o que Jesus disse ao se aproximar de Jerusalém, alguns dias antes da Sua crucificação. A multidão declarou: "Bendito é o Rei que vem em nome do Senhor!" (Lucas 19:38). Quando os fariseus disseram a Jesus que repreendesse a multidão, Ele respondeu que se o povo ficasse quieto, as próprias pedras clamariam (v.40).

Jesus não estava falando de pedras pintadas, mas ainda assim é verdade que se o nosso testemunho verbal calar, existem muitas outras formas possíveis de se contar aos outros a respeito de Cristo. Que "pedras" você pode usar para testemunhar aos outros sobre o seu Salvador e Rei? —HENRY G. BOSCH

Nada sou, mas posso falar aos outros sobre aquele que é capaz de salvar a humanidade.

5 de abril

O amor que edifica

Leitura: Salmo 40:1-3

*Esperei confiantemente pelo Senhor;
ele se inclinou para mim e me ouviu...*
—SALMO 40:1

Leitura da Bíblia em um ano
1 SAMUEL 1–3;
LUCAS 8:26-56

Ao fazer uma retrospectiva da sua vida, Davi se lembrou de algumas experiências dolorosas. No Salmo 40, lembrou-se especialmente de uma séria dificuldade, um tempo no qual ele achava que havia caído em um "charco de lodo" (v.2).

Em seu desespero, Davi implorou sem cessar para que Deus o libertasse, e o Senhor respondeu graciosamente aos seus clamores. Tirando-o desta "horrível cova", Ele pôs os seus pés "sobre uma rocha e me firmou os passos" (v.2). Não é de se admirar que Davi bradasse este cântico de louvor e gratidão!

Ao olhar para trás em sua vida, você se lembra de alguma experiência quando parecia ter caído numa cova? Quem sabe tenha sido a cova do fracasso, do luto, de uma enfermidade dolorosa, de densas dúvidas, de algum pecado persistente. Você também perseverou em clamar a Deus até ser liberta?

Você continua louvando ao Senhor pela resposta aos seus clamores e está grata por Sua graça? Ainda caminha em comunhão e obediência a Ele?

Você pode confiar sem reservas no Senhor Jesus. Ele vai ajudá-la em qualquer experiência que venha a vivenciar. Alegre-se de que, no Seu tempo, Ele pode e estará ao seu lado e lhe trará libertação.

—VERNON C. GROUNDS

*Deus pode trazer chuvas de bênçãos
em meio às tempestades da adversidade.*

APLICAÇÃO PESSOAL

Gratidão

Orar por

Leitura da Bíblia em um ano
1 SAMUEL 4–6;
LUCAS 9:1-17

APLICAÇÃO PESSOAL

Gratidão

Orar por

6 de abril

Vale de trevas

Leitura: Salmo 23

Ainda que eu ande pelo vale da sombra da morte, não temerei mal nenhum, porque tu estás comigo… —SALMO 23:4

Escuridão e mais escuridão. Tristeza e mais tristeza. Dor e mais dor. Angústias sem fim. Isto é a morte. Ela é uma visitante que tememos, pois arrebata pessoas que nos são preciosas, deixando-nos em luto, sofrimento e com tantas perguntas. Ela bloqueia a luz que antes brilhava de forma tão livre e fácil sobre nossas vidas.

Ao enfrentarmos a perspectiva de morrer ou, se estivermos lidando com a perda de um ente querido, a morte pode ser devastadora. Pode tirar nossa energia, mudar nossos planos, esmagar a nossa alma, alterar a nossa aparência, testar a nossa fé, roubar a nossa alegria e desafiar as nossas teorias de vida.

Quando caminhamos por este vale profundo, nos sentimos totalmente envoltos pelas trevas e nos deparamos face a face com o medo. O vazio da nossa perda ameaça o conforto que antes sentíamos pela confiança em Deus, e então ficamos com medo. Com medo do futuro, e de desfrutar da vida novamente.

Mas ainda neste vale, envoltos na sombra, podemos dizer ao Senhor: "…não temerei mal nenhum, porque tu estás comigo…" (Salmo 23:4). Os Seus braços amorosos nunca me deixarão cair. O Senhor está sempre conosco.

Lenta, mas seguramente, Ele provê o alívio em meio à escuridão. Ele oferece a luz. E por fim, saímos do vale das trevas. —DAVE BRANON

A morte nos separa por algum tempo;
Cristo nos unirá para sempre.

7 de abril

Continue pedindo

Leitura: Lucas 11:1-13

Por isso, vos digo:
Pedi, e dar-se-vos-á...
—LUCAS 11:9

Ouvi uma mulher dizendo que nunca orava mais do que uma única vez por qualquer coisa. Não queria aborrecer a Deus com seus repetidos pedidos de oração.

O ensinamento do Senhor sobre a oração, em Lucas 11, contradiz essa ideia. Jesus contou a parábola de um homem que foi à casa de seu amigo à meia-noite e lhe pediu alguns pães para dar aos seus visitantes inesperados. A princípio, o amigo negou, pois ele e sua família já estavam dormindo. Ao final, ele se levantou e lhe deu os pães, não por causa da sua amizade, mas porque o vizinho foi muito persistente (vv.5-10).

Jesus usou esta parábola para mostrar o contraste deste amigo relutante com o generoso Pai Celestial. Se um vizinho irritado cede aos pedidos persistentes e firmes de seu amigo, quanto mais o nosso Pai que é bondoso nos dará prontamente tudo o que tivermos necessidade!

É verdade que Deus, em Sua grande sabedoria, algumas vezes pode demorar em responder às nossas orações. Também é verdade que devemos orar de acordo com as Escrituras e com a vontade de Deus. Mas Jesus foi além destes fatos para nos motivar a persistir em oração. Ele nos disse para pedir, buscar e bater até a resposta vir (v.9).

Por isso, não se preocupe em aborrecer a Deus. Ele nunca se cansará da sua oração persistente!

—JOANIE E. YODER

Deus nunca se cansa das nossas orações.

Leitura da Bíblia em um ano
1 SAMUEL 7–9;
LUCAS 9:18-36

APLICAÇÃO PESSOAL

Leitura da Bíblia em um ano

1 SAMUEL 10–12;
LUCAS 9:37-62

APLICAÇÃO PESSOAL

Gratidão

Orar por

8 de abril

Carregando a sua cruz

Leitura: Marcos 15:16-21

*E obrigaram a Simão Cireneu,
que passava, vindo do campo,
pai de Alexandre e de Rufo,
a carregar-lhe a cruz.*
—MARCOS 15:21

Aos olhos da maioria das pessoas na multidão, Jesus foi um criminoso comum a caminho do lugar da execução. Assim, ajudá-lo a carregar a Sua cruz era degradante e humilhante.

Simão, de Cirene, foi forçado a fazer este serviço (Marcos 15:21). Mas este talvez tenha sido o dia mais glorioso da vida dele. É possível que ele acreditasse no Salvador, bem como a sua esposa e filhos. Alguns estudiosos da Bíblia chegam a esta conclusão porque muitos anos mais tarde, quando o apóstolo Paulo enviou saudações aos cristãos de Roma, ele se referiu a um homem chamado Rufo e à sua mãe (Romanos 16:13). Acredita-se que este era filho de Simão, mencionado por Marcos em seu evangelho (15:21), o qual provavelmente foi escrito em Roma. Esta é possivelmente a razão pela qual Marcos disse que Simão era o pai de Rufo e de Alexandre.

Quando caminhamos com Jesus e "tomamos a cruz" (Lucas 9:23), também experimentamos a zombaria do mundo por nos identificarmos com o Salvador. Apesar de tudo isso, assim como Simão Cireneu, nossas vidas serão transformadas, e nosso testemunho influenciará a vida de nossos familiares e amigos.

Simão foi "obrigado" a carregar a cruz (Marcos 15:21), mas Jesus nos convida a carregarmos também a nossa cruz. Você já o fez? —HENRY G. BOSCH

*Seguir Jesus custa mais do que tudo,
mas o custo ainda maior é não segui-lo.*

9 de abril

Três cruzes

Leitura: Lucas 23:32-38

…ali o crucificaram, bem como aos malfeitores, um à direita, outro à esquerda. —LUCAS 23:33

Em muitas pinturas sobre a crucificação de Jesus, a cruz do meio, na qual Ele estava pendurado, é mais alta ou está pouco acima do que as outras duas. Podemos admirar o desejo do artista de dar a Cristo um lugar de proeminência, mas não temos razão para crer que Jesus recebeu uma posição mais elevada do que os outros dois malfeitores. Aqueles que crucificaram Jesus o consideravam um criminoso comum, por isso, as cruzes estavam certamente no mesmo patamar.

Ao pensar sobre isto, chego à conclusão que Jesus não estava fora do alcance dos pecadores das duas outras cruzes. Também acredito que provavelmente as três cruzes estavam bem próximas umas das outras. Os dois ladrões podiam conversar entre si apesar dos gritos e do tumulto da multidão ao seu redor. Na verdade, se a mão do ladrão moribundo não tivesse sido pregada na cruz, ele talvez pudesse tê-la estendido e alcançado a mão de Jesus. Penso que isto é significativo. Jesus está ao alcance de todos que olham para Ele e lhe tocam com as mãos da fé!

Sim, qualquer pessoa pode vir a Jesus e receber o perdão e a nova vida. Você já buscou em fé aquele que morreu na cruz por você? —MART DEHAAN

A cruz é a linguagem mais clara que exemplifica o amor de Deus por nós.

Leitura da Bíblia em um ano
1 SAMUEL 13–14; LUCAS 10:1-24

APLICAÇÃO PESSOAL

Gratidão

Orar por

Leitura da Bíblia em um ano
1 SAMUEL 15–16;
LUCAS 10:25-42

APLICAÇÃO PESSOAL

Gratidão

Orar por

---

10 de abril

Vivendo em paz

Leitura: 2 Coríntios 5:17-20

…tudo provém de Deus que [...] nos deu o ministério da reconciliação.
—2 CORÍNTIOS 5:18

Foi uma história dramática de reconciliação. Em dezembro do ano 2000, no monumento comemorativo da batalha chamada Missouri, uma dúzia de americanos que sobreviveram ao ataque de Pearl Harbor abraçaram três japoneses que haviam pilotado os aviões de ataque. A cerimônia de reconciliação foi organizada pela comissão de amizade entre americanos e japoneses.

Aquela cena comovente é apenas um pequeno reflexo do que a graça de Deus faz por nós. Embora sejamos pecadores, podemos ter um relacionamento com Deus por meio da simples fé em Jesus. Porque Ele morreu na cruz em nosso lugar, Deus apaga o registro dos nossos pecados e tudo corrige.

Em Seu maravilhoso amor, o Senhor não somente nos perdoou, mas também nos deu "…ministério da reconciliação" (2 Coríntios 5:18). Temos a honra de compartilhar as boas-novas com os outros para que eles também possam viver em paz com Deus. E quando estamos bem com Deus, devemos fazer todo o possível para viver em paz com todos (Romanos 12:18).

Você já aceitou a oferta de perdão de Deus em Cristo? Conte aos outros a respeito de Seu amor! Seja a agente da graça de Deus em seus relacionamentos! Comece hoje — busque viver em paz! —VERNON C. GROUNDS

Quando experimentamos a paz com Deus, podemos compartilhar a Sua paz com os outros.

11 de abril

Uma esperança segura

Leitura: 1 Coríntios 15:12-20

Mas, de fato, Cristo ressuscitou dentre os mortos, sendo ele as primícias dos que dormem. —1 CORÍNTIOS 15:20

Um antigo chanceler alemão disse: "Se Jesus Cristo está vivo, então há esperança para o mundo. Se Ele não está, eu não vejo o menor sinal de esperança no horizonte. Creio que a ressurreição de Cristo é um dos fatos mais evidentes da história."

A nossa ressurreição e a de Cristo são idênticas. Foi assim que o apóstolo Paulo argumentou em 1 Coríntios 15. E se Cristo não ressuscitou do sepulcro, o que sobrou? Sermões vazios (v.14), testemunhas falsas (v.15), fé inútil (v.17), pecados não perdoados (v.17), nenhuma vida depois da morte (v.18) e nenhuma esperança (v.19).

Mas Cristo ressuscitou dos mortos. Paulo comprovou a ressurreição nos versículos 1 a 11, enumerando muitas testemunhas de credibilidade que viram o Senhor ressurreto: Pedro (v.5), 500 pessoas (v.6), todos os apóstolos (v.7) e o próprio Paulo (v.8).

Quando o filósofo grego, Sócrates, estava morrendo, seus amigos lhe perguntaram: "Será que vamos viver novamente?" Ele apenas conseguiu dizer: "Eu espero." Em contraste a esta afirmação, na noite anterior à sua decapitação, o autor e explorador Walter Raleigh escreveu em sua Bíblia: "Deus me fará levantar desta terra, deste túmulo, deste pó."

Se confiarmos em Cristo como nosso Salvador, não diremos "eu espero" em relação à nossa própria ressurreição. A ressurreição de Jesus nos traz esperança firme e segura. —DENNIS DEHAAN

A ressurreição de Cristo é a garantia da nossa própria ressurreição.

Leitura da Bíblia em um ano
1 SAMUEL 17–18;
LUCAS 11:1-28

Leitura da Bíblia em um ano

1 SAMUEL 19–21;
LUCAS 11:29-54

APLICAÇÃO PESSOAL

Gratidão

Orar por

12 de abril

Perdas e ganhos

Leitura: Lucas 24:13-35

*Então, se lhe abriram os olhos,
e o reconheceram; mas ele desapareceu
da presença deles.* —LUCAS 24:31

Um time de futebol de uma escola internacional começou a temporada de competições com a marca de 57 vitórias e a esperança de sucesso sem precedentes no campeonato estadual. Apesar de terem perdido o seu velho treinador e competir com escolas bem maiores, este time permaneceu invencível por toda a temporada. Mas, nas quartas de final, perderam um jogo por apenas um ponto de diferença. Parecia o fim do mundo, mesmo depois de ganhar 68 jogos consecutivos e serem 5 vezes campeões, durante 7 anos.

Quando os nossos sonhos são despedaçados e nossos corações quebrantados, podemos pensar que perdemos tudo e não ganhamos nada. Então é preciso que Deus nos toque para abrir os nossos olhos para a glória maior por detrás do Seu plano.

Quando o Cristo crucificado e ressurreto se juntou aos dois discípulos no caminho para Emaús, estes estavam em grande luto por causa da Sua morte. Contaram sobre isto a Jesus, a quem não reconheceram: "…nós esperávamos que fosse ele quem havia de redimir a Israel…" (Lucas 24:21). Mas Jesus lhes disse: "Porventura, não convinha que o Cristo padecesse e entrasse na sua glória?" (v.26). Mais tarde, eles compreenderam que estavam falando com Jesus. Ele estava vivo!

Em nossos momentos de perda, o Senhor ressurreto vem a nós com conforto e paz, revelando a Sua glória e o ganho eterno que temos por causa da Sua cruz. —DAVID MCCASLAND

Os sofrimentos do presente podem
produzir ganhos eternos.

13 de abril

Encontrar Deus

Leitura: 1 Crônicas 28: 1-10

…Se o buscares, ele deixará achar-se por ti… —1 CRÔNICAS 28:9

Os turistas raramente tiram fotografias excepcionais. Poucas vezes procuram encontrar o lugar certo para conseguir o ângulo perfeito de luz nas condições adequadas do tempo. Para conseguir fotografias bonitas ao ar livre, fotógrafos profissionais têm o cuidado de observar a cena de ângulos diferentes, em estações diferentes e em horas diferentes do dia.

Isto me faz perguntar se o motivo de muitas pessoas não conseguirem ter uma imagem clara da beleza e da glória de Deus é o fato de fazerem julgamentos rápidos, sem grande concentração. Chegam a conclusões erradas sobre Deus, baseando-se apenas em más experiências com igrejas ou no encontro com alguém que se diz cristão, mas que não vive como tal. Fazem mal julgamento de como o Senhor é, e se afastam, sentindo-se desiludidos.

A busca de Deus envolve mais do que uma observação casual. O rei Davi falou ao seu filho Salomão: "…Se o buscares, ele deixará achar-se por ti…" (1 Crônicas 28:9). O salmista disse: "Bem-aventurados os que [...] o buscam de todo o coração" (Salmo 119:2). E o autor de Hebreus escreveu que Deus "…se torna galardoador dos que o buscam" (11:6).

Para contemplar e conhecer a Deus em toda a Sua plenitude e glória, não podemos nos aproximar dele como turistas. Precisamos buscá-lo em todos os momentos, com todo o nosso coração.

—JULIE ACKERMAN LINK

Para encontrar Deus, precisamos primeiro procurá-lo.

Leitura da Bíblia em um ano
1 SAMUEL 22–24; LUCAS 12:1-31

Leitura da Bíblia em um ano
1 SAMUEL 25–26;
LUCAS 12:32–59

APLICAÇÃO PESSOAL

Gratidão

Orar por

14 de abril

Requer-se fidelidade

Leitura: 1 Coríntios 4:1-5,14-20

…o que se requer dos despenseiros é que cada um deles seja encontrado fiel.
—1 CORÍNTIOS 4:2

Pessoas de grande sucesso e destaque geralmente atraem a atenção e elogios. Às vezes, lemos sobre uma pessoa comum que é recompensada pelos seus muitos anos de serviço fiel. Pode tratar-se do guarda de uma escola, o empregado de um bar ou café, uma pessoa que conserta qualquer coisa ou um empregado de alguma loja que serviu a outros com toda a confiança e de forma abnegada.

Este tipo de confiança muitas vezes passa despercebido, mas creio que seja uma boa ilustração de como deveríamos viver. Embora estas pequenas atitudes repetidas não seja algo que se destaque para os homens, são de grande significado para Deus.

Paulo escreveu: "…o que se requer dos despenseiros é que cada um deles seja encontrado fiel" (1 Coríntios 4:2). Se vivermos fielmente para Cristo, Deus prometeu recompensar-nos em Seu devido tempo. Quando o Senhor voltar, Ele "…trará à plena luz as coisas ocultas das trevas, mas também manifestará os desígnios dos corações; e, então, cada um receberá o seu louvor da parte de Deus" (v.5).

Quando buscamos sucesso, Deus diz: "Eu o recompensarei."

Quando ansiamos por reconhecimento, Deus diz: "Eu o vejo." Quando estamos a ponto de desistir, Deus diz: "Eu o ajudarei."

Não importa qual seja o nosso trabalho, em público ou em secreto, nossa responsabilidade é a mesma — sermos fiéis. —DAVID MCCASLAND

Deus não nos pede para sermos-bem--sucedidos,, mas sim para sermos fiéis.

15 de abril

A língua que profana

Leitura: Tiago 3:5-12

Leitura da Bíblia em um ano
1 SAMUEL 27–29;
LUCAS 13:1-22

O que guarda a boca conserva a sua alma, mas o que muito abre os lábios a si mesmo se arruína. —PROVÉRBIOS 13:3

Minhas palavras causam efeito em outros e em mim mesmo. Quando falo mal, não somente estou revelando o pecado que existe em meu próprio coração (Lucas 6:45), mas também reforço o mal e o aumento ainda mais. Jesus disse que não é o que entra pela minha boca que me contamina, mas o que sai dela. Tiago assim descreveu: "A língua [...] contamina o corpo inteiro…" (Tiago 3:6). A minha língua descontrolada me corrompe.

Por outro lado, quando me nego a dar lugar a tudo o que é impuro, indelicado, cruel e impiedoso, começo a sufocar e a estrangular o mal em minha alma.

Por isso, o homem sábio disse em Provérbios 13:3 que devemos guardar a nossa boca. Quando o fazemos, deixamos de alimentar o mal que está roendo sorrateiramente as raízes da nossa alma. Temos o desejo de acabar com o mal que tão facilmente encontra lugar dentro de nós? Com a ajuda de Deus, devemos aprender a controlar a nossa língua.

Você poderá dizer: "Eu já tentei, mas não tenho forças para dominá-la." Tiago concorda: "A língua, porém, nenhum dos homens é capaz de domar" (Tiago 3:8). Mas Jesus pode. Peça-lhe para que Ele coloque "guarda à sua boca" (Salmo 141:3) e entregue a Ele os freios de sua língua.

Entoemos a oração descrita no hino de Frances Havergal: "Toma os lábios meus, fazendo-os a mensagem proclamar" (CC 296). —DAVID H. ROPER

O que guarda a boca e a língua guarda a sua alma das angústias.
—PROVÉRBIOS 21:23

APLICAÇÃO PESSOAL

Gratidão

Orar por

Leitura da Bíblia em um ano
1 SAMUEL 30–31;
LUCAS 13:23-35

APLICAÇÃO PESSOAL

Gratidão

Orar por

16 de abril

Fuja!

Leitura: Tiago 4:1-10

*…resisti ao diabo,
e ele fugirá de vós.*
—TIAGO 4:7

Não assisti ao filme *O Exorcista*, mas me lembro do impacto que teve em minha comunidade. O poder de Satanás causou forte impressão em muitas pessoas. Os cristãos começaram a viver com medo, influenciados pelas imagens vívidas do mal. Parecia que o diabo era quase tão poderoso quanto Deus.

Será que esta perspectiva está de acordo com a Bíblia? Claro que não. Deus é o Criador e tudo, incluindo os demônios, são apenas seres criados. Somente Deus é Todo-Poderoso. É tão fácil culpar Satanás quando as coisas estão erradas. Embora ele propague maldade e pecado, precisamos ter o cuidado de pensar que não temos poder contra ele. A Bíblia nos ensina que o Espírito Santo que habita em nós, é maior "…do que aquele que está no mundo" (1 João 4:4).

A Bíblia também diz que temos o nosso papel a desempenhar na vitória sobre o diabo e em fazer o que é bom. Devemos fugir "da imoralidade sexual" (1 Coríntios 6:18-20), "da idolatria" (10:14), "do amor ao dinheiro" (1 Timóteo 6:10,11) e "dos desejos malignos da juventude" (2 Timóteo 2:22).

Tiago disse que a nossa postura em relação ao diabo deveria ser a de "resistir-lhe" (Tiago 4:7). Como podemos fazer isto? Submetendo-nos a Deus, permitindo que Ele dirija as nossas vidas. E então será o diabo que fugirá de nós. —ALBERT LEE

Para derrotar Satanás,
entregue-se a Cristo.

17 de abril

Deixe-o enterrado!

Leitura: Colossenses 2:6-14

…Pois perdoarei as suas iniquidades e dos seus pecados jamais me lembrarei. —JEREMIAS 31:34

Um menino de 10 anos queria ser pastor quando crescesse. Certo dia, quando morreu o gato preto da família, teve a oportunidade de praticar "um pequeno sermão", ao fazer o funeral do animal.

O menino encontrou uma caixa de sapatos e colocou o gato ali dentro. Entretanto, quando a fechou com a tampa, o rabo não cabia nela, de modo que ele fez um buraco na tampa para que o rabo grande pudesse ficar pendurado para fora. Então convidou os seus amigos, fez um pequeno sermão que havia preparado com cuidado, e enterrou o gato em um buraco raso.

Quando havia terminado a cerimônia, ele percebeu que a ponta do rabo ainda estava aparecendo na terra. A cada dois ou três dias, a curiosidade o levava a puxar o gato pelo rabo e então voltava a enterrá-lo novamente. Por fim, o rabo caiu, não apareceu mais e finalmente o corpo permaneceu enterrado!

Quantos de nós fazemos o mesmo com os pecados que já foram perdoados? Confessamos nossos pecados, mas continuamos a trazê-los à tona e a chorar por causa deles, embora Deus já considere a maldade enterrada para sempre (Jeremias 31:34; Colossenses 2:13,14; 1 João 1:9). Agindo assim, não seremos pessoas alegres e produtivas em nossa vida e serviço cristão.

Por favor, deixe o "passado de pecados" enterrado! —HENRY G. BOSCH

O único lugar seguro para enterrar o pecado é aos pés da cruz.

Leitura da Bíblia em um ano
2 SAMUEL 1–2; LUCAS 14:1-24

Leitura da Bíblia em um ano
2 SAMUEL 3–5;
LUCAS 14:25-35

APLICAÇÃO PESSOAL

Gratidão

Orar por

18 de abril

Nossa vida no céu

Leitura: Apocalipse 22:1-5

Nunca mais haverá qualquer maldição. Nela, estará o trono de Deus e do Cordeiro. Os seus servos o servirão.
—APOCALIPSE 22:3

As palavras a seguir foram inscritas na lápide de um túmulo: "Não chore por mim agora, e nunca mais; pois não farei mais nada para todo o sempre." Algumas pessoas acham que o céu será um lugar enfadonho. Outros, depois de anos exaustivos de trabalho, anseiam por não fazer mais nada no céu, a aposentadoria definitiva!

É verdade que no céu descansaremos dos nossos trabalhos terrenos (Apocalipse 14:13), mas não é um lugar onde não se faz nada. Quando João teve uma visão da nova Jerusalém com o trono de Deus e do Cordeiro, onde habitava o povo redimido de Deus, ele afirmou simplesmente: "…os seus servos o servirão" (22:3).

Se conhecermos a Cristo como Salvador, ressuscitaremos com poder para servi-lo no céu. Nós nunca mais o serviremos de forma indiferente e esporádica, como muitas vezes o fazemos agora. Mas serviremos ao Senhor com entusiasmo e continuamente (7:15). De formas impossíveis de imaginar, estaremos envolvidos criativamente com Deus, sem as agonias da decadência e da morte (21:4). Passaremos a eternidade felizes, e nos deleitaremos no amor redentor de Deus explorando os prazeres eternos à Sua direita (Salmo 16:11).

O céu, com certeza, não será um lugar enfadonho, onde não teremos nada a fazer. Será um lugar onde veremos a face de Cristo e o serviremos alegremente e para sempre! —JOANIE E. YODER

Jesus está preparando um lugar para nós,
e nos preparando para alcançar esse lugar.

19 de abril

Mantendo o caráter

Leitura: Romanos 12:1-21

Leitura da Bíblia em um ano
2 SAMUEL 6–8;
LUCAS 15:1-10

E não vos conformeis com este século, mas transformai-vos pela renovação da nossa mente… —ROMANOS 12:2

Ser um repórter é um trabalho difícil que tende a tornar estas pessoas duras e insensíveis. É o que a correspondente de uma emissora de rádio diz às pessoas que aspiram a essa carreira. No entanto, ela adverte que não precisa ser assim, dizendo: "Tomei uma decisão estratégica assim que me apaixonei pelo jornalismo, de que se eu começasse a me tornar insensível, deixaria esta profissão. É apenas uma carreira, e por que comprometer seu caráter em troca da carreira? Manter o seu caráter envolve apenas uma decisão que você deve tomar."

Em toda situação de grande pressão, podemos reagir como a maioria ou podemos escolher ser diferentes. Outra tradução da Bíblia coloca da seguinte maneira: "Não vivam como vivem as pessoas deste mundo, mas deixem que Deus os transforme por meio de uma completa mudança da mente de vocês. Assim vocês conhecerão a vontade de Deus, isto é, aquilo que é bom, perfeito e agradável a ele" (12:2 NTLH).

Quando sentimos a pressão de nos acomodarmos, o caráter deve permanecer alicerçado na rocha da convicção, dizendo: "Esta é a maneira de Deus, e é a melhor". Manter o nosso caráter começa e segue por uma decisão, que pode ser tomada hoje.

—DAVID MCCASLAND

Um caráter bonito começa no coração.

APLICAÇÃO PESSOAL

Gratidão

Orar por

Leitura da Bíblia em um ano

2 SAMUEL 9–11;
LUCAS 15:11-32

APLICAÇÃO PESSOAL

Gratidão

Orar por

20 de abril

Perdido no nevoeiro

Leitura: Provérbios 3:1-6

Confia no Senhor de todo o teu coração e não te estribes no teu próprio entendimento. —PROVÉRBIOS 3:5

O nevoeiro era tão espesso quanto uma sopa de ervilhas. A visibilidade estava limitada a alguns metros, e o lago era liso como o vidro. O único som que quebrava o silêncio era o ruído de um pássaro mergulhador.

Remei por uma hora ao redor do lago, tentando pescar em várias áreas diferentes, mas os peixes não comiam a isca! Então decidi voltar para a minha cabana para tomar um café. Eu estava na foz de uma pequena enseada e sabia que ela terminava diretamente do outro lado do lago, onde estava a cabana. Então comecei a remar para atravessar o lago, sempre em linha reta pensava eu, em direção ao estaleiro.

Os minutos passaram e depois de uma hora, fiquei surpreso quando cheguei novamente ao local de onde havia saído. Eu havia remado em círculos por entre o nevoeiro. Estava tão seguro de que sabia para onde estava indo, mas depois de uma hora eu não tinha chegado a lugar nenhum! Deveria ter levado a minha bússola, em vez de confiar em meu próprio senso de direção.

Provérbios 3:5 me vem à mente: "Confia no Senhor de todo o teu coração e não te estribes no teu próprio entendimento." Sem o Senhor como o seu guia através do nevoeiro da vida, e sem a Sua Palavra como bússola, você caminhará sem rumo certo.

Por isso, assegure-se de que Provérbios 3:6 seja o lema de sua vida: "Reconhece-o em todos os teus caminhos, e ele endireitará as tuas veredas".

—MART DEHAAN

Para evitar tomar o caminho errado,
siga a orientação de Deus.

21 de abril

Quem preparou o paraquedas?

Leitura: 1 Samuel 30:1-25

…Porque qual é a parte dos que desceram à peleja, tal será a parte dos que ficaram com a bagagem; receberão partes iguais.
—1 SAMUEL 30:24

Leitura da Bíblia em um ano
2 SAMUEL 12–13;
LUCAS 16

APLICAÇÃO PESSOAL

Um antigo piloto de guerra, de sobrenome Plumb, estava em um restaurante quando um homem se aproximou dele e disse: "Você é Plumb. Pilotou aviões a jato no Vietnã. Estava no avião chamado Kitty Hawk. Seu avião foi atingido por tiroteios!" Plumb perguntou: "Mas afinal, como você sabe de tudo isso?" O homem, que esteve no mesmo navio, respondeu: "Eu preparei o seu paraquedas. E creio que deu certo." O ex-piloto disse: "De fato."

Naquela noite, Plumb pensou neste homem que também esteve naquele navio, dobrando cuidadosamente os paraquedas dos homens cujas vidas dependiam deles. Plumb ficou triste e envergonhado ao pensar: "Quantas vezes eu devo ter passado por este homem e nem mesmo lhe disse um bom-dia, porque eu era um piloto de jato e ele um simples marinheiro?"

Esta história me lembra das palavras de Davi, da leitura bíblica de hoje. Duzentos dos seus homens estavam tão exaustos que não podiam seguir adiante para lutar contra os amalequitas. Por isso, eles ficaram para trás, para cuidar da bagagem. Quando Davi retornou da batalha, ele não fez distinção entre eles e os seus homens de luta. Ele disse: "Todos receberão partes iguais" (1 Samuel 30:24).

No serviço para Deus, não existem pessoas mais nobres que as outras, não existem tarefas mais valiosas do que as outras. Todos nós dependemos um do outro. Não nos esqueçamos daqueles que empacotam o nosso paraquedas, que nos dão o suporte para seguirmos em frente. —HERB VANDER LUGT

Todo o serviço feito para Cristo tem valor.

Gratidão

Orar por

Leitura da Bíblia em um ano

2 SAMUEL 14–15;
LUCAS 17:1-19

APLICAÇÃO PESSOAL

Gratidão

Orar por

22 de abril

Poder ilimitado

Leitura: Isaías 40:25-31

…Aquele que fez sair o seu exército de estrelas, todas bem contadas, as quais ele chama pelo nome […] nem uma só vem a faltar. —ISAÍAS 40:26

Por que as estrelas não caem? Uma criança poderia se fazer esta pergunta, tanto quanto um astrônomo. E ambos receberão a mesma resposta: um poder ou uma energia misteriosa sustenta tudo e evita que o nosso cosmo entre em caos.

Hebreus 1:3 nos diz que é Jesus quem sustenta todas as coisas pela palavra do Seu poder. Ele é a fonte de toda a energia que existe, seja o potencial explosivo dentro de um átomo ou a chaleira que ferve no fogão de uma cozinha.

Esta energia não é somente uma força sem sentido. Não, Deus é o poder pessoal que criou tudo do nada, incluindo as estrelas (Gênesis 1; Isaías 40:26); foi Ele quem dividiu o mar Vermelho e libertou os israelitas da escravidão dos egípcios (Êxodo 14:21,22); quem fez com que Jesus nascesse de uma virgem (Lucas 1:34,35) e quem o ressuscitou dos mortos e venceu a morte (2 Timóteo 1:10). Nosso Deus, o único e verdadeiro Deus, tem o poder para responder as orações, suprir as necessidades e transformar as nossas vidas.

Assim, quando os problemas da vida nos confundem, quando você tem que enfrentar alguma impossibilidade como o mar Vermelho, clame ao Senhor que opera maravilhas e que sustenta todas as coisas. E lembre-se de que com o nosso Deus Todo-Poderoso, nada é impossível. —VERNON C. GROUNDS

Deus é maior do que o nosso maior problema.

23 de abril

Lá vem o temporal!

Leitura: Provérbios 1:20-33

E, assim como aos homens está ordenado morrerem uma só vez, vindo, depois disto, o juízo...
—HEBREUS 9:27

Leitura da Bíblia em um ano
2 SAMUEL 16–18;
LUCAS 17:20-37

Pescávamos em um pequeno barco, do outro lado de um lago, quando ouvimos o som de um trovão e vimos grandes nuvens escuras a oeste.

Ignorei a sugestão de meu amigo de pesca de retornar a nossa cabana; preferi continuar pescando. Então aconteceu! Repentinamente, a tempestade estava acima de nós. Tentamos ligar o motor, mas ele não funcionou! Meu amigo tentou remar, mas a chuva descia como um lençol e as ondas sacudiam o nosso pequeno barco de alumínio. Sobrevivemos, mas aprendi uma lição. Não demore a agir quando uma tempestade se aproxima.

Outro tipo de tempestade está se aproximando: o dia do julgamento. Pode parecer distante e talvez você pense que não precisa se apressar para se preparar. Talvez você tenha boa saúde e esteja no auge da vida. Mas ouça, a tempestade pode vir de forma inesperada.

Provérbios 1 diz que um desastre vai abater aquela pessoa que ignora de maneira insensata todas as advertências (v.27). E o autor do livro de Hebreus advertiu: "E, assim como aos homens está ordenado morrerem uma só vez, vindo, depois disto, o juízo..." (9:27).

A verdadeira sabedoria significa considerar as admoestações de Deus. Você já se refugiou em Cristo? Se ainda não, está em tempo de parar de "pescar" e procurar por segurança, antes que seja tarde demais. Afaste-se dos seus pecados e volte-se para Cristo. Faça-o ainda hoje. —MART DEHAAN

Aqueles que rejeitam a Cristo como Salvador, o enfrentarão como Juiz.

Leitura da Bíblia em um ano

2 SAMUEL 19–20;
LUCAS 18:1-23

APLICAÇÃO PESSOAL

Gratidão

Orar por

24 de abril

A pior derrota

Leitura: 2 Reis 25:1-21

Assim sucedeu por causa da ira do Senhor contra Jerusalém e contra Judá, a ponto de os rejeitar de sua presença… —2 REIS 24:20

Houve algumas derrotas horríveis na história dos esportes, mas nenhuma foi tão triste quanto a do Brasil para o Uruguai na Copa Mundial de 1950, no estádio do Maracanã. Foi a derrota mais inesperada para o futebol brasileiro. A nação inteira ficou perplexa e muito triste.

No ano 586 a.C. aconteceu um outro tipo de derrota para o povo de Jerusalém. E esta foi muito pior do que qualquer derrota nos esportes. O julgamento de Deus por causa do seu pecado de adorarem outros deuses caiu sobre eles, e foram derrotados pelo exército da Babilônia (2 Reis 24:20). Guiados por Nabucodonosor; as tropas babilônicas cercaram a cidade santa e a deixaram em ruínas. O majestoso templo, o palácio do rei e as casas das pessoas foram destruídas pelo fogo.

Esta talvez tenha sido a pior derrota na longa, e às vezes trágica, história do povo de Deus. A sua contínua desobediência ao Senhor teve consequências devastadoras. Por meio de tudo isso, o Senhor os admoestou a se arrependerem e voltarem para Ele.

Para mim, é prudente entender o quanto o Senhor anseia que o Seu povo viva de maneira que o glorifique. Muitas vezes, preciso lembrar a mim mesmo da minha tarefa de viver como Deus quer, porque isto significa muito para Ele.

A pior perda de Judá pode nos desafiar a viver em obediência a Deus. —DAVE BRANON

Quanto mais você ama a Deus,
mais você odeia o pecado.

25 de abril

Entregue tudo a Ele

Leitura: Salmo 55:16-23

*Confia os teus cuidados ao Senhor,
e ele te susterá…* —SALMO 55:22

Leitura da Bíblia em um ano
2 SAMUEL 21–22;
LUCAS 18:24-43

APLICAÇÃO PESSOAL

Um homem pobre caminhava para casa, carregando uma sacola grande, cheia de batatas, quando uma carroça parou ao seu lado na estrada. O carroceiro ofereceu carona ao caminhante e ele sentou-se, mas continuou a segurar a sacola pesada.

Quando o carroceiro sugeriu que o homem colocasse a sacola no chão, ele respondeu: "Eu não quero incomodá-lo demais, senhor. Você já está me dando uma carona, portanto só vou carregar as batatas."

Diremos: "Que insensato!" No entanto, às vezes fazemos a mesma coisa quando tentamos carregar os fardos da nossa vida, com as nossas próprias forças. Não é de se admirar que nos tornemos fracos e sobrecarregados com ansiedades e temor.

No Salmo 55, Davi falou sobre a ansiedade que sentiu porque os seus inimigos o atacavam (vv.1-15). Mas quando ele entregou as suas preocupações ao Senhor o seu coração se encheu de nova esperança e confiança (vv.16-23). Por isso, ele pôde escrever: "Confia os teus cuidados ao Senhor, e ele te susterá…" (v.22).

Sempre que se lembrar da história do homem e da sua sacola cheia de batatas, recorde-se da simples lição que ela ilustra. Em vez de tentar carregar os seus fardos, coloque-os nas mãos de Deus. —HENRY G. BOSCH

Deus nos convida a entregar a Ele
aquilo que nos sobrecarrega.

Gratidão

Orar por

Leitura da Bíblia em um ano
2 SAMUEL 23–24;
LUCAS 19:1-27

APLICAÇÃO PESSOAL

Gratidão

Orar por

26 de abril

Dor e recompensa

Leitura: Hebreus 12:1-11

Toda disciplina [...] não parece ser motivo de alegria [...] ao depois, entretanto, produz fruto pacífico [...] fruto de justiça. —HEBREUS 12:11

Anos atrás, eu era uma cristã extremamente ansiosa. Quando comecei a me sentir emocionalmente fraca, Deus não interveio, pois sabia que eu tinha que chegar ao fim das minhas próprias forças. Quando finalmente cheguei ao fundo, a "rocha" sobre a qual eu caí foi Jesus Cristo.

O Senhor começou imediatamente a me reconstruir, aplicando as verdades da Sua Palavra para me ensinar o que significa confiar e ter fé. Gradualmente, Ele me transformou na pessoa alegre e dependente de Deus que Ele queria que eu fosse. Através desta experiência dolorosa, mas proveitosa, aprendi que quando Deus nos disciplina, a maior recompensa não é o que adquirimos, mas o que nos tornamos.

Em Hebreus 12, lemos que nosso Pai celestial nos ama tanto que não nos deixará imaturos. Como qualquer pai amoroso, Ele nos disciplina, corrige e treina, muitas vezes através de situações difíceis. Deus usa os nossos momentos de lutas para nos ajudar a crescer e a nos tornar mais santos (vv.10,11).

Muitas pessoas são motivadas a viver em função da sua saúde, riqueza e comodidade, e evitam a dor a qualquer custo. Mas a vida abundante que Deus planejou para os Seus filhos não está livre de problemas. O crescimento e transformação muitas vezes são desconfortáveis, mas a recompensa é digna de qualquer dor. —JOANIE E. YODER

Deus usa os transtornos da vida para nos levar adiante.

27 de abril

Um bom testamento

Leitura: 1 Pedro 1:3-12

Bendito o Deus e Pai de nosso Senhor Jesus Cristo, que, [...] nos regenerou para uma viva esperança...
—1 PEDRO 1:3

Talvez você conheça alguém que não ganhou a herança que seus pais quiseram lhe deixar, por causa de um testamento errado. Os advogados recomendam que para ter certeza de que a sua herança seja recebida pelas pessoas que você escolheu, você deve evitar testamentos feitos por você mesmo. Tais documentos geralmente são legais, mas muitas vezes não são claros e falham em tomar as devidas providências para situações imprevistas. Eles advertem que é bom ter um testamento formal, preparado por advogados, para estar certo de que os seus desejos serão cumpridos.

Os testamentos feitos por homens podem falhar, mas não existe uma linguagem ambígua em relação à herança que Deus preparou para nós. O apóstolo Pedro afirmou que Deus "...nos regenerou para uma viva esperança, mediante a ressurreição de Jesus Cristo dentre os mortos, para uma herança incorruptível, sem mácula, imarcescível, reservada nos céus para vós outros" (1 Pedro 1:3,4).

Nenhuma flutuação da economia pode reduzir esta herança. Ela não está sujeita a revisões, cortes e a ser debatida em discussões de família. Nenhum sofrimento ou provação pode diminuir ou mudar o que Deus preparou para nós. Nossa herança é certa e eterna (Hebreus 9:15). E ao vivermos para Ele, podemos estar seguros de que Sua vontade para as nossas vidas hoje é "boa, agradável e perfeita" (Romanos 12:2).

—DAVID MCCASLAND

A herança dos cristãos está garantida para sempre!

Leitura da Bíblia em um ano
1 REIS 1–2;
LUCAS 19:28-48

APLICAÇÃO PESSOAL

Gratidão

Orar por

Leitura da Bíblia em um ano

1 REIS 3–5;
LUCAS 20:1-26

APLICAÇÃO PESSOAL

Gratidão

Orar por

28 de abril

Confiar

Leitura: Salmo 139:1-16

…no teu livro foram escritos todos os meus dias, cada um deles escrito e determinado, quando nem um deles havia ainda. —SALMO 139:16

Como isto pôde acontecer? Como nossa bonita filha Melissa pôde ser tomada de nós, em um acidente de carro, aos 17 anos? E não somente nós. Também os nossos amigos perderam nove meses antes a sua filha Lindsay que era amiga de Melissa. E o que dizer dos pais de Jon, outro amigo de minha filha, enterrado bem perto de Lindsay e Melissa? Como Deus podia permitir que estes três jovens cristãos morressem em um período de 16 meses? E de que maneira ainda podemos confiar nele?

Incapaz de compreender tais tragédias, nos agarramos ao Salmo 139:16 — "…no teu livro foram escritos todos os meus dias, cada um deles escrito e determinado…" Conforme o plano de Deus, nossos filhos tinham um número específico de dias para viver, e então Ele os chamou amorosamente para casa, para obterem a sua recompensa eterna. Encontramos conforto nas palavras misteriosas de Deus: "Preciosa é aos olhos do SENHOR a morte dos seus santos" (Salmo 116:15).

A morte dos que estão próximos a nós pode roubar a nossa confiança em Deus, e com isso também a nossa razão de viver. Mas o plano incompreensível de Deus para o universo e Sua obra redentora continuam, e precisamos honrar os nossos entes queridos, segurando firmes na mão do Senhor. Não compreendemos, mas mesmo assim devemos confiar em Deus ao esperarmos pelo grande reencontro que Ele planejou para nós.

—DAVE BRANON

Não permita que a tragédia roube a sua confiança em Deus.

29 de abril

Zangões

Leitura: 1 Timóteo 5:8-16

...entre vós, há pessoas que andam desordenadamente, não trabalhando; antes, se intrometem na vida alheia.
—2 TESSALONICENSES 3:11

Ao observar minhas colmeias de abelhas, fiquei especialmente interessado nas atividades de um número considerável delas que pareciam ser bastante intrometidas. Zumbiam, entravam e saíam da colmeia, mas aparentemente não faziam nenhum trabalho. Tratavam-se dos zangões: abelhas-macho, bem maiores que as demais, sua única função é a de fertilizar a rainha e então morrer.

Enquanto esperavam que uma nova rainha emergisse, os zangões passavam o tempo visitando uma colmeia atrás da outra. Mas eles não trabalham; não produzem mel; não constroem o favo de mel; nem sequer sabem dar ferroadas. E são barulhentos! Você deveria ouvi-los zumbir, mas trata-se apenas de aparência. Por um tempo, os zangões são seres privilegiados, mas quando chega o outono e a produção de mel diminui, as abelhas que trabalham matam todos os zangões! Nenhum deles sobrevive ao inverno. Chega o tempo do julgamento e eles não recebem a recompensa das outras abelhas trabalhadoras.

Na carta do apóstolo Paulo a Timóteo, ele o advertiu em relação a pessoas que trabalham, mas em atividades erradas, vão de casa em casa, suscitando problemas, em lugar de servir aos outros (1 Timóteo 5:13).

Não faça como um zangão, se você quiser compartilhar os tesouros do céu reservados para aqueles que são fiéis. —M.R. DEHAAN

A casa de Deus deveria ser uma colmeia de trabalhadores, e não um ninho de zangões.

Leitura da Bíblia em um ano
1 REIS 6–7;
LUCAS 20:27-47

APLICAÇÃO PESSOAL

Gratidão

Orar por

Leitura da Bíblia em um ano

1 REIS 8–9;
LUCAS 21:1-19

APLICAÇÃO PESSOAL

Gratidão

Orar por

30 de abril

Ilumine o seu mundo

Leitura: Zacarias 4:1-6

*…Não por força nem por poder,
mas pelo meu Espírito, diz o Senhor
dos Exércitos.* —ZACARIAS 4:6

Você sente suas forças acabarem no serviço para Deus? Talvez você queira prover luz espiritual para o seu mundo escuro até o fim da vida, mas se pergunta se isso será possível. A sua luz não se apagará, se você compreender e aplicar a verdade de Zacarias 4:1-6.

O profeta viu duas oliveiras que supriam com azeite um recipiente que alimentava sete lâmpadas em um candelabro de ouro. Podemos nos encorajar ao refletir sobre a realidade escondida neste simbolismo. Você e eu não somos a fonte de luz que ilumina o mundo. Podemos somente receber o azeite do Espírito Santo que alimenta a chama viva que Ele produz. Se brilharmos sem parar ao longo das horas escuras, é porque aprendemos a entregar as nossas vidas ao suprimento sem limites de poder e forças do Espírito Santo. Isto ocorre somente quando temos comunhão contínua com Jesus, o nosso Salvador.

Precisamos aprender repetidamente: Não é o que fazemos para o Senhor, mas o que Ele faz por intermédio de nós, que ilumina e enriquece os outros. Devemos nos satisfazer em sermos uma lâmpada brilhante e reluzente, buscando o necessário da fonte escondida do Espírito de Cristo que habita em nós. O nosso papel é o de ajudar os outros a ver a glória da Sua luz. E devemos lembrar diariamente de que cada exigência colocada sobre nós é uma exigência colocada sobre Ele. —DAVID H. ROPER

Deixe a sua luz brilhar — seja você
uma vela ou um farol na montanha.

Minhas notas

Maio

Maio

MOTIVOS DE ORAÇÃO

VIDA ESPIRITUAL

FAMÍLIA

VIDA PROFISSIONAL

FINANÇAS

OUTROS

Suportai-vos uns aos outros, perdoai-vos mutuamente [...]
Assim como o Senhor vos perdoou, assim também perdoai vós.
COLOSSENSES 3:13

domingo	segunda	terça

MAIO

quarta	quinta	sexta	sábado

MAIO

OBJETIVOS

TAREFAS DO MÊS

PENSAMENTO DO MÊS

Você não tomará *o caminho* errado se seguir a *orientação* de Deus.

IMPORTANTE

ANIVERSARIANTES

Meus objetivos espirituais

SEMANA 1

SEMANA 2

SEMANA 3

SEMANA 4

1º de maio

Viver em paz

Leitura: Gênesis 26:14-22

*...se possível, quanto depender de vós,
tende paz com todos os homens.*
—ROMANOS 12:18

Isaque viveu entre os filisteus, que se mostraram vizinhos pouco amigáveis. Ele havia se tornado tão rico e poderoso que os filisteus ficaram com medo dele e lhe pediram que deixasse a sua terra. Sendo "muito mais poderoso" do que eles (Gênesis 26:16), Isaque podia ter se recusado a sair, mas concordou e se mudou para um vale nas proximidades onde o seu pai Abraão havia cavado alguns poços anos antes.

Os filisteus fecharam os poços depois da morte de Abraão, e toda vez que Isaque abria novamente um poço, eles afirmavam que lhes pertencia, embora não o estivessem usando. Os filisteus eram pessoas que procuravam contendas. Mas Isaque continuou se mudando até que encontrou uma área onde os filisteus não reivindicaram mais seus direitos sobre a água.

Já encontrei pessoas semelhantes aos filisteus. Quando meus irmãos e eu éramos crianças e brincávamos de bola, tínhamos que ter muito cuidado como jogávamos, porque o nosso vizinho confiscava todas as bolas que caíam em seu jardim.

É difícil gostar de pessoas assim, mas Jesus chegou a dizer que devemos amá-las, orar por elas e fazer-lhes o bem (Mateus 5:44). Pode não ser fácil, e estas pessoas pouco amigáveis talvez nunca mudem. No entanto, segundo Romanos 12:18, devemos fazer todo o possível para viver em paz com todos. —HERB VANDER LUGT

Procure viver em paz com os outros,
mesmo que queiram brigar com você.

Leitura da Bíblia em um ano
1 REIS 10–11;
LUCAS 21:20-38

APLICAÇÃO PESSOAL

Gratidão

Orar por

Leitura da Bíblia em um ano

1 REIS 12–13;
LUCAS 22:1-20

APLICAÇÃO PESSOAL

Gratidão

Orar por

2 de maio

Tão perto, tão distante

Leitura: Números 14:26-35

*Porque: Todo aquele que invocar
o nome do Senhor será salvo.*
—ROMANOS 10:13

Dois pioneiros da fundação do Canadá que se abrigavam em um Forte, caminharam para uma cidade próxima a fim de buscar comida, pois os alimentos estavam quase no fim.

No caminho de volta para o Forte, começou a nevar. Rapidamente, os dois andarilhos estavam gelados até os ossos por causa do vento cortante, e não conseguiram seguir a trilha no escuro. Forçados a parar, fizeram fogo e passaram uma noite horrível. Então, quando lentamente amanheceu, eles viram o Forte com o seu calor e conforto, apenas a algumas centenas de metros do local onde haviam parado. Tão perto, mas tão distante!

Os israelitas já estavam na divisa com a Terra Prometida (Números 13). Calebe e Josué, os dois espiões corajosos, haviam trazido os alimentos suculentos de Canaã e encorajaram o povo a tomar posse da terra (vv.26,30). Mas o povo duvidou e acabaram por condenar-se a si mesmos a 40 anos de caminhada e morte no deserto (14:28-30). Eles também estiveram tão perto, porém tão distantes!

Você já ouviu várias vezes a respeito do amor de Jesus, mas não assumiu nenhum compromisso com Ele? Também está tão perto, porém distante? Decida-se agora a cruzar a linha e entrar na "terra prometida" da salvação que encontramos em Jesus.

—VERNON C. GROUNDS

É agora o momento de escolher o Senhor
— 'mais tarde' poderá não existir.

3 de maio

O poder de um amigo

Leitura: 1 Samuel 20:12-17; 41-42

Jônatas fez jurar a Davi de novo, pelo amor que este lhe tinha, porque Jônatas o amava com todo o amor de sua alma.
—1 SAMUEL 20:17

Leitura da Bíblia em um ano
1 REIS 14–15;
LUCAS 22:21-46

No romance de G. K. Chesterton, *O homem que foi quinta-feira* (Círculo do Livro, 1976), um policial secreto se infiltra em um grupo revolucionário que tinha o objetivo de transformar o mundo num caos. Ele é assolado pelo medo até descobrir um aliado dentro do grupo.

Chesterton escreve sobre os sentimentos do policial ao encontrar um amigo: "Durante toda esta experiência penosa, a sua raiz de horror havia sido o isolamento, e não há palavras para expressar o abismo entre o isolamento e o fato de se ter um aliado. Para os matemáticos, quatro pode significar duas vezes dois. Mas dois não são duas vezes o um; dois são duas mil vezes o número um."

Quando Davi era perseguido pelo invejoso e irracional rei Saul, ele teve um amigo que correu grande perigo para ficar com ele. Jônatas, o próprio filho de Saul, fez um juramento de lealdade a Davi e o alertou da intenção de seu pai de matá-lo (1 Samuel 20:31-42). Mais tarde, quando Saul perseguiu Davi no deserto, Jônatas "…foi para Davi, a Horesa, e lhe fortaleceu a confiança em Deus" (23:16).

Que presente maravilhoso é permanecer ao lado de alguém em necessidade! Os ânimos e a força se renovam quando duas pessoas são aliadas por toda a vida. Sendo uma boa amiga, a quem você pode fortalecer hoje? —DAVID MCCASLAND

Uma verdadeira amiga lhe ajuda a seguir caminhando quando você pensa em desistir.

Leitura da Bíblia em um ano
1 REIS 16–18;
LUCAS 22:47-71

APLICAÇÃO PESSOAL

Gratidão

Orar por

4 de maio

O lançador de discos

Leitura: 1 Pedro 5:6-10

...O Deus de toda a graça [...] depois de terdes sofrido por um pouco, ele mesmo vos há de aperfeiçoar, firmar, fortificar e fundamentar. —1 PEDRO 5:10

Um atleta escocês, no século 19, fez um disco de arremesso, de ferro, baseado numa descrição que lera em um livro. O que ele não sabia era que o disco de arremesso usado em competições oficiais era feito de madeira, sendo que só a borda externa era de ferro. O seu disco era de metal sólido e pesava três ou quatro vezes mais do que os usados por outros arremessadores.

Conforme o autor John Eldredge, o homem conseguiu marcar o recorde em distância, em um campo perto da sua casa e ele treinava dia e noite para manter este resultado. Ele treinou por anos, até que conseguiu quebrar o recorde mundial. Então tomou o seu disco de ferro, levou-o para a Inglaterra para a sua primeira competição.

Quando chegou aos jogos, foi-lhe entregue o disco oficial. Ele conseguiu um novo recorde com facilidade, uma distância muito maior daquela de seus concorrentes. Permaneceu invencível por muitos anos. Este homem treinou sob um fardo pesado e tornou-se o melhor.

Quando um fardo pesado é colocado sobre nós, precisamos aprender a carregá-lo com as forças de Jesus e por amor a Ele. Qualquer que seja o fardo do sofrimento, Deus quer usá-lo para "aperfeiçoar, firmar, fortificar e fundamentar", como diz 1 Pedro 5:10.

Nossos fardos podem nos fazer pessoas melhores do que imaginamos — mais fortes, pacientes, corajosos, bondosos e mais amorosos do que antes.

—DAVID H. ROPER

Os fardos de hoje podem fortalecê-la para o amanhã.

5 de maio

O milagre continua

Leitura: 2 Crônicas 30:21-27

...a sua oração chegou até à santa habitação de Deus, até aos céus.
—2 CRÔNICAS 30:27

Leitura da Bíblia em um ano
1 REIS 19–20;
LUCAS 23:1-25

Você já pensou em uma reunião de oração como um milagre? Eu tive este pensamento certa noite, na igreja, depois que nos dividimos em pequenos grupos de oração. Quando uma pessoa do grupo orava, eu ouvia diversas pessoas falando com Deus, ao mesmo tempo. Parecia uma confusão de palavras. Mas este é justamente o milagre. Deus estava ouvindo cada oração — junto a milhões de outras orações ao redor do mundo, em muitos idiomas diferentes.

Os que se frustram quando duas crianças querem conversar ao mesmo tempo, com certeza concordarão que Deus pode ouvir tantos filhos simultaneamente, e isso é um milagre!

Considere a história de Ezequias na celebração da Páscoa. Ele enviou uma mensagem a todos os israelitas, para que se unissem a ele em Jerusalém para o louvor e oração (2 Crônicas 30:1). As multidões vieram e isto se transformou num culto de adoração que durou duas semanas. As multidões se regozijavam e louvavam a Deus ao mesmo tempo (v.25). À medida que os líderes religiosos oravam, "...a sua oração chegou até à santa habitação de Deus, até aos céus" (v.27).

O milagre continua. Hoje, em todo o mundo, milhares de pessoas estão orando a Deus. Regozijemo-nos ao saber que Ele ouve cada oração. —DAVE BRANON

Você nunca ouvirá um sinal de ocupado na linha de oração para o céu.

Leitura da Bíblia em um ano
1 REIS 21–22;
LUCAS 23:26-56

APLICAÇÃO PESSOAL

Gratidão

Orar por

6 de maio

As montanhas podem se mover!

Leitura: Marcos 11:20-24

Ao que Jesus lhes disse: Tende fé em Deus.
—MARCOS 11:22

Um lema familiar sobre a oração diz que "a oração transforma tudo." Mas a oração não faz isto — Deus o faz. Algumas pessoas pensam que a oração em si é a fonte do poder, por isso experimentam "a oração" esperando "que esta vá funcionar" para elas. Em Marcos 11, Jesus revelou um dos segredos que estão por detrás de toda oração verdadeira: "Tenham fé em Deus." Não fé na fé, não fé na oração, mas "fé em Deus" (v.22).

Jesus disse aos Seus discípulos que eles poderiam mandar uma montanha se mover e se atirar no mar e, se cressem isso aconteceria. Então Jesus lhes falou do significado que estava implícito nesta promessa admirável. Ele disse: "…tudo quanto em oração pedirdes, crede que recebestes, será assim convosco" (v.24). Jesus estava falando de orações respondidas. Podemos pedir e receber respostas somente se os pedidos forem feitos com fé em Deus e segundo a Sua vontade (1 João 5:14).

Muitas vezes desejei poder remover montanhas por meio da fé. Depois de ter vivido na Suíça, gostaria que Deus movesse os Alpes para os fundos do meu jardim, na Inglaterra. Mas Ele fez algo muito mais importante: Ele removeu as montanhas de preocupação, de temor e ressentimento do meu coração e as lançou no esquecimento, por meio da fé nele. Ele ainda está removendo as montanhas! Tenha fé em Deus e ore! —JOANIE E. YODER

A fé é a chave para as orações respondidas.

7 de maio

Chamados para despertar

Leitura: Daniel 4:28-34

Leitura da Bíblia em um ano
2 REIS 1–3;
LUCAS 24:1-35

…eu, Nabucodonosor, louvo, exalto e glorifico ao Rei do céu, porque todas as suas obras são verdadeiras, e os seus caminhos, justos… —DANIEL 4:37

Um jovem forte e bruto andava com ostentação pela cidade, gabando-se de que podia passar por uma cerca de arame farpado com pés descalços e com um gato selvagem debaixo de cada braço. No entanto, ele foi "despertado" quando se casou com uma jovem pequena e de personalidade forte, que conseguiu que ele lavasse a louça duas vezes ao dia!

Outro "despertar" ocorreu quando o sargento de um pelotão acordou um novo recruta, depois da sua primeira noite no quartel. "São quatro e meia!" gritou o sargento. "Quatro e meia!" falou o soldado com voz entrecortada. "Cara, é melhor você ir para a cama. Temos um longo dia amanhã!" Todos temos a tendência de sonhar conforme nossa maneira de pensar, até que alguém ou algo nos confronta com o mundo real. Para Nabucodonosor, rei da antiga Babilônia, o chamado para despertar não foi engraçado. Antes de seu encontro com Deus, ele pensou que tinha o controle da vida em suas mãos. Repentinamente, se viu de joelhos, comendo capim e vivendo com os animais selvagens (Daniel 4:33). Depois de sete longos anos (v.32), ele aprendeu que no mundo real todos precisam viver sob uma autoridade, que Deus determina o tempo para todos, e tudo que possuímos é um presente da Sua graciosa mão.

Pai, desperta-nos, hoje. Ajuda-nos a termos consciência do que significa viver sob a Tua sábia e amorosa autoridade. —MART DEHAAN

Uma pessoa que pensa muito de si mesma, pensa pouco a respeito de Deus.

APLICAÇÃO PESSOAL

Gratidão

Orar por

Leitura da Bíblia em um ano
2 REIS 4–6;
LUCAS 24:36-53

APLICAÇÃO PESSOAL

Gratidão

Orar por

8 de maio

Uma combinação proveitosa

Leitura: 1 Timóteo 1:18-20

…mantendo fé e boa consciência, porquanto alguns, tendo rejeitado a boa consciência, vieram a naufragar na fé.
—1 TIMÓTEO 1:19

Um cristão recém-convertido voltou à antiga forma de viver ao participar de uma festa e embebedar-se. Quando chegou à casa, sua esposa não queria deixá-lo entrar. Em vez disso, ela telefonou para o pastor de ambos, que o encontrou dormindo dentro do seu carro.

O pastor o levou para um hotel para que este dormisse o suficiente até ficar sóbrio novamente. Ele o conhecia bem e estava certo de que não seria necessária uma forte repreensão. Ainda assim, ele orou a Deus para que convencesse o homem de seu erro e se arrependesse. Neste caso, o pastor escolheu o caminho certo. Mais tarde, o jovem esposo disse que aprendera uma lição valiosa por meio dessa experiência e que o Senhor lhe tirara "todo o prazer pelo pecado."

Uma "boa consciência" nos perturbará quando fizermos algo que sabemos de antemão estar errado. Nós mantemos a consciência "boa", se a levarmos em consideração e ao nos afastarmos do pecado. Paulo disse que a fé de Himeneu e Alexandre "naufragou" porque eles rejeitaram a voz da sua boa consciência (1 Timóteo 1:19,20). Ao agirem dessa maneira, eles abafaram a sua consciência e distorceram a verdade para justificar sua conduta.

A verdadeira fé e uma consciência sensível tirarão todo o prazer do pecado e removerão o desejo de distorcer a verdade para justificar o que é errado. A fé e a boa consciência são uma combinação de grande proveito. É necessário que cuidemos delas com dedicação. —HERB VANDER LUGT

A consciência é um guia seguro quando orientada pela Palavra de Deus.

9 de maio

Indispensáveis

Leitura: 2 Timóteo 1:1-5

…pela recordação que guardo de tua fé sem fingimento, a mesma que, primeiramente, habitou em tua avó Loide e em tua mãe Eunice…
—2 TIMÓTEO 1:5

Leitura da Bíblia em um ano
2 REIS 7–9;
JOÃO 1:1-28

Uma mãe e dona de casa talentosa escreveu um texto agradável, no qual ela descreve de forma vívida (sem se queixar) as frustrações, os sacrifícios e a solidão que acompanham este seu estilo de vida. Não existe muito encanto em lidar com um bebê exigente de 18 meses, quando nascem os seus primeiros dentes, em apaziguar brigas entre uma criança irracional de 3 anos e outra insistente de 5 e ouvir a incessante tagarelice de crianças pequenas. No entanto, ela conclui que o seu papel é indispensável para o bem-estar geral dos filhos. De que maneira comprovamos que isto realmente acontece!

Nunca é demais enfatizar a importância do papel de uma mãe dedicada na vida de uma criança. Pense em Timóteo, por exemplo, o jovem que foi considerado pelo apóstolo Paulo como seu filho espiritual e um companheiro valioso no ministério. Em sua segunda carta a Timóteo, Paulo lembrou-se de como ele havia sido influenciado pela "fé sem fingimento" (genuína) da sua avó Loide e de sua mãe, Eunice (2 Timóteo 1:5). Deus usou duas gerações de mães amorosas para preparar Timóteo para o trabalho crucial que faria, ao divulgar o evangelho e estabelecer congregações de seguidores que amavam a Cristo.

Agradeçamos e louvemos a Deus pelas mães que, não somente cuidam dos seus filhos fisicamente, mas também os alimentam espiritualmente. Mães assim são indispensáveis! —HERB VANDER LUGT

Não é pobre o homem que tem uma mãe dedicada. —ABRAHAM LINCOLN

**2 REIS 10–12;
JOÃO 1:29-51**

APLICAÇÃO PESSOAL

Gratidão

Orar por

10 de maio

Cristal valioso

Leitura: Salmo 127

*Herança do Senhor são os filhos;
o fruto do ventre, seu galardão.*
—SALMO 127:3

Tenho uma amiga — vou chamá-la de "Maria" — que me conta que a melhor lembrança que tem é a de certa manhã, quando quebrou um vaso de cristal de valor inestimável para sua mãe.

A mãe dela estava oferecendo uma festa. Ela tirou os cristais do armário, os lavou cuidadosamente e os colocou sobre a mesa. O cristal representava o único bem material de valor que sua mãe possuía e era usado somente em ocasiões especiais.

Em sua pressa de deixar tudo pronto para os convidados, a mãe de Maria disse para a sua pequena filha: "Você poderia procurar um lugar para não ficar no meu caminho?" Maria então, se escondeu debaixo da mesa. Infelizmente, ela bateu no pé da mesa e o vaso de cristal caiu no chão. Ela recorda: "O cristal explodiu em estilhaços." Ela havia destruído o bem mais precioso que sua mãe possuía.

Maria chorou e disse: "Perdão." A mãe a tomou em seus braços e sussurrou: "Não chore, querida. Você é muito mais valiosa para mim do que um simples cristal."

Os filhos são os nossos bens mais valiosos, mais preciosos do que algo que possamos comprar ou adquirir. Eles são a herança do Senhor e um galardão (Salmo 127:3). Os seus filhos compreendem como são preciosos para você? Por que você não lhes diz isto hoje? —DAVID H. ROPER

As crianças são preciosas e têm grande valor para Deus.

11 de maio

Quando estiver abatida

Leitura: Salmo 6

Apartai-vos de mim, todos os que praticais a iniquidade, porque o Senhor ouviu a voz do meu lamento. —SALMO 6:8

Leitura da Bíblia em um ano
2 REIS 13–14; JOÃO 2

Às vezes não é preciso muito para nos deixar abatidos, não é verdade? Uma observação indelicada de um amigo, más notícias do mecânico, um contratempo financeiro ou o comportamento inadequado de um filho podem trazer uma nuvem de tristeza, até em um dia de muito sol. Você sabe que deveria se alegrar, mas tudo parece estar contra você, tornando as mais simples tarefas uma luta.

Davi deve ter experimentado a mesma coisa quando escreveu o Salmo 6. Ele se sentia fraco e doente (v.2), atribulado (v.3), abandonado (v.4), exausto (v.6) e em sofrimento (v.7). Mas ele sabia o que fazer quando estava deprimido. Olhou para cima e confiou que Deus cuidaria dele e o ajudaria a passar por isso.

Quando olhamos para cima e focamos em Deus, algo bom acontece. Desviamos nosso olhar de nós mesmos e aprendemos a valorizá-lo novamente. Da próxima vez que você estiver abatida, procure olhar para Deus. Ele é soberano (Salmo 47:8); Ele a ama (1 João 4:9,10); você é especial para Ele (Mateus 6:26); Ele tem um propósito para as suas provações (Tiago 1:2-4).

Sim, às vezes a vida parece insuportável. Mas não permita que ela a abata. Medite na bondade de Deus, fale com Ele e saiba que Ele ouve as suas orações (Salmo 6:9). Isto lhe dará forças para se erguer quando estiver deprimida. —DAVE BRANON

Quando a vida forçá-la a ajoelhar-se, esta será uma boa posição para orar.

Leitura da Bíblia em um ano
2 REIS 15–16;
JOÃO 3:1-18

APLICAÇÃO PESSOAL

Gratidão

Orar por

12 de maio

Correndo por outros

Leitura: Filipenses 2:1-11

Nada façais por partidarismo ou vanglória, mas por humildade, considerando cada um os outros superiores a si mesmo.
—FILIPENSES 2:3

O jovem Tomás nunca venceu uma corrida durante toda a sua trajetória como corredor na escola. Ele era um "impulsionador". Sua tarefa consistia em determinar o passo certo para os membros do seu time, os quais por fim ganhariam dele, na reta final. Quando corria bem, ele estava capacitando um companheiro do time a vencer. Embora Tomás nunca tivesse energia de reserva suficiente para conseguir a vitória, o treinador o considerava um membro valioso do time.

De forma semelhante, o Novo Testamento nos fala para empreendermos a nossa corrida de fé, tendo em mente o sucesso dos outros. "Nada façais por partidarismo ou vanglória, mas por humildade, considerando cada um os outros superiores a si mesmo. Não tenha cada um em vista o que é propriamente seu, senão também cada qual o que é dos outros" (Filipenses 2:3,4). O exemplo deste estilo de vida é Jesus Cristo, o qual deixou a glória dos céus para compartilhar a humanidade e morrer na cruz a fim de que pudéssemos ter a vida eterna (vv.5-8).

Se o encorajamento do nosso exemplo ajudar outra pessoa a prosperar e obter sucesso, devemos nos regozijar. Quando os prêmios eternos forem distribuídos por causa do serviço fiel a Deus, muitos que são "impulsionadores" irão recebê-los. Até lá, sigamos correndo para que os outros também possam vencer. —DAVID MCCASLAND

Você não pode perder quando ajuda os outros a vencer.

13 de maio

Guardando rancor

Leitura: Gênesis 27:35-41

…nem guardarás ira contra os filhos do teu povo; mas amarás o teu próximo como a ti mesmo… —LEVÍTICO 19:18

O autor de ensaios e crítico britânico Charles Lamb (1775–1834) quando não queria conhecer uma pessoa, dizia: "Não me apresente a este homem! Eu quero seguir odiando-o e não posso odiar alguém que conheço." Abrigar o rancor nos priva de termos relacionamentos bons uns com os outros. Jacó enganou o seu irmão e roubou-lhe o direito de ser o primogênito. É compreensível que Esaú tenha ficado irado. Mas o que ele fez com a sua ira tornou-se um sério problema, não somente para Jacó, mas para o próprio Esaú. Por anos, Esaú alimentou um profundo ressentimento que o privou de um caloroso relacionamento com o seu irmão.

O rancor também pode criar uma atmosfera fria e gelada nas igrejas e afastar as pessoas. O pastor George Gardiner perguntou aos membros de uma congregação que ele visitou, por que aquela igreja não crescia. A resposta que recebeu foi: "Nós temos um ancião aqui na igreja que tem muito rancor em seu coração."

Em vez de guardarmos rancor em nós, devemos trazer e confessá-lo a Deus e pedir-lhe que nos liberte dele. Devemos começar a orar por aquela pessoa pela qual alimentamos sentimentos negativos e, se possível, dar passos práticos para resolver as nossas diferenças. Devemos encontrar maneiras de demonstrar amor.

O ressentimento desaparecerá quando o alvo de nossos maus sentimentos se tornar o objeto especial de nossa boa vontade. —DENNIS DEHAAN

O rancor é algo que não melhora quando o alimentamos.

Leitura da Bíblia em um ano
2 REIS 17–18;
JOÃO 3:19-36

APLICAÇÃO PESSOAL

Gratidão

Orar por

Leitura da Bíblia em um ano

2 REIS 19–21;
JOÃO 4:1-30

APLICAÇÃO PESSOAL

Gratidão

Orar por

14 de maio

Ele é fogo

Leitura: Hebreus 12:25-29

…sirvamos a Deus de modo agradável, com reverência e santo temor; porque o nosso Deus é fogo consumidor.
—HEBREUS 12:28-29

Durante um incêndio florestal, uma tempestade de fogo se alastrava pelos arredores da cidade australiana de Sydney. Muitas pessoas temiam que este incêndio fosse o pior que já havia acontecido em décadas. Impulsionado por fortes ventos, temperaturas altas e pouca umidade, o fogo atravessava ruas e rios, destruindo tudo o que encontrava em seu caminho.

Quando pensamos sobre o poder destruidor deste tipo de inferno de fogo, podemos ter uma melhor compreensão das palavras surpreendentes de Hebreus 12:29: "Deus é fogo consumidor."

Por que o autor do livro de Hebreus usou esta imagem para descrever o Senhor? Nesta carta, ele lidava com questões espirituais de vida e morte — o que os seus leitores criam ser a realidade da sua fé. Sua resposta revelaria se estavam investindo suas vidas no reino que vai durar para sempre, ou naquele que está destinado à destruição.

Nós também precisamos nos lembrar de que este mundo e tudo o que possuímos é temporário. Se a nossa fé e esperança estão em Jesus Cristo, fazemos parte de um reino que não pode ser destruído (v.28). Sabendo que os nossos dias na terra estão contados e que o nosso "Deus é fogo consumidor". Vamos servi--lo e investir no que não é perecível. —ALBERT LEE

Segure firme o que é eterno
e com folga o que é temporário.

15 de maio

O livro perdido

Leitura: 2 Reis 22:8-13

...Achei o Livro da Lei na Casa do Senhor.
—2 REIS 22:8

Leitura da Bíblia em um ano
2 REIS 22–23;
JOÃO 4:31-54

Dois membros da administração do senado dos Estados Unidos estavam limpando um depósito, quando descobriram uma porta semiaberta nas imediações. Curiosos, eles entraram num pequeno quarto, coberto de papéis velhos e registros de pagamentos. Um livro com capa de couro e letras douradas chamou sua atenção: "Indenização dos senadores e impostos" 1790–1881.

Que achado! Tratava-se de um registro único de cada dólar que havia sido pago aos senadores durante os 90 primeiros anos do senado. Além disso, o livro continha as assinaturas pessoais dos fundadores Thomas Jefferson e John Adams. "O livro fala mais alto", disse o historiador Richard Baker. "Não existe nada comparável nos arquivos do senado."

Imagino que Hilquias, o sumo sacerdote, sentiu um entusiasmo ainda maior quando descobriu o livro que estava perdido há tanto tempo, o "Livro da Lei", em alguma fenda escondida no templo (2 Reis 22:8). O rei Josias reconheceu o seu valor e ordenou que ele fosse lido em voz alta a todo o povo de Judá (23:1,2).

Talvez você tenha lido as passagens da Bíblia tal como o livro de Levítico, Zacarias ou Filemom há algum tempo. Procure lê-las, pois elas falam mais alto e a sua mensagem pode ser justamente o que você precisa. —DAVID C. EGNER

A Bíblia é antiga, mas suas verdades são sempre novas.

Leitura da Bíblia em um ano

2 REIS 24–25;
JOÃO 5:1-24

APLICAÇÃO PESSOAL

Gratidão

Orar por

16 de maio

Fé simples

Leitura: Salmo 13

…Até quando ocultarás de mim o rosto?
—SALMO 13:1

Quando visitei o Monte Rainier, o ponto mais elevado dos Estados Unidos, pensei que veria paisagens espetaculares. Mas por dois dias a montanha permaneceu envolta em nuvens. Assim, em vez de tirar fotos, comprei alguns cartões postais.

Essas férias me levaram a questionar a forma como demonstro minha fé para as pessoas ao meu redor. Será que apresento um "cartão postal" do cristianismo? Será que dou uma falsa impressão de que minha vida é sempre ensolarada, e que minha visão de Deus é sempre clara?

Não foi isto o que Davi experimentou. No Salmo 13, um poema cheio de paixão, ele admitiu que não conseguia ver a Deus e não entendia o que Ele estava fazendo (v.1). Mas ao final de sua oração, ele estava seguro de que o que não conseguia ver ainda assim estava lá, porque já o tinha visto através do cuidado generoso de Deus (vv.5,6).

Os cristãos são como pessoas que vivem aos pés do Monte Rainier. Elas viram a montanha anteriormente, por isso sabem que ela existe mesmo quando coberta pelas nuvens.

Quando o sofrimento ou a confusão obscurecem a nossa visão de Deus, podemos ser honestas com outros em relação às nossas dúvidas. Mas também podemos expressar a nossa confiança de que o Senhor ainda está ali, relembrando os tempos nos quais fomos testemunhas da Sua grandeza e bondade. Esta deve ser a prática do cristão verdadeiro.

—JULIE ACKERMAN LINK

Quando estiver sob as nuvens da adversidade, lembre-se de que ainda assim o sol está brilhando.

17 de maio

Praticando o amor

Leitura: Mateus 5:11-16

Assim brilhe também a vossa luz diante dos homens, para que vejam as vossas boas obras e glorifiquem a vosso Pai que está nos céus. —MATEUS 5:16

Em um de seus livros Bill Hybels diz que as pessoas descrentes dizem: "Mostre-me" antes de dizerem "Conte-me."

Conheci um jovem na Alemanha chamado Wolfgang que exemplificou bem o princípio de Hybels em seu local de trabalho. Como um cristão entusiasta, Wolfgang lia a Bíblia no horário do almoço, mesmo com os seus colegas zombando dele. Ele simplesmente orava para Deus lhe mostrar como deveria demonstrar o amor de Cristo aos colegas.

Quando os seus companheiros de trabalho voltavam para casa à noite, sempre deixavam no trabalho as botas cheias de lama. Wolfgang começou a ficar mais tempo depois do horário, a fim de limpá-las. A princípio, os homens ficaram perplexos, mas em seguida compreenderam que Wolfgang era o único dentre eles que faria este trabalho tão humilde. Eles não somente começaram a respeitá-lo, mas às vezes até lhe pediam para ler a Bíblia para eles. Somente a eternidade revelará o efeito total da vida brilhante de Wolfgang. Mas sabemos disto: quando seus companheiros viram as boas obras dele, começaram a ouvir o seu Deus.

Jesus disse: "Assim brilhe também a vossa luz diante dos homens, para que vejam as vossas boas obras e glorifiquem a vosso Pai que está nos céus" (Mateus 5:16). Se você deseja conduzir as pessoas ao seu redor a Jesus, irradie o Seu amor, fazendo coisas práticas somente para a glória de Deus. —JOANIE E. YODER

A vida de um cristão é uma janela pela qual outros podem ver Jesus.

Leitura da Bíblia em um ano
1 CRÔNICAS 1–3;
JOÃO 5:25-47

APLICAÇÃO PESSOAL

Gratidão

Orar por

Leitura da Bíblia em um ano
1 CRÔNICAS 4–6;
JOÃO 6:1-21

APLICAÇÃO PESSOAL

Gratidão

Orar por

18 de maio

Jacarés inesperados

Leitura: Mateus 13:18-23

...em lhe chegando a angústia ou a perseguição por causa da palavra, logo se escandaliza. —MATEUS 13:21

Como brincadeira, um amigo da atriz e comediante Gracie Allen lhe enviou um pequeno jacaré vivo. Não sabendo o que fazer com ele, Gracie o colocou na banheira e saiu para um compromisso. Quando voltou para casa, encontrou uma nota da sua empregada: "Querida Sra. Allen. Sinto muito, mas eu me demito. Não trabalho em casas onde há jacarés. Eu deveria ter-lhe dito isto quando comecei, mas nunca imaginei que isto aconteceria."

Algumas pessoas que dizem querer servir a Cristo são rápidas em deixar de fazê-lo quando surgem os problemas. Na parábola de Jesus sobre o semeador, Ele ilustrou as várias respostas que as pessoas dão em relação ao evangelho. Por exemplo, pode parecer que uma pessoa aceita a verdade de Deus, mas tropeça em sua fé quando surgem as dificuldades (Mateus 13:20,21). Tais problemas testam a sinceridade da nossa fé e expõem a fraqueza do nosso compromisso com Cristo.

Mas alguém poderá dizer: "Não seria melhor se o nosso Senhor nos dissesse desde o início o que significa segui-lo?". Mas Ele o faz. Ele nos conclama com o convite: "Confie em Mim." Se permitirmos que os problemas ou desilusões abalem a nossa fé, quebraremos o espírito de confiança que nos conduziu a Cristo.

Pai, quando a vida nos traz o inesperado e estamos a ponto de desistir, ajuda-nos a sermos fiéis a ti.

—MART DEHAAN

Os tempos difíceis podem nos ensinar a confiar em Deus.

19 de maio

Até mais tarde?

Leitura: 1 Crônicas 16:23-36

*Cantai ao Senhor, todas as terras;
proclamai a sua salvação, dia após dia.*
—1 CRÔNICAS 16:23

Leitura da Bíblia em um ano
1 CRÔNICAS 7–9;
JOÃO 6:22-44

APLICAÇÃO PESSOAL

Em um domingo à tarde, muitos anos atrás, toda a família estava reunida à mesa de jantar. Nosso filho Estêvão, de 4 anos, fez a oração inicial: "Querido Papai do céu, obrigado por este dia bonito. Obrigado que pudemos ir à igreja e Escola Dominical, hoje." Então, para a nossa surpresa, ele disse: "Nos veremos de novo na próxima semana."

Temo que vejamos a vida cristã da mesma forma como Estêvão orou. Tantas vezes caímos nesta atitude de "até uma próxima oportunidade" com relação a Deus. Esquecemo-nos dele ao cumprirmos nossas responsabilidades diárias. Seguimos os nossos dias procurando pagar as nossas contas, deixar nosso chefe satisfeito e dar atenção a cada membro da família. Mas negligenciamos dar a Deus o tempo que Ele merece.

Em 1 Crônicas 16 lemos alguns fatos sobre o poder e a majestade de Deus, e neles podemos pensar e falar "dia após dia" (v.23). Podemos "anunciar a sua glória" (v.24) e reconhecer a Sua mão criadora nos céus (v.26). Podemos falar do Seu esplendor e majestade, da força que Ele tem e da alegria que Ele nos concede (v.27).

Cada dia nos oferece novos motivos para orar a Deus, para louvar o Seu nome e para proclamar o Seu amor. Transformemos a nossa adoração a Ele em algo que ocorre "dia após dia". —DAVE BRANON

Nenhum dia é completo sem a adoração a Deus.

Gratidão

Orar por

Leitura da Bíblia em um ano

1 CRÔNICAS 10–12;
JOÃO 6:45-71

APLICAÇÃO PESSOAL

Gratidão

Orar por

20 de maio

Um evento de manchete

Leitura: João 13:33; 14:3

Eis que vem com as nuvens,
e todo olho o verá...
—APOCALIPSE 1:7

Você sabia que a maior letra de impressão usada pelos jornais para anunciar acontecimentos inéditos foi chamada de a letra da "segunda vinda"? Estas letras pesadas e escuras são reservadas unicamente para as histórias de primeira página, as mais extraordinárias dos jornais. Esta impressão dramática tem sido usada para anunciar o início e o fim das guerras, os voos espaciais para a Lua, os vencedores das eleições presidenciais, desastres da natureza e outros acontecimentos significativos.

Algum dia a humanidade testemunhará o grande acontecimento que deu origem ao nome da letra de "segunda vinda" — a volta de Jesus Cristo. E que dia será este! Aquele que subiu aos céus há muito tempo, voltará para esta terra. Quando o nosso Senhor retornar, será uma ocorrência tão fenomenal que será manchete em todo o mundo.

No dia em que Jesus contou aos Seus discípulos que iria partir, Pedro tinha muitas perguntas (João 13:36,37). Jesus não disse quando voltaria, mas Ele assegurou a Seus discípulos que estava indo para preparar um lugar para eles e que um dia voltaria (14:2,3).

A volta do Salvador será o foco de atenção de todos os habitantes da Terra. Será um evento de manchete! —DAVID C. EGNER

Amém. Vem, Senhor Jesus!
—APOCALIPSE 22:20

21 de maio

Nova esperança

Leitura: Romanos 15:5-13

E o Deus da esperança vos encha de todo o gozo e paz [...] para que sejais ricos de esperança no poder do Espírito Santo. —ROMANOS 15:13

Grant Murphy era o tipo de pessoa ativa, um homem que corria em velocidade máxima. Ficar ocioso e parado não fazia parte da sua natureza. Um grande amigo seu comentou certa vez: "Até poderia ser chamado de hiperativo."

Mas a esclerose múltipla começou a diminuir o ritmo de Murphy. A princípio, ele precisou de muletas para caminhar. Em seguida ficou limitado a uma cadeira. E por fim, confinado a uma cama.

Quando se aproximou o fim, quase não tinha mais forças para falar. Entretanto, o seu amigo se lembra de que "ele expressava somente alegria e gratidão, antecipando já estar na presença do Senhor." Pouco antes de morrer, Murphy sussurrou Romanos 15:13 para um amigo. Ele repetiu as palavras: "ricos de esperança", e então acrescentou: "Eu não posso fazer nada agora."

É quando nós não podemos fazer nada que Deus tudo faz. E aqui está um profundo paradoxo da experiência cristã. A fé é simultaneamente um exercício de nossa vontade e um receber das forças divinas. E desta mistura maravilhosa irrompe alegria, paz e uma esperança transbordante.

Você se encontra numa situação totalmente sem esperança? Suas forças se foram? Todas as opções se esgotaram? Se você confiou em Jesus como seu Salvador, Deus a fortalecerá para continuar crendo. Ao confiar nele, Ele lhe dará não somente alegria e paz, mas também a esperança. —DENNIS DEHAAN

Quem tem a sua esperança em Deus, jamais ficará sem esperança.

Leitura da Bíblia em um ano
1 CRÔNICAS 13–15;
JOÃO 7:1-27

APLICAÇÃO PESSOAL

Gratidão

Orar por

Leitura da Bíblia em um ano
1 CRÔNICAS 16–18; JOÃO 7:28-53

APLICAÇÃO PESSOAL

Gratidão

Orar por

22 de maio

Mestre da redenção

Leitura: 1 Samuel 21:10;22:2

Ajuntaram-se a ele todos os homens que se achavam em aperto […] e ele se fez chefe deles… —1 SAMUEL 22:2

Chamou minha atenção a correspondência de uma obra de caridade que dizia: Nós precisamos das suas coisas descartáveis! O significado era direto e simples: Aceitaremos tudo o que você não quiser mais. Aqueles itens da casa que você chama de refugo, com defeito, descartável e lixo, nós usaremos para ajudar as pessoas em necessidade.

Enquanto pensava nesta coleção de coisas para jogar fora, lembrei-me de algo que havia lido no livro de 1 Samuel. Uma companhia de homens desesperados tinha se juntado a um rei sem coroa, que fugia para salvar a sua vida. Os 400 homens que se uniram a Davi na caverna de Adulão estavam em dificuldades, endividados e descontentes. Cada qual enfrentava problemas e desânimo. "…ele se fez chefe deles…" (1 Samuel 22:2).

De certa forma, os cristãos são um conjunto de pessoas desesperadas que responderam ao convite de Jesus: "Vinde a mim, todos os que estais cansados e sobrecarregados…" (Mateus 11:28). Pela fé, reconhecemos a Cristo como o nosso Capitão, Salvador, Líder e Senhor. Nós viemos como somos para nos tornarmos no que Ele quer que sejamos.

Se estiver se sentindo moral ou espiritualmente descartável, venha a Jesus. Os solitários e os fracassados são bem-vindos a esta porta. O Cristo, crucificado e ressurreto, é o mestre da redenção para todos os que se voltam para Ele. —DAVID MCCASLAND

Jesus veio salvar os perdidos,
os últimos e os menos valorizados.

23 de maio

O outro lado da morte

Leitura: João 17:20-26

Pai, a minha vontade é que onde eu estou, estejam também comigo os que me deste, para que vejam a minha glória... —JOÃO 17:24

Leitura da Bíblia em um ano
1 CRÔNICAS 19–21;
JOÃO 8:1-27

Um professor da Escola Dominical fez uma série de perguntas a um grupo de crianças de 5 anos, para ajudá-las a compreender que o único caminho para entrar no céu era confiar em Jesus. Ele perguntou: "Se eu vender tudo o que tenho e der o dinheiro para a igreja, entraria no céu por causa disto?" Eles responderam: "Não." "E se mantiver tudo limpo dentro e fora da igreja?" A resposta foi um outro "Não." "E se eu amar a minha família, for bondoso com os animais e der balas para toda criança que encontrar, isto me levará ao céu?" A resposta foi um unânime "Não." Então ele perguntou: "Como posso entrar no céu?" Um menino gritou: "Você precisa estar morto!"

Esta não foi exatamente a resposta que o professor esperava ouvir, mas o menino estava certo. A Bíblia nos diz que temos que deixar nossos corpos de carne e sangue (1 Coríntios 15:50-52). A não ser que estejamos vivos quando Jesus voltar, todos precisam morrer antes de entrar em Sua presença.

O pregador britânico Charles Haddon Spurgeon capturou esta verdade em um sermão intitulado *Por que eles nos deixam*. Ele mostrou que a oração de Jesus em João 17:24 sempre é respondida quando morre um cristão. A pessoa deixa o seu corpo e entra na presença de seu Salvador, para ver a Sua glória. Que conforto para o cristão! Isto revela o outro lado da morte. Esta também é a sua confiança? —HERB VANDER LUGT

Quando os cristãos morrem, começam a viver.

Leitura da Bíblia em um ano
1 CRÔNICAS 22–24;
JOÃO 8:28-59

APLICAÇÃO PESSOAL

Gratidão

Orar por

24 de maio

Muito para fazer?

Leitura: Lucas 10:38-42

Uma coisa peço ao Senhor, e a buscarei: que eu possa morar na Casa do Senhor todos os dias da minha vida... —SALMO 27:4

Em geral sou uma pessoa contente. Na maioria das vezes, posso aceitar tanto trabalho quanto possam me dar. Mas em alguns dias parece que tenho demais a fazer. A agenda está tão cheia de reuniões, encontros e prazos que não há espaço para respirar. A vida traz muito trabalho, o cuidar de filhos, consertos na casa e outras responsabilidades a serem cumpridas.

Quando isto acontece comigo — quem sabe também aconteça com você — tenho algumas opções. Posso me retrair numa concha de inércia e deixar de fora todos os que dependem de mim. Posso me arrastar pelo caminho, gemendo e afastando os outros. Ou posso alinhar novamente a minha perspectiva, ao me lembrar do que Jesus disse para Marta (Lucas 10:38-42).

Ele disse a Marta que ela estava "ocupada em muitos serviços" (v.40). Ele a lembrou de que a sua irmã Maria havia escolhido a boa parte e que esta não lhe seria tirada (v.42). Como muitos de nós, Marta ficou tão emaranhada no seu serviço que ela esqueceu o mais importante — a comunhão com o seu Senhor.

Você está sobrecarregada? Não perca de vista as suas prioridades. Invista tempo com o Senhor. Ele aliviará a sua carga e lhe dará a perspectiva correta.

—DAVE BRANON

Para manter o equilíbrio em sua vida, confie no Senhor.

25 de maio

Quem decide o jogo?

Leitura: Jó 40:1-14

Acaso, quem usa de censuras contenderá com o Todo-Poderoso?
—JÓ 40:2

Leitura da Bíblia em um ano
1 CRÔNICAS 25–27;
JOÃO 9:1-23

Durante um jogo de futebol, um jogador do time visitante protestou diversas vezes contra a arbitragem.

Conforme o relato, o árbitro suportou a reclamação em três jogadas. Mas quando o jogador começou a reclamar novamente, ele o interrompeu e disse gentilmente: "Rapaz, você tem sido de grande ajuda para mim determinando como devo arbitrar, e lhe agradeço muito. Mas creio que agora já sei como fazer. Mostrou-lhe o cartão vermelho e disse: Saia do campo, vá ao vestiário, tome o seu banho e se quiser, volte para ver como os outros estão jogando."

Jó também começou a reclamar sobre coisas que lhe pareciam ser injustas. Em seu caso, o árbitro era o próprio Deus. Depois de ouvir as objeções de Jó, o Senhor finalmente falou em meio a uma tempestade. Repentinamente, as coisas tiveram uma nova perspectiva para Jó. Deus foi gentil, mas também firme e direto. O Senhor lhe fez o tipo de perguntas que leva o homem finito a compreender novamente a sua posição. Jó ouviu, deixou de reclamar e encontrou paz ao render-se a Deus.

Pai, não há sentido quando reclamamos sobre a Sua justiça. Ajude-nos a ser como o Seu Filho Jesus, que confiou no Senhor sem revidar, a ponto de morrer na cruz. —MART DEHAAN

Quando você está a ponto de reclamar, pense em tudo o que Jesus suportou.

Leitura da Bíblia em um ano

1 CRÔNICAS 28–29;
JOÃO 9:24-41

APLICAÇÃO PESSOAL

Gratidão

Orar por

26 de maio

Deus está vivo!

Leitura: Salmo 30

...Senhor, Deus meu, graças te darei para sempre. —SALMO 30:12

O grande teólogo do século 16, Martinho Lutero, experimentou certa vez um longo período de preocupação e desânimo. Um dia, sua esposa se vestiu de roupas pretas, de luto.

"Quem morreu?", perguntou Lutero.

"Deus", disse a sua esposa.

"Deus!", respondeu Lutero, horrorizado.

"Como você pode dizer uma coisa dessas?"

Ela respondeu: "Eu estou apenas dizendo o que você está vivendo."

Lutero compreendeu que estava na verdade vivendo como se Deus já não estivesse vivo e cuidando deles com amor. Sua fisionomia se transformou de tristeza em gratidão.

Às vezes, nós também vivemos como se Deus estivesse morto. Quando estamos desanimadas, podemos ler os Salmos. Alguns de seus autores enfrentaram tempos desoladores e áridos, mas tinham um hábito em comum, o qual os guardou de ficarem mal-humorados: dar graças a Deus. Davi, por exemplo, escreveu: "Converteste o meu pranto em folguedos [...] Senhor, Deus meu, graças te darei para sempre" (Salmo 30:11,12).

Enfrentar cada situação com gratidão não significa negar que existam problemas. Mas isto nos ajuda a ver tais situações da perspectiva de Deus — como oportunidades para descobrir Seu poder e amor.

Cada vez que você expressa gratidão a Deus em uma situação difícil, está declarando: "Deus está vivo!"

—JOANIE E. YODER

Em vez de reclamar dos espinhos nas rosas, agradeça pelas rosas em meio aos espinhos.

27 de maio

Calamidade!

Leitura: Lucas 13:1-5

Leitura da Bíblia em um ano
2 CRÔNICAS 1–3;
JOÃO 10:1-23

…eram mais culpados do que todos os outros habitantes de Jerusalém? Não eram […] se não vos arrependerdes, todos igualmente perecereis.
—LUCAS 13:4-5

Alguns cristãos são rápidos em declarar que um desastre (tal como um ataque terrorista, um terremoto ou uma enchente) é o resultado do julgamento divino. Na realidade, um vasto número de fatores está por detrás da maioria dos desastres.

Em Lucas 13, perguntaram a Jesus a respeito de algumas pessoas que foram mortas cruelmente e sobre 18 pessoas que morreram quando a torre de Siloé caiu sobre elas. As pessoas que estavam perguntando achavam que os que morreram eram pecadores piores do que os outros. Jesus disse: "Não eram […] se não vos arrependerdes, todos igualmente perecereis" (vv.3,5).

Em vez de vermos o julgamento divino nas tragédias que ocorrem, deveríamos considerá-las como um chamado para o arrependimento pessoal. Isto se aplica especialmente aos que não creem, mas também aos cristãos. Os atos de terrorismo, por exemplo, desafiam-nos a aprender mais sobre as injustiças que motivam as pessoas a cometerem tais atrocidades. E podemos orar seriamente pela conversão e pelo bem das pessoas desesperadas que cometem tais atos.

As calamidades em si nunca são boas, mas podem cumprir o propósito de Deus quando servem como um chamado para despertar os cristãos e quando conduzem os que não creem ao arrependimento e a fé pessoal em Jesus. Não vamos perguntar: "Quem é o culpado?" Mas, "Senhor, o que estás me dizendo com isso?" —HERB VANDER LUGT

Em situações alarmantes, ouça o chamado de despertar de Deus.

Leitura da Bíblia em um ano
2 CRÔNICAS 4–6;
JOÃO 10:24-42

APLICAÇÃO PESSOAL

Gratidão

Orar por

28 de maio

À imagem de Deus

Leitura: Colossenses 3:8-17

E todos nós […] somos transformados, de glória em glória, na sua própria imagem, como pelo Senhor, o Espírito.
—2 CORÍNTIOS 3:18

Quando jovem, o teólogo Alister McGrath gostava de fazer experiências com produtos químicos no laboratório de sua escola. Ele deixava cair uma moeda sem brilho em um vasilhame com ácido nítrico diluído. Muitas vezes usava uma moeda britânica antiga que tinha a imagem da rainha Vitória. Por causa da sujeira acumulada, a imagem de Sua Majestade não podia ser vista nitidamente. Mas o ácido limpava a sujeira e a imagem da rainha reaparecia com um brilho glorioso.

Sabemos com toda certeza que fomos criados à imagem de Deus (Gênesis 1:26), mas esta imagem foi deformada pelo nosso pecado. No entanto, ainda trazemos em nós a Sua imagem.

Quando convidamos Jesus para entrar em nossas vidas como Salvador, Ele começa a trabalhar e restaurar a imagem original. Ele nos transforma para sermos como Ele (2 Coríntios 3:18). Este processo é descrito como o despir-se de certos comportamentos e revestir-se de outros. Por exemplo, somos chamados a "abandonar todas estas coisas: ira, indignação, maldade, maledicência e linguagem obscena do vosso falar" (Colossenses 3:8) e "revestir-nos do amor" (v.14).

Até que nossas almas sem brilho sejam purificadas pelo perdão de Jesus, a imagem de Deus é obscurecida em nossas vidas. Mas quando confiamos no sacrifício de Jesus na cruz, somos perdoados e então começa a restauração. —VERNON C. GROUNDS

Quando nos aproximamos de Cristo, tornamo-nos mais semelhantes a Ele.

29 de maio

Verdadeira grandeza

Leitura: Lucas 9:28-29; 34-42

No dia seguinte, ao descerem eles do monte, veio ao encontro de Jesus grande multidão. —LUCAS 9:37

Leitura da Bíblia em um ano
2 CRÔNICAS 7–9;
JOÃO 11:1-29

No 50.º aniversário da subida histórica de Edmund Hillary ao Monte Everest, um repórter da televisão disse que muito da reputação de Hillary como herói no Nepal, "não foi pelo que ele fez quando esteve no topo do mundo, mas pelo que ele fez quando desceu de lá novamente." Depois de conquistar a montanha mais alta do mundo com o seu companheiro de alpinismo Tenzing Norgay, em 1953, Edmund gastou as cinco décadas seguintes construindo escolas, hospitais e pontes para a comunidade de Sherpa.

O contraste entre o momento de Edmund Hillary na montanha e o seu serviço no vale, trouxe à minha mente a experiência de Jesus no Monte da Transfiguração (Lucas 9:28-36). Foi um auge de bênçãos quando a aparência de nosso Senhor se transformou e ficou resplandecente e o Pai disse: "Este é o meu Filho, o meu eleito, a ele ouvi" (v.35).

Mas Jesus não permaneceu na montanha. Ele desceu de lá ao encontro de uma grande multidão, libertando um menino de um espírito mau. Estava decidido a ir a Jerusalém e cumprir a Sua missão, onde Ele voluntariamente morreria na cruz por nossos pecados.

Jesus disse aos Seus discípulos: "…porque aquele que entre vós for o menor de todos, esse é que é grande" (v.48). A vida de nosso Senhor mostra-nos que a verdadeira grandeza consiste em servir humildemente a Deus e aos outros no vale da necessidade. —DAVID MCCASLAND

Aos olhos de Deus a verdadeira grandeza consiste em servir aos outros.

Leitura da Bíblia em um ano

2 CRÔNICAS 10–12;
JOÃO 11:30-57

APLICAÇÃO PESSOAL

Gratidão

Orar por

30 de maio

O melhor consolador

Leitura: João 14:16-21; 24-27

E eu rogarei ao Pai, e ele vos dará outro Consolador, a fim de que esteja para sempre convosco. —JOÃO 14:16

Quando dois homens uniformizados vieram à nossa casa no feriado, pensei que eles estavam pedindo dinheiro para uma obra de caridade. Mas eles me contaram que a minha irmã e o seu esposo haviam morrido em um acidente de carro, algumas horas antes naquele dia.

Um ano depois deste acontecimento dilacerante, o coral da nossa igreja cantou: "Veni, Sancte Spiritus" no domingo de Pentecostes. Isto trouxe uma onda de paz à minha alma, ainda envolvida em dor. Um verso do hino diz: "Tu és o melhor dos Consoladores, doce hóspede da alma, doce refresco. No trabalho, Tu és descanso; no calor, a têmpera; na dor, a consolação."

No domingo de Pentecostes, muitas igrejas celebram a vinda com poder do Espírito Santo sobre os discípulos (Atos 2:1-21). Mas o Espírito também veio como Consolador, prometido por Jesus: "E eu rogarei ao Pai, e ele vos dará outro Consolador, a fim de que esteja para sempre convosco" (João 14:16). O Espírito Santo vive dentro de cada cristão, trazendo a paz de Cristo com encorajamento e alívio para a dor.

O "Doce Hóspede da alma" está sempre conosco em qualquer dia em que nos lembramos de nossos entes queridos que já partiram. No sofrimento, o Espírito Santo é o nosso consolo, a luz dos nossos corações, o doador da alegria eterna. —DAVID MCCASLAND

Em cada deserto de provação,
o Espírito Santo é o nosso oásis
de consolação.

31 de maio

Lembre-se disto!

Leitura: João 19:1-8

Porque Cristo, quando nós ainda éramos fracos, morreu a seu tempo pelos ímpios. —ROMANOS 5:6

O primeiro ministro britânico Winston Churchill honrava os membros da Força Aérea que haviam defendido o país durante a Segunda Guerra Mundial. Relembrando o serviço corajoso, ele declarou: "Nunca na história da humanidade, tantos ficaram devendo tanto para tão poucos".

Um sentimento semelhante aparece numa placa comemorativa na Bélgica, onde aconteceu um dos conflitos mais sangrentos da Segunda Guerra Mundial. A inscrição, em honra às tropas dos EUA diz: "Raras vezes foi derramado tanto sangue americano no decurso de uma única ação. Oh, Senhor, ajuda-nos a lembrar disto!".

Estes são atributos apropriados e bem merecidos para os homens e mulheres corajosos que sacrificaram tanto por seu país.

Ao pensar neles, também me lembro daquele cujo sacrifício desinteressado resultou em benefícios para as pessoas de todas as nações. Jesus Cristo, Aquele que foi sem pecado, morreu na cruz e derramou o Seu sangue para pagar o castigo por nossos pecados. Ao fazer isto, Ele garantiu a nossa liberdade do castigo, do poder e da presença do pecado. Podemos dizer de Jesus: nunca na história da humanidade tantas pessoas devem tanto para um só homem. Sim, o Seu foi o maior sacrifício de todos.

Senhor, ajuda-nos a lembrar disto!

—RICHARD W. DEHAAN

Leitura da Bíblia em um ano
2 CRÔNICAS 13–14; JOÃO 12:1-26

APLICAÇÃO PESSOAL

Gratidão

Orar por

Junho

JUNHO

quarta	quinta	sexta	sábado

JUNHO

OBJETIVOS

TAREFAS DO MÊS

PENSAMENTO DO MÊS

Aqueles que fixam os seus *olhos* no *Céu* não se distraem com o *mundo*.

IMPORTANTE

ANIVERSARIANTES

Meus objetivos espirituais

SEMANA 1

....
....
....
....
....

SEMANA 2

....
....
....
....
....

SEMANA 3

....
....
....
....
....

SEMANA 4

....
....
....
....
....

1º de junho

Vencer a tentação

Leitura: Mateus 4:1-11

...mas Deus [...] não permitirá que sejais tentados além das vossas forças [...] vos proverá livramento, de sorte que a possais suportar.
—1 CORÍNTIOS 10:13

Leitura da Bíblia em um ano
2 CRÔNICAS 15–16;
JOÃO 12:27-50

Uma mãe solteira com cinco filhos se dirigia a uma loja de penhores, na esperança de conseguir um pequeno empréstimo pelo seu aparelho de TV. Então aconteceu algo esquisito. Um carro blindado, cheio de sacos de dinheiro, passou por ela, a porta detrás do caminhão se abriu e caiu um saco de dinheiro. A mãe parou e o ajuntou. Quando contou o dinheiro, descobriu que se tratava de mais de R$ 80 mil.

Em sua alma começou uma batalha. Aquele dinheiro pagaria todas as suas contas e proveria as necessidades de seus filhos. Mas o dinheiro não era seu e ela não poderia ficar com ele.

Depois de quatro horas de luta feroz com suas convicções morais, a senhora telefonou para a polícia e devolveu o dinheiro. O sentimento que estava fazendo o certo lhe deu vitória sobre a tentação de ficar com o que não lhe pertencia.

A sua ética é firme? Será que ela cederá se você precisar enfrentar uma chance tentadora de fazer algo errado? Adão e Eva, assim como Jesus, foram atacados por Satanás, em três pontos: no desejo da carne, no desejo dos olhos e no orgulho da vida (1 João 2:16). Os nossos primeiros pais sucumbiram à insistência da serpente (Gênesis 3:1-6). Jesus não (Mateus 4:1-11).

Seja qual for o mal que nos pressionar, sigamos o exemplo de Jesus e façamos o que é certo.

—VERNON C. GROUNDS

Para resistir à tentação, mantenha-se ao lado de Cristo.

Leitura da Bíblia em um ano

2 CRÔNICAS 17–18;
JOÃO 13:1-20

APLICAÇÃO PESSOAL

Gratidão

Orar por

2 de junho

Pessoas porco-espinho

Leitura: 1 João 4:16-21

*Ora, temos, da parte dele,
este mandamento: que aquele
que ama a Deus ame também
a seu irmão.* —1 JOÃO 4:21

Bem ao final de um desfiladeiro me deparei com o maior porco-espinho que já tinha visto. Ao se aproximar de mim, o observei mais de perto e lhe dei bastante espaço. Eu não queria me aproximar de alguém cujos espinhos pareciam mísseis. Não é de se admirar que ele estivesse sozinho!

Mas ele não está sempre sozinho. Todos os anos, em novembro e dezembro, os porcos-espinhos se aproximam uns dos outros para se reproduzirem. Durante este período eles relaxam os seus espinhos e depois voltam a ser espinhentos.

Em quase toda igreja haverá um ou dois porcos-espinhos, com pontas afiadas de crítica, sarcasmo ou arrogância. Queremos evitá-los, mas Deus nos coloca em comunidades de cristãos para a comunhão mútua. Ele nos ordena a nos amarmos uns aos outros — incluindo as pessoas tipo porco-espinho. E devemos ser honestos com nós mesmos admitindo que também temos espinhos.

João escreveu: "…aquele que ama a Deus ame também a seu irmão" (1 João 4:21). Para fazermos isto, precisamos pedir a ajuda de Deus para "relaxar os nossos espinhos", mesmo quando os outros nos irritam. O Espírito Santo nos ajudará a pararmos de ser tão defensivos, críticos ou controladores e nos capacitará a amarmos os nossos irmãos em Cristo. Esta é a maneira de mostrarmos ao mundo que amamos a Deus (João 13:35). —DAVID C. EGNER

Deus ama a você e a mim
— amemo-nos uns aos outros.

3 de junho

O relógio da morte

Leitura: 1 Pedro 4:7-11

Ora, o fim de todas as coisas está próximo; sede, portanto, criteriosos e sóbrios a bem das vossas orações. —1 PEDRO 4:7

Leitura da Bíblia em um ano
2 CRÔNICAS 19–20;
JOÃO 13:21-38

APLICAÇÃO PESSOAL

Há uma página na internet que calcula quando você vai morrer. Depois de responder a uma série de perguntas, sua data projetada de morte aparece junto a um relógio digital, que faz a contagem regressiva dos segundos que lhe restam, tudo baseado em gráficos atuais de expectativa de vida. Como diz a página, isto é "o lembrete amoroso da internet de que a vida está se dissipando."

Deus, em Sua sabedoria, não nos diz o dia da nossa morte. Também não sabemos o dia da volta de Jesus. A Bíblia nos urge a viver para Cristo e a estarmos preparados para qualquer um desses acontecimentos. Pedro escreveu: "Ora, o fim de todas as coisas está próximo; sede, portanto, criteriosos e sóbrios a bem das vossas orações. Acima de tudo, porém, tende amor intenso uns para com os outros […] Servi uns aos outros, cada um conforme o dom que recebeu, como bons despenseiros da multiforme graça de Deus" (1 Pedro 4:7-10).

Jesus disse: "Ficai também vós apercebidos, porque, à hora em que não cuidas, o Filho do Homem virá […]. Bem-aventurado aquele servo a quem seu senhor, quando vier, achar fazendo assim" (Lucas 12:40-43).

Como cristãos não precisamos entrar em pânico quando vemos que o nosso tempo está se esgotando. Vivamos cada momento para Cristo e estejamos preparados para encontrá-lo, hoje. —DAVID MCCASLAND

Prepare-se para o seu último momento, estando pronta em cada momento.

Gratidão

Orar por

Leitura da Bíblia em um ano

2 CRÔNICAS 21–22; JOÃO 14

APLICAÇÃO PESSOAL

Gratidão

Orar por

4 de junho

Repreensão de amigo

Leitura: Gálatas 2:11-20

Leais são as feridas feitas pelo que ama, porém os beijos de quem odeia são enganosos. —PROVÉRBIOS 27:6

Nunca vou me esquecer da repreensão que recebi de um amigo quando tinha 17 anos. Ele entrou pelos fundos de um açougue onde eu trabalhava e viu que eu ria de uma história em quadrinhos indecente. Ele disse que sempre admirou o meu caráter cristão e estava surpreso de que eu achasse graça em algo pecaminoso e degradante. Uma onda de constrangimento me tomou instantaneamente. Envergonhado, admiti que pequei.

Não é nada agradável ser repreendido, e também não é fácil repreender a outra pessoa. Por isso, posso imaginar que o apóstolo Paulo não gostou de confrontar Pedro (Gálatas 2:11). Mas ele sentiu que devia fazê-lo porque o comportamento hipócrita de Pedro estava ferindo e confundindo os cristãos gentios em Antioquia. Pedro havia comido com eles, mas depois que alguns judeus de Jerusalém vieram visitar a igreja de Antioquia, ele se afastou dos gentios, temendo a desaprovação dos judeus. Eu imagino que ele ficou envergonhado, aparentemente aceitou a repreensão e mudou a sua maneira de ser. Ele sabia que Paulo era um amigo verdadeiro que o amava. E, anos mais tarde, referiu-se a ele como "o nosso amado irmão Paulo" (2 Pedro 3:15).

Se você precisa repreender alguém, faça-o de forma amável. Se você é repreendida, evite responder com ira. Talvez você esteja recebendo uma "ferida leal". —HERB VANDER LUGT

Uma verdadeira amiga vai apontar as suas falhas, sem feri-la.

5 de junho

Podando o ramo

Leitura: João 15:1-11

2 CRÔNICAS 23–24; JOÃO 15

Todo ramo que, estando em mim, não der fruto, ele o corta; e todo o que dá fruto limpa, para que produza mais fruto ainda. —JOÃO 15:2

Em toda videira, o agricultor poda os ramos para que produzam mais frutos. No sentido espiritual, às vezes o nosso Pai celestial tem que lidar conosco de forma semelhante — ao podar as nossas vidas. Não são somente os ramos sem fruto que têm que ser cortados, mas às vezes até os que dão fruto e são vitais precisam ser podados para que cresçam frutos melhores e bons.

Muitas circunstâncias diferentes podem servir como uma faca de podar nas mãos do Mestre Agricultor. Pode ser um gesto de rejeição, uma palavra rude ou a falta de uma palavra. Pode ser a frustração de viver em um estado constante de ruído e confusão, com obrigações diárias e sem ter a chance de encontrar um lugar calmo para nós mesmos. Ou pode ser a espera para que Deus intervenha quando tudo parece sem esperança e nós não temos amigos que nos ajudem.

Mas a faca de podar é usada por mãos amorosas. O Mestre Agricultor sabe o que podemos suportar e sabe que podemos nos tornar — mais amorosos, alegres, tranquilos, tolerantes, amáveis, dependentes, gentis, serenos — mais fortes e melhores do que somos hoje.

Não devemos fugir desta faca, mas confiar na mão que a segura. Nosso Pai nos céus tem um propósito, o de produzir bons frutos em nós. —DAVID H. ROPER

Deus nos prepara para produzir mais para o Seu reino.

Leitura da Bíblia em um ano

2 CRÔNICAS 25–27;
JOÃO 16

APLICAÇÃO PESSOAL

Gratidão

Orar por

6 de junho

O anel

Leitura: Filipenses 1:12-17

...as coisas que me aconteceram têm, antes, contribuído para o progresso do evangelho. —FILIPENSES 1:12

Não gosto muito de joias. A única que desejei foi uma aliança de casamento. Ao lado dela, no dedo mindinho, uso um anel simples de prata. Era de minha filha Melissa.

Logo depois que ela morreu num acidente, apenas seis semanas antes do seu 18.º aniversário, eu estava em seu quarto quando encontrei o anel e lembrei que o havia visto em sua bonita mão.

A razão de eu usá-lo é que posso olhar para ele ou tocá-lo e me sentir próximo de minha querida filha. Sabendo que ele havia enfeitado o seu dedo, aquece o meu coração vê-lo quando sinto muita falta dela.

Mas há outra razão pela qual uso este anel. Eu quero que as pessoas o percebam e me perguntem a respeito. Então posso contar-lhes de Melissa e de sua vida de amor, fé e divertimento. Espero que isto seja o início de conversas que me ajudarão a introduzir pessoas ao Salvador de Melissa, e ao meu.

O apóstolo Paulo usou as suas correntes, seu encarceramento, para promover o evangelho (Filipenses 1:12). Não que ele gostasse de estar encarcerado, mas sabia que isto poderia ser transformado em bons propósitos. Assim como o anel. Eu desejaria que não fosse meu; eu gostaria que Melissa ainda estivesse desfrutando dele. Mas ela não está, e eu quero que esta circunstância trágica venha a trazer glória para Deus.

Existe alguma perda em sua vida que Deus pode usar? —DAVE BRANON

Deus pode transformar uma tragédia em triunfo.

7 de junho

Teste valioso

Leitura: Lucas 6:46-49

Por que me chamais Senhor, Senhor, e não fazeis o que vos mando?
—LUCAS 6:46

Leitura da Bíblia em um ano
2 CRÔNICAS 28–29; JOÃO 17

Pesquisas sobre liderança apontam que os valores que nós dizemos ter não estão tão ligados ao nosso verdadeiro comportamento, como gostaríamos de crer.

Um executivo que disse que a sua filha de 5 anos era a parte mais importante de sua vida, percebeu que geralmente ia para o trabalho antes dela levantar de manhã e que voltava muitas vezes para casa à noite, depois que ela já estava na cama. Então, para passar tempo com ela, ele a levou num sábado para o trabalho. Depois de olhar ao seu redor no escritório, ela perguntou: "Papai, é aqui que você mora?" Ele deve ter compreendido que sua filha era importante, mas o seu comportamento revelava o que na realidade tinha valor para ele.

Em nosso relacionamento com Cristo, Ele requer a nossa obediência, e não por sentimento de bondade ou afirmação do que cremos. Ele perguntou aos que o seguiam: "Por que me chamais Senhor, Senhor, e não fazeis o que vos mando?" (Lucas 6:46). Jesus ilustrou Sua observação com a parábola do homem prudente e insensato (vv.47-49). O fundamento sólido e rochoso do construtor prudente ilustra o resultado da nossa obediência a Deus. Isto honra a Cristo e nos capacita a permanecermos firmes em meio às tempestades da vida.

O que fazemos, mais do que dizemos, revela o que realmente tem valor para nós. —DAVID MCCASLAND

Para mostrar que você valoriza a eternidade, faça bom uso do seu tempo.

APLICAÇÃO PESSOAL

Gratidão

Orar por

Leitura da Bíblia em um ano
2 CRÔNICAS 30–31;
JOÃO 18:1-18

APLICAÇÃO PESSOAL

Gratidão

Orar por

8 de junho

Pacificadores

Leitura: 1 Samuel 25:14-35

*Bem-aventurados os pacificadores,
porque serão chamados filhos de Deus.*
—MATEUS 5:9

Abigail foi uma mulher notável! Uma verdadeira pacificadora, cuja coragem poupou o futuro rei de Israel de cometer um terrível pecado. Aqui está a história:

Davi havia sido forçado a viver no deserto de Maom para escapar da ira do rei Saul. Um grupo de aproximadamente 600 homens e suas famílias havia se juntado a ele. Por diversos meses eles acamparam nas proximidades de Carmelo, onde os rebanhos de Nabal (o marido de Abigail) estavam pastando. Os homens de Davi haviam ajudado os pastores de Nabal a proteger as ovelhas para não serem roubadas. Agora, era tempo de festa e de compartilhar os alimentos. Então Davi enviou mensageiros para pedir alguma recompensa a Nabal, que era um homem rico. Mas ele se recusou e tratou os homens de Davi com desdém.

Em sua ira, Davi decidiu impetuosamente matar a Nabal e a todos os homens da sua casa. Quando Abigail ouviu o que havia acontecido, reuniu rapidamente um grande suprimento de comida, deteve Davi e seus homens de luta e humildemente pediu desculpas pelo comportamento rude de seu marido. Davi compreendeu imediatamente que ela o havia prevenido de tomar uma decisão vingativa e louvou a Deus por isso (1 Samuel 25:32).

Somos assim rápidos em resolver um conflito? Jesus disse: "Bem-aventurados os pacificadores, porque serão chamados filhos de Deus" (Mateus 5:9).

—HERB VANDER LUGT

Você pode ser pacificadora, se tiver
a paz de Deus em seu coração.

9 de junho

Amizade com Deus

Leitura: João 15:13-15

*…tenho-vos chamado amigos,
porque tudo quanto ouvi de meu Pai
vos tenho dado a conhecer.*
—JOÃO 15:15

Leitura da Bíblia em um ano
2 CRÔNICAS 32–33;
JOÃO 18:19-40

Folheie as páginas de um antigo hinário e veja quantas vezes os escritores se referiram às bênçãos da amizade com Deus. Pare e pense no que isto significa realmente.

Sim, ter amigos aqui na terra, que enriquecem a nossa vida, é uma bênção. Um amigo devoto, como nos fala Provérbios 17:17, "em todo tempo ama", ficando firme ao nosso lado através dos tempos de sol e também de tempestade.

No entanto, alguns de nós reconhecemos com gratidão a própria experiência de que "há amigo mais chegado do que um irmão" (Provérbios 18:24). Identificamo-nos com Davi e Jônatas quando lemos da aliança que havia entre eles (1 Samuel 18:1).

A amizade humana é maravilhosa, mas o que dizer da amizade com Deus? Ter o Criador e Sustentador do universo como amigo é uma bênção incrível. Embora Ele seja adorado por hostes celestiais incontáveis, tem grande prazer em Seu relacionamento conosco.

Estamos negligenciando o privilégio de caminhar com Deus, o maior de todos os amigos? Hoje, com gratidão e obediência, invistamos tempo com Ele em oração e na leitura da Sua Palavra.

Lembre-se de que Jesus chamou os Seus seguidores de amigos (João 15:15). Que honra podermos desfrutar da amizade com Deus! —VERNON C. GROUNDS

Quando você passa tempo com Deus, está investindo numa amizade eterna.

Leitura da Bíblia em um ano
2 CRÔNICAS 34–36;
JOÃO 19:1-22

APLICAÇÃO PESSOAL

Gratidão

Orar por

10 de junho

Em tudo suficiente

Leitura: 2 Coríntios 9:6-15

Deus pode fazer-vos abundar em toda graça [...] superabundeis em toda boa obra. —2 CORÍNTIOS 9:8

Um pequeno menino foi para o jardim de infância com uma moeda de 10 centavos em seu bolso para comprar uma caixinha de leite para o lanche. Quando voltou para casa naquela tarde, sua mãe lhe perguntou se ele havia comprado o leite. Ele respondeu, em lágrimas: "Não, o leite custava 5 centavos e eu só tinha uma moeda."

Quantas vezes eu respondi a exigências que me foram feitas com esta mesma compreensão infantil. Conforme a Palavra de Deus, tenho todos os recursos de que necessito à minha disposição — mais do que suficientes para suprir as minhas necessidades — e ainda assim reluto em agir porque temo que não tenha o suficiente. Mas a Bíblia me assegura de que Deus me deu toda sorte de bênção em abundância. Pela Sua graça, tenho tudo que necessito (2 Coríntios 9:8).

O apóstolo Paulo não estava dizendo que temos graça suficiente para fazer qualquer coisa que desejemos. Deus não nos oferece um cheque em branco. Não, Paulo estava nos dando a certeza de que temos graça suficiente para fazer o que Deus pede que façamos — seja doar dinheiro para a propagação do evangelho, como o que os cristãos de Corinto estavam fazendo (v.7) ou demonstrar amor a um adolescente difícil, a um cônjuge indiferente ou a um pai e mãe já idosos.

Qualquer que seja a tarefa, Deus quer assegurar que "superabundamos em toda boa obra" (v.8).

—DAVID H. ROPER

O chamado de Deus para uma tarefa inclui Sua ajuda para completá-la.

11 de junho

Nos limites de Deus

Leitura: Efésios 5:15-21

*…vede prudentemente como andais,
não como néscios, e sim como sábios.*
—EFÉSIOS 5:15

Leitura da Bíblia em um ano
ESDRAS 1–2;
JOÃO 19:23-42

Um dos maiores prazeres da escritora Suzannah Worl é o de andar com sua motocicleta. Em um devocional, ela escreveu sobre sair com seus amigos pelas ruas de sua cidade, numa noite de verão. Ela e alguns amigos estavam circulando ao redor de um lago, desfrutando a luz clara da lua e a brisa suave da água.

Repentinamente, o motociclista que estava à frente fez um desvio e diversos do grupo o seguiram, andando com velocidades que ultrapassavam os 160 km/hora. Suzannah sentiu a tentação de fazer o mesmo — mas não os seguiu. Sabia que não era seguro e ainda seria contra a lei. Assim, ela ficou para trás, continuando na velocidade normal permitida.

Algumas vezes, a maneira como outros vivem parece ser mais atrativa e emocionante do que a nossa vida cristã. Somos propensos a desobedecer aos mandamentos de Deus ou a comprometer os princípios da Sua Palavra. Mas somos chamados a viver cada dia com autodisciplina e discernimento espiritual. O apóstolo Paulo disse: "…vede prudentemente como andais, não como néscios, e sim como sábios" (Efésios 5:15).

Precisamos pedir a ajuda do Senhor para que vejamos as situações com os Seus olhos e façamos escolhas sábias. Ao obedecê-lo e permanecermos dentro dos Seus limites, encontraremos verdadeira alegria e satisfação duradoura. —DAVID C. EGNER

O sábio conhece os limites de Deus
— o insensato os descorhece.

Leitura da Bíblia em um ano

ESDRAS 3–5;
JOÃO 20

APLICAÇÃO PESSOAL

Gratidão

Orar por

12 de junho

Apenas para pecadores

Leitura: Efésios 2:1-10

Porque pela graça sois salvos, mediante a fé […] é dom de Deus; não de obras, para que ninguém se glorie. —EFÉSIOS 2:8-9

Muitas pessoas não sabem o que significa a palavra graça. Certo dia, quando um pastor estudava o significado da graça de Deus, correu apressadamente para a rua e gritou para o primeiro homem que encontrou: "Você conhece a graça?" Perplexo, o homem respondeu: "Graça do quê?" (Pensando no nome de alguma mulher). O pastor então explicou que se tratava da compaixão de Deus para com as pessoas e seus pecados, oferecendo-nos livremente o perdão e uma nova vida por meio da fé em Cristo. Soube da história de um homem que viveu com muitos problemas e morreu sem compreender a mensagem da graça de Deus. Ao ser convidado a ir à igreja, sua resposta foi: "Eu não mereço isto." Ele não sabia que a graça de Deus é justamente para os que não a merecem.

Na carta aos Efésios, Paulo descreve com franqueza sobre a vida antes de as pessoas se tornarem cristãs, como pessoas que estavam mortas em "…delitos e pecados" (2:1). Em seguida, ele usou duas palavras cheias de esperança: "Mas, Deus…" (v.4). Estas palavras introduzem a misericórdia e a graça de Deus que concede o perdão e nova vida por meio de Cristo. A salvação vem por meio da fé, e não de obras, para que ninguém se glorie (vv.8,9). Ajudemos aos outros a entender que a salvação de Deus é somente para pecadores — e isto inclui todos nós. É isto que torna a graça de Deus maravilhosa! —JOANIE E. YODER

O primeiro passo para receber a vida eterna é admitir que não a merecemos.

13 de junho

Precisamos um do outro

Leitura: Hebreus 10:19-25

Leitura da Bíblia em um ano
ESDRAS 6–8;
JOÃO 21

Indo para Nazaré, onde fora criado, entrou, num sábado, na sinagoga, segundo o seu costume... —LUCAS 4:16

As pesquisas mais recentes indicam que está ocorrendo um rápido aumento do individualismo espiritual em igrejas cristãs. A participação na vida da igreja está baixa. A crença na Bíblia está sendo abandonada. Um número cada vez maior de cidadãos busca dentro de si, na internet e no que acontece fora de sua casa, a ajuda mental e espiritual que anteriormente buscavam nas igrejas.

Que diferença de Jesus! Ele tinha como hábito reunir-se nos cultos das sinagogas regularmente (Lucas 4:16). Mas hoje as pessoas já não veem mais nele um exemplo. Decidem-se pelo individualismo "espiritual" e não alimentam a alma com louvores, oração, instrução bíblica e edificação numa congregação de cristãos.

Reunir-se regularmente com outros cristãos é fonte de conforto e ânimo. É inspirador e traz o conforto e a força emocional. A Bíblia nos adverte a que "...não deixemos de congregar-nos" (Hebreus 10:25).

É claro que devemos ter um tempo regular de devoção a sós. Mas também é certo que precisamos da bênção da comunhão com outros cristãos para adoração. Necessitamos passar tempo juntos com outros em adoração, louvor e ensino bíblico "para nos estimularmos ao amor e às boas obras" (v.24). A adoração com os outros deve se tornar um hábito, pois precisamos do próximo. —VERNON C. GROUNDS

Os cristãos são como o carvão em um fogo — juntos, brilham; separados, esfriam.

APLICAÇÃO PESSOAL

Gratidão

Orar por

Leitura da Bíblia em um ano

ESDRAS 9–10;
ATOS 1

APLICAÇÃO PESSOAL

Gratidão

Orar por

14 de junho

Elevada!

Leitura: 2 Coríntios 5:1-8

*…preferindo deixar o corpo
e habitar com o Senhor.*
—2 CORÍNTIOS 5:8

Joseph Parker (1830–1902) foi um pregador inglês. Quando sua esposa morreu, ele não fez as inscrições usuais em seu túmulo. Em lugar da palavra morreu, seguida do dia da sua morte, ele escolheu a palavra elevada. Parker encontrou grande conforto em ser lembrado que embora o corpo de sua esposa tivesse sido colocado em um sepulcro, a "verdadeira" Sra. Parker havia sido elevada ao céu e estava na presença de seu Salvador. Quando Parker faleceu, os seus amigos gravaram na pedra de seu sepulcro: Elevado em 28 de novembro de 1902.

Quando morre um ente querido cristão ou quando enfrentamos a morte, encontramos grande conforto no fato de que o "deixar o corpo" significa "habitar com o Senhor" (2 Coríntios 5:8).

A morte para nós não é uma jornada escura para um local desconhecido. Não é uma caminhada solitária para um lugar estranho. Mas uma transição gloriosa das provações desta terra para as alegrias do céu, onde nos reuniremos outra vez com os nossos entes queridos em Cristo, que partiram antes de nós. Mas o melhor é que para sempre desfrutaremos da presença de nosso Senhor.

Sim, quando um cristão morre, o corpo é enterrado — mas não a sua alma que é elevada aos céus!

—RICHARD W. DEHAAN

Para o cristão, a morte significa
a passagem para a glória.

15 de junho

Orando e esperando

Leitura: Neemias 1:5-11

Descansa no Senhor e espera nele... —SALMO 37:7

Um casal cristão estava profundamente angustiado porque o seu filho já casado e sua família tinham deixado de frequentar a igreja e não estavam dando lugar a Deus em seus corações. Sendo amigo deles, eu os aconselhei a continuarem mostrando amor, a orar e evitar discussões. Mas no encontro de família por ocasião do Natal, o pai fez um "sermão" para o filho na presença de todos os outros familiares. O filho e a sua família deixaram a casa irritados e evitaram qualquer contato com os pais.

É difícil confiar somente na oração quando você deseja que algo aconteça imediatamente. Mas foi o que Neemias fez. Ele ficou desesperado com as notícias de que os israelitas em Jerusalém se encontravam em grande perigo (Neemias 1:3,4). Neemias tinha grande capacidade de liderança e estava em posição favorável para receber a ajuda do rei a quem servia, por isso ele estava ansioso em ajudar o seu povo. Mas o profeta sabia que poderia ser executado por se apresentar a um rei da Pérsia, sem ser convidado. Embora tivesse pedido a Deus para lhe dar a oportunidade de imediato, ele confiou suficientemente em Deus e esperou. Quatro meses mais tarde, o rei abriu-lhe a porta e lhe concedeu o seu pedido (2:1,4).

Nem sempre é fácil ter paciência, mas podemos confiar em Deus. Espere pacientemente nele.

—HERB VANDER LUGT

A demora não significa recusa — continue orando!

Leitura da Bíblia em um ano
NEEMIAS 1–3;
ATOS 2:1-21

Leitura da Bíblia em um ano

**NEEMIAS 4–6;
ATOS 2:22-47**

APLICAÇÃO PESSOAL

Gratidão

Orar por

16 de junho

Crescendo na velhice

Leitura: Salmo 92:12-15

*Na velhice darão ainda frutos,
serão cheios de seiva e de verdor.*
—SALMO 92:14

Temos uma antiga árvore de ameixas no quintal de casa, que já teve dias melhores. Sua casca é escura e enrugada, seus ramos finos e espigados e ela está inclinada a 45 graus. Tive que cortar alguns galhos de um lado e a árvore perdeu a sua simetria.

Pensei que a tínhamos perdido alguns invernos atrás, quando por vários dias a temperatura ficou abaixo de zero. O homem que sempre vem pulverizar as nossas árvores disse que acreditava que ela estava morta. No entanto, ela reviveu naquela primavera e continua a cada ano mais viva.

Aquela velha árvore vence cada inverno e floresce — flores cor-de-rosa que aparecem em abundância e embelezam o nosso quintal. Ao escrever este devocional, sinto sua doçura no ar.

Aquela árvore resiste porque tem raízes profundas no solo. Ela se fortalece e se alimenta de fontes subterrâneas invisíveis.

E assim também acontece conosco. Nossa habilidade em resistir — não em florescer — depende de estarmos enraizados em Cristo. As pessoas que leem a Sua Palavra, refletem nela e oram a respeito disso em relação às suas vidas, produzirão os frutos do Espírito (Gálatas 5:22-23), mesmo em idade avançada. Como diz o Salmo 92:14: "…serão cheios de seiva e verdor". —DAVID H. ROPER

Em vez de apenas contar os seus anos, valorize-os ao máximo.

17 de junho

O que nos motiva?

Leitura: 1 Tessalonicenses 2:3-9

…assim falamos, não para que agradamos a homens, e sim a Deus, que prova o nosso coração.
—1 TESSALONICENSES 2:4

Leitura da Bíblia em um ano
NEEMIAS 7–9;
ATOS 3

Minha esposa e eu recebemos um prêmio de cerca de R$ 2 mil em dinheiro ou R$ 500 em vales. Quando fomos recebê-lo, informaram-nos que deveríamos participar de uma apresentação de 90 minutos.

Na apresentação foi nos dito que poderíamos receber acomodações para férias por 25 anos ao preço daquele dia, o que equivaleria a uma quantia de cerca de R$ 7 mil. Mas para desfrutar deste privilégio, tínhamos que pagar uma taxa de membros de cerca de R$ 10 mil. Renunciamos à oferta, mas recebemos alguns vales de desconto, os quais provavelmente nunca usaremos.

Refletindo sobre esta experiência, questionamo-nos por que suportamos aquela apresentação que acabou durando três horas. Qual tinha sido a nossa motivação? Queríamos ser educados, mas também tivemos que admitir que em parte fomos motivados pela cobiça.

A motivação errada pode igualmente ocorrer em nosso serviço para o Senhor. Paulo escreveu aos cristãos da igreja de Tessalônica: "…vos recordais, irmãos, do nosso labor e fadiga; e de como, noite e dia labutando para não vivermos à custa de nenhum de vós…" (1 Tessalonicenses 2:9). Paulo tinha o direito de receber apoio financeiro deles, mas não queria ser acusado de motivos indignos da pregação do evangelho.

O que nos motiva? Aprendamos com o exemplo de Paulo, lembrando-nos que Deus prova os nossos corações. —ALBERT LEE

O mundo vê o que nós fazemos
— Deus vê o motivo pelo qual fazemos.

Leitura da Bíblia em um ano

NEEMIAS 10–11;
ATOS 4:1-22

APLICAÇÃO PESSOAL

Gratidão

Orar por

18 de junho

Manchas de tinta

Leitura: 1 João 1:5–2:2

*Se confessarmos os nossos pecados,
Ele é fiel e justo para nos perdoar
os pecados e nos purificar de toda
injustiça.* —1 JOÃO 1:9

Ao mover o rolo de tinta bem acima de minha cabeça caiu uma chuva de pingos minúsculos sobre mim que sujaram os meus óculos com pequeninas pintas. Apesar de serem percebidos pelos outros, eu não me dei conta delas. Mas certa manhã, quando cheguei ao trabalho, o ângulo da luz radiante de sol traspassando minhas lentes repentinamente me mostrou aqueles pequenos e incômodos pontos.

Acontece o mesmo com as nossas pequenas imperfeições morais. Outros as veem, mas nós não. Então, ao estudarmos a Palavra de Deus, a verdadeira luz do Senhor Jesus Cristo nos ilumina e nossos defeitos morais se tornam visíveis. O Seu caráter puro, Seu amor genuíno e Seus motivos claros revelam pingos pecaminosos em tudo o que fazemos. Pequenas mentiras, ira egoísta, hipocrisias mínimas e motivos impuros aparecem de forma vívida. E encontramos algo disso em cada um de nós.

Como o apóstolo João era perspicaz! Ele escreveu: "Se dissermos que não temos pecado nenhum, a nós mesmos nos enganamos…" (1 João 1:8). Mas graças a Deus: "…Se, todavia, alguém pecar, temos Advogado junto ao Pai, Jesus Cristo, o Justo" (2:1). Quando confessamos nossos pecados, Ele intercede junto ao Pai a nosso favor.

Quando confessamos as nossas falhas, Deus nos purifica — até mesmo aquelas pequenas manchas de tinta, que nem sempre enxergamos. —DENNIS DEHAAN

O primeiro passo para livrar-se
do pecado é detectá-lo.

19 de junho

Tubarões!

Leitura: Salmo 3

*Porém tu, Senhor,
és o meu escudo...*
—SALMO 3:3

Leitura da Bíblia em um ano
NEEMIAS 12–13;
ATOS 4:23-37

O simples pensamento de estar rodeado por tubarões não é nada agradável. Pesquei por muito tempo no Golfo do México, havia lido muitos artigos a respeito dos seus dentes afiados e tinha visto muitos filmes de ataques de tubarões, para saber como podem ser perigosos. Mas eu também já estive rodeado por tubarões e me senti perfeitamente seguro.

O *Sea World* (Mundo do Mar), um parque aquático nos EUA, tem um lugar de visitação subaquático, onde você pode entrar em um tanque com tubarões enormes. Um corredor de vidro especial permite que você caminhe pelo aquário. As excursões o conduzem ao mundo destes predadores, para sentir sua presença e força, e mesmo assim estar seguro dos seus ataques.

Davi experimentou o que significa estar em "águas profundas", cercado por predadores. Mas como um homem segundo o coração de Deus (1 Samuel 13:14), ele havia aprendido a permitir que o Senhor fosse a sua proteção. Qual era o segredo dele? Davi trouxe os seus temores à presença de Deus (Salmo 3:1). Ele se recusou a ouvir aqueles que diziam que Deus não lhe ajudaria (v.2). Ele até aprendeu a dormir (v.5), confiante de que nada poderia tocá-lo sem a permissão do Senhor. Davi encontrou o seu refúgio em Deus (v.8).

Pai dá-nos esta mesma confiança. Ensina-nos a confiar no Senhor como nosso escudo e defensor.

—MART DEHAAN

Segurança não significa a ausência de perigos, mas a presença de Deus.

Leitura da Bíblia em um ano

ESTER 1–2;
ATOS 5:1-21

APLICAÇÃO PESSOAL

Gratidão

Orar por

20 de junho

A bênção de um pai

Leitura: 1 Pedro 3:8-12

…sede todos de igual ânimo, compadecidos, fraternalmente amigos […] não pagando mal por mal […] antes […] bendizendo… —1 PEDRO 3:8-9

Um homem que estava de luto pela morte de seu pai disse: "Não estou chorando apenas por causa de meu pai, mas por causa de mim. A morte dele significa que nunca mais vou ouvir as palavras que sempre desejei ouvir dele: de que ele se orgulhava de mim, da família que constituí e da vida que vivi."

Em vez de repetir o erro cometido por seu pai, aquele homem mais tarde falou para o seu filho as palavras de encorajamento que ele nunca tinha ouvido, dizendo que estava orgulhoso dele e da vida que vivia.

Muitas vezes as tensões entre pais e filhos não são resolvidas. As feridas antigas permanecem abertas. Não estamos dispostos a perdoar as palavras de ira e os sofrimentos do passado. Mas para o nosso próprio bem e de nossas famílias, precisamos fazer o que for possível para derrubar as paredes de separação entre nós.

Como começar? O mandamento da Bíblia para todos os nossos relacionamentos é este: "…Sede todos de igual ânimo, compadecidos, fraternalmente amigos, misericordiosos, humildes, não pagando mal por mal […] antes […] bendizendo […] aparte-se do mal, pratique o que é bom, busque a paz e empenhe-se por alcançá-la" (1 Pedro 3:8,9,11).

Decidamos pela graça de Deus, quebremos o ciclo de ira, digamos a nossos filhos o que eles anseiam ouvir de nós — palavras de bênçãos e de amor.

—DAVID MCCASLAND

Nunca meça o poder ilimitado de Deus
com suas expectativas limitadas.

21 de junho

Apáticos

Leitura: Apocalipse 3:14-19

**ESTER 3–5;
ATOS 5:22-42**

Assim, porque és morno e nem és quente nem frio, estou a ponto de vomitar-te da minha boca.
—APOCALIPSE 3:16

A maioria das pessoas diz que crê em Deus, querendo dizer que são teístas. O verdadeiro ateísmo é raro.

Entretanto, recentemente foi sugerido que precisamos de um novo termo para a multidão de pessoas teístas, mas que são indiferentes a Deus em sua vida diária. Deveriam ser chamados de *apáticos*. Esta palavra é formada pelo nome apatia, que significa "indiferença", certa despreocupação indolente. E infelizmente, qualquer que seja a crença que alguém professe, pode estar vivendo como um apático. A sua fé pode fazer uma diferença mínima em seu comportamento.

O apóstolo João registrou que Jesus descreveu a igreja de Laodiceia como não sendo fria nem quente (Apocalipse 3:16). Eles eram mornos, como diríamos nós hoje, apáticos.

O que dizer daqueles que entre nós professam ter fé em Jesus? Também somos mornos? Oramos, mas trata-se apenas de mera obrigação? Vamos à igreja e talvez até nos envolvamos em algum tipo de trabalho cristão. Todavia, isto significa apenas uma rotina, como escovar os dentes ou limpar a casa? Será que perdemos o nosso primeiro amor, o zelo que tínhamos anteriormente em nossa jornada espiritual?

Hoje, façamos nossa a oração do salmista: "Porventura, não tornarás a vivificar-nos, para que em ti se regozije o teu povo?" (Salmo 85:6). —VERNON C. GROUNDS

*Sem um coração ardente por Deus,
não podemos brilhar para Jesus.*

Leitura da Bíblia em um ano

ESTER 6–8;
ATOS 6

APLICAÇÃO PESSOAL

Gratidão

Orar por

22 de junho

Sigam-me

Leitura: Marcos 3:13-19

*Disse-lhes Jesus: Vinde após mim [...]
Então, eles deixaram imediatamente as
redes e o seguiram.* —MARCOS 1:17-18

Quando os Estados Unidos lançou o seu programa espacial em 1958, foram escolhidos sete homens para se tornarem os primeiros astronautas. Imagine a emoção destes homens ao terem sido escolhidos para ir a um lugar onde ninguém tinha ido anteriormente.

Todavia, como astronautas, eles sabiam que enfrentariam perigos, desafios e provações inesperadas. Cada um deles compreendeu que a emoção de terem sido escolhidos estava mesclada com temor pelo futuro incerto.

Imagine outro grupo de homens selecionados para uma missão importante: os 12 apóstolos que Jesus escolheu certo dia em um monte, perto do mar da Galileia. Estes homens deixaram para trás suas ocupações e famílias, para se dedicarem a este novo professor radical. Eles não sabiam que tipos de desafios políticos, religiosos ou financeiros enfrentariam. Mesmo assim seguiram a Jesus.

Jesus pede o mesmo do Seu povo hoje. Ele pede a cada um de nós para seguir, amar, obedecê-lo e falar aos outros a Seu respeito. Assim como os apóstolos, não sabemos o que nos trará o nosso compromisso com Jesus.

Senhor Jesus, ajuda-nos a segui-lo com fidelidade e a confiar o nosso futuro completamente em ti.

—DAVE BRANON

Seguir a Jesus sempre é certo
— mas nem sempre é fácil.

23 de junho

Controlando a erva daninha

Leitura: Marcos 4:13-20

*Mas os cuidados do mundo,
a fascinação da riqueza e as demais
ambições, concorrendo, sufocam
a palavra, ficando ela infrutífera.*
—MARCOS 4:19

Leitura da Bíblia em um ano
ESTER 9–10;
ATOS 7:1-21

APLICAÇÃO PESSOAL

Existe uma planta aquática atraente que se parece com uma floresta de árvores pequenas crescendo na superfície da água. Na primavera ela produz uma manta de pequenas flores brancas. Mas trata-se de uma erva daninha prejudicial à saúde. Ela forma uma densa cobertura de vegetação que cobre a superfície de lagos e tanques, destruindo plantas nativas, peixes e a vida silvestre.

Recentemente, eu caminhava perto de um pequeno lago coberto por estas plantas aquáticas. Lembrei-me de que, assim como esta erva daninha, "…os cuidados do mundo, a fascinação da riqueza e as demais ambições, concorrendo, sufocam a palavra, ficando ela infrutífera", como Jesus nos ensinou em Marcos 4:19.

Jesus estava falando de como os não cristãos recebem o evangelho, mas isso também se aplica a nós. Algumas vezes, quando lemos a Palavra de Deus, nossa mente está muito ocupada com problemas, preocupações e temores. A pressão das coisas a serem feitas hoje e os desafios sobre as decisões de amanhã são "ervas daninhas" que podem sufocar a Palavra e não permitir que ela produza frutos.

Para controlar as ervas daninhas, precisamos pedir a Deus que aquiete os nossos corações a fim de que possamos prestar atenção no Senhor (Salmo 46:10). Quando entregamos as preocupações a Deus, estaremos livres para desfrutar a Sua presença e ouvir o que Ele tem a nos dizer. —DAVID H. ROPER

Para arrancar as ervas daninhas
com preocupações excessivas,
coloque-se de joelhos.

Gratidão

Orar por

Leitura da Bíblia em um ano
JÓ 1–2;
ATOS 7:22-43

APLICAÇÃO PESSOAL

Gratidão

Orar por

24 de junho

A nossa formação

Leitura: Hebreus 12:1-11

Porque o Senhor corrige a quem ama
e açoita a todo filho a quem recebe.
—HEBREUS 12:6

Quando meu esposo era criança, sua mãe às vezes o disciplinava porque ele a desobedecia. Em uma destas ocasiões, ele lhe implorou: "Você precisa ser amável com o seu pequeno menino!" Essas palavras tocaram o terno coração materno. Mas, como ela o amava, seguiu com sua disciplina e treinamento. Anos mais tarde, já um missionário, Bill agradecia a sua mãe a formação que recebeu.

Deus também disciplina e treina os Seus filhos que erram. Ele pode fazê-lo de maneira direta (1 Coríntios 11:29-32) ou pode permitir que as dificuldades da vida nos moldem e nos tornem mais semelhantes a Jesus. Em Hebreus 12:6 somos assegurados de que "o Senhor corrige a quem ama." Às vezes, as correções de Deus não parecem ser muito amorosas; até pensamos que estão nos arruinando. Todavia, a disciplina de Deus nos salva de nos destruirmos com nossos caminhos egoístas e teimosos.

Embora às vezes não gostemos da disciplina de Deus, ela nos treina para o nosso bem, para que participemos da Sua santidade (vv.7-11). Em vez de resistir à correção de Deus, podemos ceder, confiantes de que o Seu objetivo é o nosso crescimento espiritual. Quaisquer que sejam as circunstâncias, Deus sabe a seriedade de nossas dificuldades e está agindo de forma poderosa atrás dos bastidores, para o nosso bem. O seu duro amor é o que está construindo a nossa boa formação. —JOANIE E. YODER

A disciplina de Deus tem o objetivo
de fazer-nos semelhantes a Seu Filho.

25 de junho

Nunca desista!

Leitura: Gálatas 6:6-10

...meus amados irmãos sede firmes [...] sempre abundantes na obra do Senhor, sabendo que, no Senhor, o vosso trabalho não é vão. —1 CORÍNTIOS 15:58

Leitura da Bíblia em um ano
JÓ 3–4;
ATOS 7:44-60

Um pastor, que estava desanimado em seu ministério, teve um sonho. Ele se viu trabalhando arduamente em um enorme pedaço de granito com uma picareta. Sua tarefa era de quebrá-lo em pequenos pedaços. Mas, por mais que tentasse, não conseguia tirar nem um único pedacinho. Por fim, cansado e decepcionado, ele decidiu desistir.

Foi então que apareceu um estranho e disse: "Não lhe deram ordens para fazer isso? A sua tarefa é dar o melhor de si, sem considerar o que acontece." O pastor, com nova determinação, ergueu a picareta bem alto e bateu no granito com toda a sua força. Este quebrou em mil pedaços. Ele quase desistiu — faltava apenas um só golpe.

O Senhor quer que continuemos trabalhando na tarefa que Ele nos deu, por mais difícil que ela seja. Mesmo quando o sucesso parece remoto ou impossível, devemos permanecer firmes, seguros de que haverá uma recompensa abundante para aqueles que perseverarem. Você se cansou no seu serviço para Deus? Está tão desanimada a ponto de "jogar tudo pelos ares"? Lembre-se do sonho do pastor. Melhor ainda, lembre-se da promessa de Deus escrita por Paulo: "E não nos cansemos de fazer o bem, porque a seu tempo ceifaremos, se não desfalecermos" (Gálatas 6:9). —RICHARD W. DEHAAN

Fracasso não significa derrota,
a não ser que você pare de tentar.

Leitura da Bíblia em um ano
JÓ 5–7;
ATOS 8:1-25

APLICAÇÃO PESSOAL

Gratidão

Orar por

26 de junho

Buscando sinais

Leitura: Lucas 11:29-32

…Esta é geração perversa! Pede sinal; mas nenhum sinal lhe será dado, senão o de Jonas. —LUCAS 11:29

Certa vez ouvi de um não cristão: "Eu vou crer em Jesus se Ele descer e aparecer de forma visível sobre a minha casa." Isto não vai necessariamente ocorrer!

Os líderes religiosos que rejeitaram a Cristo e que pediram um sinal a Ele tinham evidências suficientes para crer. Sem dúvida, tinham ouvido, quem sabe até visto os Seus milagres de cura, de expulsão de demônios e até ressurreição de mortos. O que mais eles precisavam?

Assim, Jesus os chamou de "geração perversa" (Lucas 11:29). O único sinal que lhes seria dado era o sinal de Jonas, o profeta, que havia sido lançado na tempestade do mar (Jonas 1:2,3). Quando os ninivitas ouviram a mensagem de arrependimento de Jonas, depois que ele passou três dias no ventre de um peixe, creram que Deus o havia enviado e se arrependeram. Da mesma forma, os líderes religiosos que já conheciam as palavras de Jesus e Seus atos, em breve o veriam crucificado e sepultado com toda a segurança. E nas semanas seguintes, ouviriam testemunhos pessoais daqueles que o viram vivo e que até tocaram nele, mas ainda assim não creram.

Hoje, temos nos evangelhos o registro do que Jesus disse e fez, escrito por pessoas que o conheceram. Se formos abertos à verdade, temos todas as evidências que precisamos para crer. Não precisamos buscar outros sinais. —HERB VANDER LUGT

O sinal de uma fé genuína
é a fé que não precisa de sinais.

27 de junho

Salmos, incenso, louvor

Leitura da Bíblia em um ano
JÓ 8–10;
ATOS 8:26-40

Leitura: Salmo 150

Todo ser que respira louve ao Senhor...
—SALMO 150:6

O conhecido pregador britânico, Charles H. Spurgeon (1834–92), escreveu algo que seria bom ser lembrado no início de cada dia: "Deixe que os seus pensamentos sejam salmos, suas orações um incenso e sua respiração um louvor." Analisemos cada uma destas frases.

Deixe que os seus pensamentos sejam salmos. Os 150 Salmos têm variedade de temas, o louvor, o caráter de Deus e as expressões de dependência do Senhor. Durante todo o dia, podemos transformar nossos pensamentos em salmos, meditando na santidade de Deus, em quão digno Ele é da nossa adoração e do quanto precisamos dele.

Deixe que suas orações sejam um incenso. No tabernáculo dos judeus, o incenso era queimado continuamente para oferecer um sabor doce ao Senhor (Êxodo 30:7,8). Nossas orações são como um incenso para Deus (Salmo 141:2), trazendo às Suas narinas a fragrância agradável da nossa adoração e da nossa necessidade dele.

Deixe que a sua respiração seja um louvor. O livro dos Salmos termina com estas palavras: "Todo o ser que respira louve ao Senhor. Aleluia!" (Salmo 150:6). Falar sobre Deus e oferecer-lhe palavras de louvor deveria ser tão natural para nós como o respirar.

Mantenha o Senhor em seus pensamentos, suas orações e em sua linguagem, hoje. —DAVID C. EGNER

Um coração cheio de louvor
é um prazer para Deus.

APLICAÇÃO PESSOAL

Gratidão

Orar por

Leitura da Bíblia em um ano
JÓ 11–13;
ATOS 9:1-21

APLICAÇÃO PESSOAL

Gratidão

Orar por

28 de junho

Sente condenação?

Leitura: 1 João 3:16-20

…Deus é maior do que o nosso coração e conhece todas as coisas.
—1 JOÃO 3:20

Deus nos conhece melhor do que nós mesmos. Ele está consciente das nossas fraquezas, e das lembranças dos nossos pecados que parecem nos levar a cair repetidamente. Ele conhece nossos traços hereditários, a educação que recebemos, as influências do passado e do presente que nos empurram para a direção errada. J. I. Packer chama a isto de "forças latentes" da nossa existência, bem como de "fatos evidentes".

Em minha fase atual de crescimento cristão, luto com atitudes e ações sobre as quais parece que tenho pouco controle. Eu me identifico com Dostoiévski, que disse: "É a natureza afirmando os seus direitos." Paulo chamou a isto de "o pecado que habita em mim" (Romanos 7:17). Tornei-me culpado de muita coisa e capaz de muito mais. É por isso que às vezes o meu coração me condena, mesmo sendo um cristão.

Deus conhece todas as forças que me impelem. Ele também conhece a intenção do meu coração — de que quero amar os outros e fazer o que é certo. Ele conhece a minha vergonha quando fracasso e está pronto a me perdoar quando confesso o meu erro (1 João 1:9). Esta maravilhosa verdade traz descanso quando me sinto condenado, pois "Deus é maior do que o nosso coração e conhece todas as coisas" (3:20).

Se você confiou em Jesus como seu Salvador e seu coração às vezes a condena, lembre-se de que Ele sabe tudo e mesmo assim ainda a ama. —DAVID H. ROPER

A culpa é um fardo que Deus nunca desejou que seus filhos carregassem.

29 de junho

Uma longa história

Leitura: 2 Crônicas 36:11-17

O homem que muitas vezes repreendido endurece a cerviz será quebrantado de repente sem que haja cura.
—PROVÉRBIOS 29:1

Leitura da Bíblia em um ano
JÓ 14–16;
ATOS 9:22-43

Há vários anos um grande incêndio interrompeu o tráfego numa importante estrada. As autoridades disseram que este acontecimento tinha sido a pior crise de transporte em muitos anos. Uma investigação descobriu um problema muito antigo. O fogo irrompeu em um depósito de lixo, onde os escombros de construções tinham sido depositados por muitos anos.

Os proprietários daquele local haviam sido condenados por formar um esquema de milhões de dólares para permitir o depósito destes escombros de construção. Os trâmites jurídicos nas diversas esferas para impedir essa ação não tiveram sucesso. Até acontecer o incêndio, quando o tribunal ordenou que o operador do local parasse de aceitar o lixo e começasse a limpar a área.

Este fogo fala de uma história básica da vida. A maioria dos nossos problemas não acontece por acaso. Eles são o resultado de uma longa série de más decisões. Vemos em Crônicas 36 uma ilustração que nos lembra de que Deus não permitirá que Seus filhos continuem a pecar. Embora Ele seja longânime, Sua paciência tem limite. Se nós mesmos não corrigirmos o problema, podemos ter a certeza de que Ele nos disciplinará.

Limpemos o lixo em nossas vidas, hoje.

—MART DEHAAN

Os piores pecados não saltam sobre nós, eles se arrastam sob nós.

Leitura da Bíblia em um ano
JÓ 17–19;
ATOS 10:1-23

APLICAÇÃO PESSOAL

Gratidão

Orar por

30 de junho

Em casa antes de escurecer

Leitura: Atos 20:17-25

*...em nada considero a vida preciosa
para mim mesmo, contanto que
complete a minha carreira...* —ATOS 20:24

Muitos pais dizem a seus filhos: "Esteja em casa antes de escurecer." E em áreas onde não há eletricidade, isto se torna uma necessidade urgente. "Em casa antes de escurecer" significa uma jornada de sucesso e uma chegada segura.

Robertson McQuilkin usou esta frase para expressar o seu desejo de permanecer fiel ao Senhor, em sua jornada espiritual. A sua oração termina com as palavras: "Senhor, permita que eu chegue em casa antes de escurecer." Ele explicou este seu pensamento, dizendo: "Temo que possa morrer antes de terminar, ou não terminar bem. De manchar a Sua honra, envergonhar o Seu nome e fazer sofrer o Seu amoroso coração. Poucos terminam bem."

As palavras de McQuilkin são um eco dos anseios do coração do apóstolo Paulo, quando estava para enfrentar perigos em Jerusalém: "Porém em nada considero a vida preciosa para mim mesmo, contanto que complete a minha carreira e o ministério que recebi do Senhor Jesus para testemunhar o evangelho da graça de Deus" (Atos 20:24).

É a palavra da graça de Deus (v.32) que nos encoraja a continuar na fé, pois ela nos fala que Ele é capaz de nos fortalecer até o final da nossa vida. Por isso, sigamos caminhando e confiando ao orarmos: "Por Sua graça, Pai, lhe peço humildemente para ajudar-me a chegar em casa antes de escurecer." —DAVID MCCASLAND

A corrida da vida é uma corrida de fé
e é ganha apenas pela graça.

Minhas notas

Julho

Julho

MOTIVOS DE ORAÇÃO

VIDA ESPIRITUAL

FAMÍLIA

VIDA PROFISSIONAL

FINANÇAS

OUTROS

Oh! Provai e vede que o Senhor é bom; bem-aventurado o homem que nele se refugia. —SALMO 34:8

domingo	segunda	terça

JULHO

quarta	quinta	sexta	sábado

JULHO

OBJETIVOS

TAREFAS DO MÊS

PENSAMENTO DO MÊS

Não *apenas* conte os *seus dias,* mas faça-os *valer a pena.*

IMPORTANTE

ANIVERSARIANTES

Meus objetivos espirituais

SEMANA 1
....
....
....
....
....

SEMANA 2
....
....
....
....
....

SEMANA 3
....
....
....
....
....

SEMANA 4
....
....
....
....
....

1º de julho

Reservado para você

Leitura: 1 Pedro 1:3-9

Nisso exultais, embora, no presente, por breve tempo, se necessário, sejais contristados por várias provações.
—1 PEDRO 1:6

Você alguma vez já teve o seguinte tipo de férias? Planejou chegar a um lugar distante, onde sabia que teria um tempo agradável, mas no caminho se confrontou com tantas dificuldades que chegou a se perguntar se a viagem valia a pena.

Problemas com o carro. Congestionamento. Perder-se no caminho. Crianças doentes. Companheiros de viagem irritados. Você sabia que o destino traria grande prazer, mas a viagem em si não foi nada agradável. No entanto, seguiu em frente porque sabia que valia a pena passar por todos estes problemas.

Esta é uma ilustração da vida cristã. Aqueles que confiaram em Jesus como Salvador estão em uma jornada cheia de dificuldades, contratempos, tragédias e obstáculos. Os problemas parecem sempre estar presentes ou "logo ali na esquina." Mas sabemos que um grandioso destino está diante de nós (1 Pedro 1:4). E, às vezes, a certeza do que está preparado para nós no céu é tudo o que nos leva a seguir em frente.

Pedro entendeu isto. Ele disse que ao caminharmos pela vida, sofreremos dores como consequência de nossos problemas. Entretanto, podemos nos regozijar mesmo passando por dificuldades, porque Deus reservou algo especial para nós ao final da jornada.

Você está com problemas hoje? Olhe à sua frente. O céu será digno desta viagem. —DAVE BRANON

O que ganharemos no céu será uma recompensa maior do que as perdas que sofremos aqui na terra.

Leitura da Bíblia em um ano
JÓ 20–21;
ATOS 10:24-48

APLICAÇÃO PESSOAL

Gratidão

Orar por

Leitura da Bíblia em um ano

JÓ 22–24; ATOS 11

APLICAÇÃO PESSOAL

Gratidão

Orar por

2 de julho

O amor é vulnerável

Leitura: Oseias 11:1-11

*Como te deixaria, ó Efraim [...]
meu coração está comovido dentro
de mim, as minhas compaixões,
à uma, se acendem.* —OSEIAS 11:8

A experiência de uma mulher cristã desolada (vou chamá-la de Maria) ilustra como o amor torna a pessoa que ama vulnerável. Maria era uma esposa dedicada que amava profundamente seu marido, mas depois de 8 anos e dois filhos, ele a deixou por causa de outra mulher. Sua fé em Deus e seu amor pelos filhos a levaram a seguir adiante.

Hoje, seu filho tem um estilo de vida totalmente pecaminoso, e sua filha abandonou o esposo e filhos. Nenhum dos dois quer saber mais da mãe.

O profeta Oseias sofreu uma dor semelhante por causa de sua esposa adúltera Gômer. O que ele experimentou ilustra o que Deus deve ter sentido quando o Seu povo se voltou para ídolos pagãos e toda a maldade associada a eles. Deus havia sido um pai amoroso, mas eles desprezaram o Seu amor. Embora o Seu caráter santo exigisse que Ele os punisse, Ele também sentiu profunda dor.

Séculos mais tarde, Deus veio a esta terra na pessoa de Jesus, que suportou a agonia do calvário para carregar os pecados de todo o mundo. Mas muitas pessoas ainda o rejeitam.

Sim, o amor é vulnerável e não há garantias de que será recompensado! Mas Deus continua a amar e com as Suas forças podemos fazer o mesmo.

—HERB VANDER LUGT

Nada custa tanto quanto o amor
— a não ser o não amar.

3 de julho

Um bom remédio

Leitura: Provérbios 17:17-22

O coração alegre é bom remédio...
—PROVÉRBIOS 17:22

Em um artigo de uma revista de decoração intitulado "*Sorria para conseguir boa saúde*", o *designer* gráfico Nick Gallo fez uma observação que reflete o que Salomão escreveu há milhares de anos: "O coração alegre é bom remédio" (Provérbios 17:22). Gallo disse: "O humor é um bom remédio — e de fato pode ajudar a manter uma boa saúde". Ele citou William F. Fry, que descreve o riso como um "exercício do coração" e bom para o sistema cardiovascular.

Comparando o riso a um exercício, Gallo destacou que quando uma pessoa ri com todo o entusiasmo ocorrem diversos benefícios físicos. Há uma queda temporária da pressão arterial, um decréscimo da pulsação e a redução da tensão muscular. Ele disse que muitas pessoas sentem um "resplendor relaxante" e conclui: "um duradouro senso de humor, combinado especialmente com outros recursos interiores como a fé e otimismo, parece ser uma força poderosa para uma melhor saúde."

O cristão, mais do que qualquer outra pessoa, deveria tirar bom proveito do riso porque tem a maior razão para ser alegre. Nossa fé está firmemente enraizada em Deus e nosso otimismo está alicerçado na certeza de que as nossas vidas estão sob o Seu sábio controle.

Não tenha receio de desfrutar de um bom riso — é sempre um bom remédio. —RICHARD W. DEHAAN

Aquele que sabe rir viverá mais.

Leitura da Bíblia em um ano

JÓ 25–27;
ATOS 12

APLICAÇÃO PESSOAL

Gratidão

Orar por

Leitura da Bíblia em um ano

JÓ 28–29;
ATOS 13:1-25

APLICAÇÃO PESSOAL

Gratidão

Orar por

4 de julho

Constituição forte

Leitura: 1 Pedro 2:1-10

Vós, porém, sois raça eleita, sacerdócio real, nação santa, povo de propriedade exclusiva de Deus... —1 PEDRO 2:9

A Constituição Brasileira de 1988 diz que: "Todos são iguais perante a lei, sem distinção de qualquer natureza..." A declaração de independência americana cita que todas as pessoas são "criadas de forma igual" e que todo cidadão é dotado de certos "direitos não alienáveis." As constituições garantem que o governo protegerá esses direitos para todos os seus cidadãos. Estes documentos revelam de forma clara que a liberdade de uma nação depende grandemente de uma constituição forte.

A Bíblia é um "projeto de direitos" muito maior do que qualquer destes documentos. Tem a sua origem em Deus, que a sustenta com a Sua justiça, Sua preocupação por todas as pessoas e por Sua soberania. E ela é a única carta que garante a liberdade do castigo dos pecados e de seu poder.

Um homem foi a um pastor pedir um conselho sobre as virtudes religiosas e à liberdade que elas trazem. Ele perguntou: "O que preciso fazer para conseguir a santidade?" O pastor respondeu: "Faça o que o seu coração lhe disser." E então acrescentou: "Para fazer o que seu coração disser você vai precisar de uma constituição forte." O homem perguntou: "Que constituição?" E o pastor disse: "A Bíblia!"

Pedro disse que os cristãos, como uma "nação santa" devem "...anunciar as grandezas daquele que os chamou das trevas para a sua maravilhosa luz" (1 Pedro 2:9). Ali encontramos a verdadeira liberdade. Quando vivermos segundo os ensinos da Bíblia, seremos capazes de desfrutar dos nossos direitos e cumprir o nosso chamado. —DENNIS DEHAAN

A melhor constituição do mundo é a Bíblia.

5 de julho

Bola de neve congelada

Leitura: Hebreus 12:25; 13:6

Por isso, recebendo nós um reino inabalável [...] pela qual sirvamos a Deus de modo agradável, com reverência e santo temor. —HEBREUS 12:28

Leitura da Bíblia em um ano
JÓ 30–31;
ATOS 13:26-52

Um conhecido jogador americano de beisebol explicou a sua visão sobre o arremesso de uma bola. Ele a chamou de teoria da "bola de neve congelada": "Se eu devo fazer o arremesso e não tenho segurança de obter êxito, não há motivo para eu querer arremessar a bola. Mas por fim eu tenho que lançá-la. Então digo a mim mesmo que daqui a alguns bilhões de anos, a terra também se transformará numa bola de neve congelada, vagando pelo espaço e ninguém vai se importar com o que aconteceu neste jogo e com esta bola!"

A Bíblia nos fala que algum dia os elementos da terra "...se desfarão abrasados, também a terra e as obras que nela existem serão atingidas" (2 Pedro 3:10). O ponto de vista do jogador de beisebol é válido: nós também precisamos manter a vida na perspectiva certa. A maioria das coisas pelas quais nos preocupamos não tem significado eterno.

O escritor do livro de Hebreus estava preocupado com a nossa perspectiva. Por todo o livro ele direciona os nossos olhos para o céu, longe da terra. Teremos pouca influência eterna na terra se as nossas mentes não estiverem voltadas para o céu.

Virá um tempo quando a terra será abalada e as coisas que antes pareciam permanentes, desaparecerão (Hebreus 12:27). O que você mais teme hoje cairá no esquecimento como as manchetes dos jornais de ontem. O que realmente importa é o que você faz hoje que tenha um toque da eternidade. —HADDON W. ROBINSON

Aquele que vive somente para esta vida se arrependerá disso por toda a eternidade.

Leitura da Bíblia em um ano

JÓ 32–33; ATOS 14

6 de julho

O teste: "E então?"

Leitura: Mateus 6:19-24

Porque as riquezas não duram para sempre… —PROVÉRBIOS 27:24

Uma história do século 16 relata uma conversa entre um jovem ambicioso e um cristão devoto, chamado Santo Philip Neri. O jovem lhe disse, entusiasmado: "Meus pais finalmente concordaram em que eu estude Direito!" Philip perguntou-lhe simplesmente: "E então?"

Ele respondeu: "Então eu vou ser um advogado!" E Philip seguiu perguntando: "E então?" "Então vou ganhar muito dinheiro, comprar uma casa de campo, comprar uma carruagem e cavalos, casar com uma moça bonita e ter uma vida de prazeres!", respondeu ele.

Philip perguntou de novo: "E então?" "Então…". O jovem começou a refletir pela primeira vez sobre a morte e a eternidade. Ele compreendeu que não havia incluído Deus em seus planos e estava construindo sua vida sobre valores temporários.

A questão desta história não é de que as riquezas sejam algo errado. Mas se elas se tornam o alvo central, estamos ignorando a eternidade e confiando no dinheiro, e não em Deus. Jesus disse que é impossível amar a ambos, ao dinheiro e a Deus (Mateus 6:24) e Ele advertiu: "Não acumuleis para vós outros tesouros sobre a terra […] mas ajuntai para vós outros tesouros no céu…" (Mateus 6:19,20).

Os jovens e os idosos precisam fazer planos importantes para a vida. Mas tenhamos em mente a eternidade, ao sujeitar estes planos ao teste da expressão: "E então?" —JOANIE E. YODER

A verdadeira medida da nossa riqueza é o tesouro que temos no céu.

7 de julho

Faça diferença

Leitura: Lucas 3:1-20

Leitura da Bíblia em um ano: JÓ 34–35; ATOS 15:1-21

Sendo sumo sacerdotes Anás e Caifás, veio a palavra de Deus a João, filho de Zacarias, no deserto. —LUCAS 3:2

Em Lucas 3 são mencionados sete homens que tinham o controle político, econômico e religioso sobre Israel: o imperador romano, Tibério César, o governador Pôncio Pilatos, os tetrarcas Herodes, Filipe e Lisânias, com os sumo sacerdotes Anás e Caifás. Quando eles estavam no poder, "…veio a palavra do Senhor a João, filho de Zacarias, no deserto. Ele percorreu toda a circunvizinhança do Jordão, pregando batismo de arrependimento para remissão de pecados" (vv.2,3).

Que diferença poderia fazer para uma pessoa sem dinheiro e sem poder responder à Palavra de Deus, quando parecia que os demais estavam firmes no controle? Como os atos de uma pessoa insignificante poderiam mudar algo? A resposta é revelada na mensagem de arrependimento de João Batista, no anúncio da vinda do Messias (vv.16,17) e a sua repreensão ousada a Herodes (v.19). O papel de João Batista era o de preparar o caminho para Jesus, o Messias, e o mundo foi abençoado por sua obediência.

A nossa tarefa hoje como cristãos é a de refletir o Salvador crucificado e ressurreto em tudo o que fizermos, e falar a outros sobre Ele. Deus chama a cada um de nós a vivermos segundo as Suas instruções da Bíblia. E a nossa resposta fará toda a diferença neste mundo. —DAVID MCCASLAND

A obediência a Deus é a chave para que a nossa influência seja duradoura.

Leitura da Bíblia em um ano
JÓ 36–37;
ATOS 15:22-41

APLICAÇÃO PESSOAL

Gratidão

Orar por

8 de julho

Força interior

Leitura: Efésios 3:14-21

...segundo a riqueza da sua glória, vos conceda que sejais fortalecidos com poder, mediante o seu Espírito no homem interior. —EFÉSIOS 3:16

Uma grande companhia usa a sucção para extrair substâncias contaminadas de barris de aço. As bombas fortes extraem as substâncias dos barris, mas os trabalhadores precisam regular cuidadosamente a força dessas bombas. Se eles extraem ar demais, os barris podem implodir como copos de plástico porque a pressão externa vai exceder à pressão interna.

Da mesma forma, quando as adversidades e sofrimentos aparecem em nossa vida, Deus precisa nos fortalecer interiormente ou não seremos capazes de suportar as pressões externas. É verdade, recebemos forte apoio de entes queridos e amigos cristãos, mas é o nosso homem espiritual interior fortalecido "...com poder, mediante o seu Espírito no homem interior" (Efésios 3:16) que nos sustenta e nos guarda de desmoronarmos.

O Espírito Santo trabalha para nos fortalecer e renovar as nossas mentes à medida que lemos a Bíblia e oramos. Se negligenciarmos as Escrituras, pouco conversarmos com o Senhor e deixarmos de ter comunhão com outros cristãos, nos tornaremos fracos e vulneráveis. Então não seremos capazes de resistir às pressões da tentação ou dos problemas.

Peçamos ao Senhor para nos dar força interior a fim de que não desabemos quando as rajadas e os fardos da vida exercerem sua pressão sobre nós.

—DAVID C. EGNER

O poder de Cristo dentro de você é maior do que a pressão dos problemas ao seu redor.

9 de julho

Porquinhos

Leitura: 1 Pedro 5:5-7

Lançando sobre ele toda a vossa ansiedade, porque ele tem cuidado de vós. —1 PEDRO 5:7

Lembro-me de quando caminhei ao longo de um riacho com meu cunhado Eduardo e seu filho de 3 anos, Davi. O menino ajuntava pequenas pedras redondas do riacho enquanto caminhávamos. Ele as chamou de "porquinhos" porque o seu formato redondo o lembrava de pequenos porcos.

Davi havia colocado um bom número de "porquinhos" em seus bolsos e depois de não ter mais espaço, ele os carregava em seus braços. Pouco depois, começou a cambalear sob o peso das pedras e ficou para trás. Estava claro que ele não conseguiria caminhar de volta para casa sem ajuda e por isso meu cunhado disse: "Venha aqui, Davi, deixe-me carregar os seus porquinhos."

O rosto de Davi ficou relutante por um momento, então se iluminou e disse: "Já sei. Você me carrega e eu vou carregar os meus porquinhos!"

Pensei muitas vezes neste incidente e na minha própria insistência infantil de carregar o meu fardo. Jesus se oferece para carregar todas as minhas ansiedades, mas eu resisto por causa da minha teimosia e do meu orgulho. Digo: "Você me carrega, mas eu vou carregar os meus 'porquinhos.'"

Como é insensato tentar carregar todos os nossos fardos por conta própria, quando Jesus nos diz para lançar sobre Ele toda a nossa ansiedade, porque ele tem cuidado de nós (1 Pedro 5:7).

Você já colocou hoje todos os seus 'porquinhos' nos braços fortes de Jesus? —DAVID H. ROPER

Deus se preocupa conosco.

Leitura da Bíblia em um ano
JÓ 38–40;
ATOS 16:1-21

Leitura da Bíblia em um ano
JÓ 41–42;
ATOS 16:22-40

APLICAÇÃO PESSOAL

Gratidão

Orar por

10 de julho

Casamento no céu

Leitura: Marcos 12:18-27

Pois, quando ressuscitarem de entre os mortos, nem casarão, nem se darão em casamento; porém, são como os anjos nos céus. —MARCOS 12:25

Quando eu era estudante de uma escola cristã no Ensino Médio, conheci um professor cuja esposa havia falecido. Mais tarde, ele se casou com a viúva de seu melhor amigo. Certo dia, um estudante lhe perguntou: "A sua primeira esposa saberá do seu segundo casamento quando você a encontrar no céu, como acha que ela reagirá?" O professor sorriu e disse: "É claro que ela saberá e, porque será perfeita, não terá ciúmes. Mesmo que não vivamos lá como cônjuges, creio que conheceremos um ao outro. Seremos os melhores amigos para sempre."

Em Marcos 12, lemos sobre alguns inimigos de Jesus que inventaram uma história sobre uma mulher, cujo marido morrera sem deixar filhos. Conforme a lei judaica, o irmão do falecido tinha que casar com a viúva, para dar-lhe um filho (Deuteronômio 25:5). Segundo essa história, isso aconteceu com sete irmãos. Os inimigos de Jesus perguntaram: "Na ressurreição, de quem ela será esposa?" Jesus disse que eles não haviam entendido as Escrituras nem o poder de Deus de ressuscitar os mortos para uma nova existência gloriosa, sem casamento.

Creio que no céu teremos sentimentos especiais uns para com os outros. Amaremos de forma perfeita e desfrutaremos de cura completa de todas as feridas dos relacionamentos terrenos. Isto será uma realização maior do que qualquer casamento. —HERB VANDER LUGT

Os prazeres da terra não podem ser comparados às alegrias do céu.

11 de julho

A árvore

Leitura: Mateus 27:27-35

...carregando ele mesmo em seu corpo, sobre o madeiro, os nossos pecados...
—1 PEDRO 2:24

O salgueiro (arbusto da família das salicáceas) esteve plantado em nosso quintal por mais de 20 anos. Deu sombra para todos os nossos quatro filhos quando brincavam ali e era refúgio para os esquilos da vizinhança. Mas chegou a primavera, a árvore não despertou de seu sono de inverno e então chegara o tempo de cortá-la.

Trabalhei todo o dia, durante uma semana, naquela árvore — primeiro para derrubá-la e depois para transformar um tronco de duas décadas em pedaços menores. Isto me fez refletir bastante sobre as árvores.

Pensei na primeira árvore — aquela na qual estava pendurado o fruto proibido, o qual Adão e Eva simplesmente não conseguiram resistir (Gênesis 3:6). Deus usou aquela árvore para testar a lealdade e confiança deles. Em seguida, lemos sobre uma árvore no Salmo 1, que nos lembra da produtividade de uma vida piedosa. E em Provérbios 3:18 a sabedoria é personificada como uma árvore da vida.

Mas a árvore mais importante é a utilizada para fazer a rude cruz do calvário. Nosso Salvador esteve pendurado ali entre o céu e a terra para levar todo o pecado de todas as gerações, sobre os Seus ombros. Ela se destaca de todas as árvores como um símbolo de amor, sacrifício e salvação.

No calvário, o Filho Unigênito de Deus sofreu uma morte horrível na cruz. Esta é a árvore da vida para nós. —DAVE BRANON

A cruz de Cristo revela o pior pecado do homem e o maior amor de Deus.

Leitura da Bíblia em um ano
SALMOS 1–3;
ATOS 17:1-15

APLICAÇÃO PESSOAL

Gratidão

Orar por

Leitura da Bíblia em um ano
SALMOS 4–6;
ATOS 17:16-34

APLICAÇÃO PESSOAL

Gratidão

Orar por

12 de julho

Vencendo a cobiça

Leitura: 1 Timóteo 6:6-19

Que pratiquem o bem, sejam ricos de boas obras, generosos em dar e prontos a repartir. —1 TIMÓTEO 6:18

Cobiça — ela derrubou executivos com salários altos, arruinou corporações gigantescas, custou o emprego de milhares de trabalhadores e de fundos de aposentadoria. Um colunista escreveu que a cobiça corporativa incontrolada é uma ameaça maior do que o terrorismo.

A cobiça sussurra em nosso ouvido que seríamos mais felizes se tivéssemos mais dinheiro, mais coisas e mais poder. Cria o descontentamento e um crescente desejo de fazer qualquer coisa para conseguir posição e bens. Mas a Bíblia nos adverte a confiarmos em Deus e não "na instabilidade da riqueza" (1 Timóteo 6:17).

Paulo disse a Timóteo que a maneira de vencer a cobiça é fugir dela e buscar "…a justiça, a piedade, a fé, o amor, a constância e a mansidão" (1 Timóteo 6:11). E aqueles "Que são ricos do presente século…", que têm mais do que necessitam, deveriam ser "…ricos de boas obras, generosos em dar e prontos a repartir" (vv.17,18).

O contentamento e a generosidade são o oposto da cobiça (vv.6-8). Ao aprendermos a agradecer a Deus pelo que temos e ao compartilharmos livremente com outros, paramos de tentar preencher o vácuo espiritual em nosso coração com bens. E quando amamos a Jesus mais do que ao dinheiro e aos bens, descobrimos que Ele é o maior tesouro de nossas vidas. Descobrimos que conhecê-lo é a fonte da verdadeira satisfação. —DAVID MCCASLAND

Os sofrimentos do presente podem conduzir a ganhos permanentes.

13 de julho

Não há amor maior

Leitura: 1 João 4:7-11

Leitura da Bíblia em um ano:
SALMOS 7–9;
ATOS 18

Nisto consiste o amor: não em que nós tenhamos amado a Deus, mas em que ele nos amou e enviou o seu Filho [...] pelos nossos pecados. —1 JOÃO 4:10

Na parede de nossa sala, em uma pequena moldura, está pendurado um "tesouro" que pertence a minha esposa Carolyn. Ó, nós temos objetos mais valiosos na parede de nossa casa — um tapete feito à mão, espelhos de antiguidade, pinturas à óleo e um instrumento musical de cordas magnífico.

No entanto, o tesouro de Carolyn é muito mais valioso para ela do que qualquer outro bem, pois ele contém um presente de nossa neta Júlia. Foi um presente para a sua "Nana", no dia dos amigos e namorados, diversos anos atrás, quando Júlia tinha apenas 6 anos — um coração pequeno, vermelho, de barro. As palavras "eu te amo" estão inscritas nele em um rabisco infantil.

O pequeno coração foi feito de forma grotesca, irregular nas margens e tem impressões digitais e manchas, mas Carolyn o guardou numa moldura feita especialmente para ele. Todos os dias, o quadro a lembra do amor de Júlia.

Será que o amor de Deus é mais valioso para você do que a prata, o ouro ou qualquer outro bem? Deus enviou o seu Filho Unigênito ao mundo, para que pudéssemos (você pudesse) viver por meio dele (1 João 4:9). Ele fez isto porque a ama, e não por que você o amou. E por causa do Seu amor, um dia você estará com Ele, no céu. Não existe amor maior! —DAVID H. ROPER

O amor eterno de Deus é a fonte da nossa vida eterna.

Leitura da Bíblia em um ano

SALMOS 10–12;
ATOS 19:1-20

APLICAÇÃO PESSOAL

Gratidão

Orar por

14 de julho

O sinal do silêncio

Leitura: Isaías 53

Então, os principais sacerdotes o acusavam de muitas coisas.
—MARCOS 15:3

A história *As Chamas Prateadas*, de Arthur Conan Doyle, se baseia no silêncio. O detetive Sherlock Holmes investiga o roubo de um cavalo de corrida inestimável que era vigiado por um cão de guarda. Ao buscar por evidências, Holmes descobre que o cachorro não latiu na hora do roubo. O detetive deduz que o cão conhecia o culpado e isto o leva a resolver a questão do crime.

Para alguém que investiga a identidade de Jesus, a Bíblia apresenta muitos sinais. Um deles é o Seu silêncio. Séculos antes de Jesus viver, o profeta Isaías escreveu a Seu respeito: "…como cordeiro foi levado ao matadouro; e, como ovelha muda perante os seus tosquiadores, ele não abriu a sua boca" (53:7). O significado desta expressão permaneceu obscuro até que Jesus foi trazido diante dos Seus acusadores e "…não respondeu palavra" (Marcos 15:5).

Esta é uma evidência pequena, mas importante, especialmente quando a colocamos ao lado de outras pistas: Seu nascimento em Belém (Miqueias 5:2; Lucas 2:4), Sua genealogia de Davi (Isaías 11:10; Lucas 3:31) e o lançar das sortes sobre as Suas roupas (Salmo 22:18; João 19:23,24). Estas e mais de 200 outras profecias que se cumpriram nos dão evidências suficientes sobre a identidade de Jesus.

Ele é o Messias, o Filho de Deus, o Salvador de todos os que confiam nele. —DAVID C. EGNER

Crer que Jesus morreu é história; crer que Jesus morreu por mim é salvação.

15 de julho

A verdade

Leitura: 1 Coríntios 1:18-25

Que aprendem sempre e jamais podem chegar ao conhecimento da verdade.
—2 TIMÓTEO 3:7

Em 1692 a universidade de Harvard nos EUA adotou como lema a expressão em latim: *Veritas Christo et Ecclesiae* — "A Verdade para Cristo e para a Igreja." O seu logo mostrava três livros, um com a capa virada para baixo, simbolizando a limitação do conhecimento humano. Mas nas décadas mais recentes, este livro foi virado com a capa para cima, a fim de representar a capacidade ilimitada da mente humana. E o lema foi mudado para apenas *Veritas* — "Verdade."

A busca do conhecimento é digna de louvor. No entanto, o aprender pode levar rapidamente ao orgulho e à recusa de reconhecer qualquer limite em nossas habilidades mentais. Quando isto acontece, a verdade bíblica é ignorada ou rejeitada. Então, o que é a verdade sobre a verdade? Um rei sábio escreveu séculos atrás: "O temor do Senhor é o princípio do saber…" (Provérbios 1:7). Precisamos reconhecer o relacionamento entre Deus e a verdade. Sem a ajuda do Espírito Santo e a instrução da Palavra de Deus, os homens "…aprendem sempre e jamais podem chegar ao conhecimento da verdade " (2 Timóteo 3:7). Mas, quando reconhecemos e obedecemos à Sua verdade, estaremos livres da ignorância espiritual e do erro (João 8:32; 17:17).

Por essa razão, devemos ser diligentes em nosso estudo da Bíblia (2 Timóteo 2:15). Ela é o único livro que nos fala a verdade sobre a verdade. —DAVID H. ROPER

Estude a Palavra de Deus para conhecer Cristo, a Palavra Viva.

Leitura da Bíblia em um ano
SALMOS 13–15;
ATOS 19:21-41

Leitura da Bíblia em um ano

SALMOS 16–17;
ATOS 20:1-16

APLICAÇÃO PESSOAL

Gratidão

Orar por

16 de julho

Sem adesivos

Leitura: Atos 4:5-22

Ao verem a intrepidez de Pedro e João […] admiraram-se; e reconheceram que haviam eles estado com Jesus. —ATOS 4:13

Certo dia, ao dirigir numa hora de tráfego pesado, encontrei-me atrás de um carro com um adesivo no para-choque. Mostrava um rosto sorridente amarelo com estas palavras: "Sorria, Jesus te ama."

Repentinamente, outro carro passou na frente do carro "sorridente", forçando o motorista a frear. Depois disto, ele cerrou seu punho com raiva, mostrando tudo, menos um sorriso. Fiquei envergonhada, até que me lembrei de minha própria impaciência como motorista. O incidente me recordou que nossos atos e reações mostram se realmente conhecemos ao Senhor Jesus, mais do que um adesivo no para-choque.

O capítulo 4 de Atos nos conta que Pedro e João enfrentaram a oposição das autoridades locais, dos anciãos e dos escribas quando proclamavam as boas-novas de Cristo. Mas sua reação fez seus oponentes refletirem. Embora Pedro e João não tivessem muito estudo, as pessoas ficaram maravilhadas com o testemunho ousado deles e reconheceram que estes dois homens haviam estado com Jesus. Não havia necessidade de um adesivo nas mulas dos apóstolos. Suas palavras e atos diziam tudo.

Você se sente incapaz ou tímida para ser uma testemunha para Deus? Se você investir tempo para conhecer Jesus, Ele vai lhe dar poder para impressionar aos outros ao falar dele. Você terá ousadia, sem precisar de um adesivo de para-choque. —JOANIE E. YODER

As nossas reações falam mais alto
do que os adesivos em nossos carros.

17 de julho

A herança de Adão

Leitura: Romanos 5:12-21

Leitura da Bíblia em um ano
SALMOS 18–19;
ATOS 20:17-38

...Assim também, por meio da obediência de um só, muitos se tornarão justos. —ROMANOS 5:19

Meu neto recém-nascido tinha traços finos, pele macia e sem manchas e dez dedinhos nas duas mãos e nos pés. Como um avô orgulhoso não o veria como um bebê "perfeito"? Ele certamente era um milagre da formação divina (Salmo 139:13,14).

O apóstolo Paulo nos deu uma visão mais ampla de tais criancinhas "perfeitas" quando escreveu: "...assim como por um só homem entrou o pecado no mundo [...] reinou a morte desde Adão até Moisés, mesmo sobre aqueles que não pecaram à semelhança da transgressão de Adão..." (Romanos 5:12-14). Em outras palavras, cada criança nasce com a tendência para o pecado. Mas esta não é a palavra final de Paulo. Ele também escreveu a respeito de Jesus, o "último Adão" que se tornou "espírito vivificante" (1 Coríntios 15:45).

Muito depois do primeiro pecado do homem, nasceu um bebê, que era Deus encarnado (João 1:14). Deus enviou a Cristo: "Aquele que não conheceu pecado, ele o fez pecado por nós..." (2 Coríntios 5:21). Quando confiamos em Jesus como nosso Salvador, o Espírito Santo cria dentro de nós um novo desejo de fazer o que agrada a Deus. A carne ainda tem a sua influência, mas a influência do Espírito Santo é mais forte.

No "primeiro Adão" somos todos pecadores. Mas nos concentremos no que somos por meio do "último Adão". —DENNIS DEHAAN

...se alguém está em Cristo, é nova criatura; as coisas antigas já passaram...
—2 CORÍNTIOS 5:17

Leitura da Bíblia em um ano

SALMOS 20–22;
ATOS 21:1-17

APLICAÇÃO PESSOAL

Gratidão

Orar por

18 de julho

Novos cânticos

Leitura: Salmo 40:1-10

*E me pôs nos lábios um novo cântico,
um hino de louvor ao nosso Deus…*
—SALMO 40:3

O cântico da baleia é um dos mais estranhos da natureza. É uma combinação misteriosa de gemidos altos e baixos Os estudiosos de baleias dizem que os cânticos delas são dignos de serem observados porque estes gigantes das profundezas mudam suas canções continuamente. Sempre são acrescentados novos padrões e os velhos são eliminados, de forma que, depois de determinado tempo, a baleia na verdade canta uma canção totalmente nova.

Um cristão deveria compor continuamente novos cânticos de louvor sobre as misericórdias contínuas de Deus. Infelizmente, muitos de nós apenas seguimos cantando "os velhos mesmos hinos."

Devemos afirmar continuamente as bases fundamentais da nossa fé. Mas como o salmista nos afirma, as obras de Deus na vida de Seus filhos são numerosas. Suas maravilhas, que são mais do que se pode contar, nos dão motivos para expressar o nosso louvor a Ele de múltiplas formas (Salmo 40:5).

Então, por que expressamos o nosso testemunho da graça salvadora de Deus sempre da mesma maneira antiga, ano após ano? Uma experiência nova das misericórdias da cruz e do poder da ressurreição de Cristo deveria preencher continuamente os nossos corações e mentes com novos cânticos.

A história do evangelho nunca muda, graças a Deus por isto. Mas os nossos cânticos de louvor deveriam ser sempre novos. —MART DEHAAN

As novas obras de Deus em nossas vidas colocam um novo cântico em nossos lábios.

19 de julho

Laços familiares

Leitura: Efésios 2:11-22

Leitura da Bíblia em um ano
SALMOS 23–25;
ATOS 21:18-40

…no qual todo o edifício, bem ajustado, cresce para santuário dedicado ao Senhor. —EFÉSIOS 2:21

Um homem idoso, ao visitar uma galeria de arte, ficou profundamente impressionado com uma pintura que apresentava Cristo na cruz. Ela parecia tão real, representando o sofrimento do Salvador, que o seu coração se encheu de gratidão pelo grande preço que o Senhor Jesus pagou para a sua redenção. Com lágrimas correndo por sua face, ele exclamou: "Abençoado seja! Eu o amo! Eu o amo!"

Outros visitantes que estavam por perto se perguntaram do que ele estava falando. Uma pessoa se aproximou, observou a pintura e também sentiu profunda emoção. Voltando-se para o homem idoso, deu-lhe um forte aperto de mãos e disse: "Eu digo o mesmo! Eu também o amo!" Esta cena se repetiu quando um terceiro homem e depois um quarto se aproximaram, olharam firmemente a pintura e exclamaram: "Eu também o amo!" Embora estes homens fossem de igrejas diferentes, sentiram algo em comum, por causa da sua fé em Cristo.

Como cristãos, necessitamos estar conscientes da nossa unidade espiritual com outros cristãos. Precisamos nos concentrar nas questões fundamentais nas quais concordamos, tais como o amor pelo Salvador que morreu por nós, e não discutir sobre questões de menor importância.

Sem considerar as diferenças sinceras, nós como cristãos comprados pelo sangue de Jesus, deveríamos reconhecer que temos laços familiares fortes, em Cristo. —RICHARD W. DEHAAN

Ao nos aproximarmos de Cristo, também nos aproximamos uns dos outros.

Leitura da Bíblia em um ano

SALMOS 26–28;
ATOS 22

APLICAÇÃO PESSOAL

Gratidão

Orar por

20 de julho

Deus me ama?

Leitura: Romanos 5:6-11

Nós amamos porque ele nos amou primeiro. —1 JOÃO 4:19

Não é fácil entender a profundidade do amor de Deus por nós. Por causa do nosso orgulho e temor, falhamos em reconhecer que não merecemos Seu amor gratuito.

Às vezes luto com o orgulho, pois tenho a tendência de crer que mereço qualquer amor que recebo. O orgulho me diz que sou amado somente quando sou amável, respeitável e digno dele.

Em outras ocasiões, sinto a disputa do medo. Lá no fundo, sei que não mereço o amor que recebo. Meus motivos nunca são puros e temo que seja rejeitado se estes motivos forem reconhecidos. Assim, mesmo na luta pela aceitação, vivo com medo de ser desmascarado, revelando que sou muito menos do que os outros pensam que eu seja.

Portanto, quando considero o meu relacionamento com Deus, tenho a tendência de achar que Sua afeição por mim é baseada naquilo que eu faço. Quando faço tudo correto, Ele me ama; mas se cometo uma falta, então espero apenas o Seu desprezo.

No entanto, Deus não nos ama porque merecemos. Ele nos ama apesar do que somos. Em 1 João 4:10 lemos: "Nisto consiste o amor: não em que nós tenhamos amado a Deus, mas em que ele nos amou e enviou o seu Filho como propiciação pelos nossos pecados." Por causa do sacrifício que Jesus Cristo fez por nós, sabemos que somos amados por Deus sempre. Esta verdade simples destrói nosso orgulho e dissipa o nosso temor. —HADDON W. ROBINSON

Ninguém está fora do alcance do amor de Deus.

21 de julho

Em busca da verdade

Leitura: Salmo 119:89-96

*Nunca me esquecerei dos teus preceitos,
visto que por eles me tens dado vida.*
—SALMO 119:93

A busca de uma jovem mulher por Deus começou quando ela tinha 11 anos, vivendo sob o regime comunista ateísta, na antiga União Soviética. Foi então que ela viu uma obra de arte que mostrava o bebê Jesus. Quando ouviu que isto representava o que as autoridades chamavam de "mito" sobre o fato de Deus enviar Seu Filho para a Terra, ela começou a buscar a verdade.

Também ouviu que Deus escreveu um livro sobre a Sua verdade e assim foi em busca de um exemplar. Mas somente quando tinha quase 30 anos encontrou uma Bíblia que lhe permitiram ler. Por fim, havia encontrado a informação que necessitava para confiar em Jesus como Salvador.

De 1971–89 esta jovem mulher arriscou sua própria segurança para buscar a verdade da Palavra de Deus. Hoje, é uma advogada que trabalha para proteger os cidadãos russos da perseguição religiosa. A mensagem do amor de Deus em Cristo está se espalhando porque esta única mulher buscou a verdade.

A verdade de Deus pode ter impacto em nós e em pessoas com as quais convivemos. O salmista escreveu: "Não fosse a tua lei ter sido o meu prazer, há muito já teria eu perecido na minha angústia. Nunca me esquecerei dos teus preceitos, visto que por eles me tens dado vida" (Salmo 119:92,93).

Façamos da Bíblia o nosso maior prazer. Deus nos dará a paixão por Sua eterna Palavra se buscarmos a verdade. —DAVE BRANON

Se você está buscando pepitas da verdade,
a Bíblia é uma mina de ouro.

Leitura da Bíblia em um ano
SALMOS 29–30;
ATOS 23:1-15

Leitura da Bíblia em um ano

SALMOS 31–32;
ATOS 23:16-35

APLICAÇÃO PESSOAL

Gratidão

Orar por

22 de julho

Não está à venda

Leitura: Atos 8:9-25

Pedro, porém, lhe respondeu:
O teu dinheiro seja contigo para
perdição, pois julgaste adquirir,
por meio dele, o dom de Deus.
—ATOS 8:20

Os oficiais da polícia fizeram pelo menos uma prisão fácil. Isso aconteceu na porta dos fundos da delegacia, um motorista bêbado encostou o seu carro na janela aberta, pensando que se tratava de uma lanchonete. Depois de tentar fazer o seu pedido na janela que imaginava ser um balcão de vendas, o motorista surpreendeu-se ao ser preso pelo oficial e receber uma multa por estar dirigindo bêbado.

Um homem, chamado Simão, também teve uma surpresa em sua vida. Conforme Atos 8, ele havia sido um feiticeiro na cidade de Samaria, antes de se tornar um seguidor de Cristo. A sua surpresa chegou quando caminhou em direção aos apóstolos e lhes ofereceu dinheiro. Queria que eles lhe dessem o poder de impor as mãos sobre as pessoas e assim lhes transmitir o Espírito Santo. O apóstolo Pedro recusou-se enfaticamente e o acusou de estar sob a influência de algo pior do que o álcool.

Pedro não estava exagerando. É perigoso pensar que o poder do Espírito Santo é como um produto que possa ser comprado e vendido. A obra do Espírito é um dom de Deus dado gratuitamente, baseado na fé e somente nela. Ele nos deu o Seu Espírito para cumprir os Seus propósitos, e não os nossos. O Espírito Santo não pode ser comprado ou negociado.

Obrigado, Senhor, pelo dom do Seu Espírito.

—MART DEHAAN

Precisamos receber mais do Espírito
— necessitamos da Sua presença em nós.

23 de julho

Morrendo diariamente

Leitura: 2 Coríntios 4:7-12

Em tudo somos atribulados, porém não angustiados […] levando sempre no corpo o morrer de Jesus…
—2 CORÍNTIOS 4:8,10

Você é muitas vezes malcompreendida por causa da sua fé em Cristo? Está cercada de pessoas de espírito crítico e queixoso? Recebe pouco ou nenhum crédito pelo trabalho que faz na igreja ou para sua família?

A resposta mais apropriada é a disposição de ter um espírito humilde e submisso, de morrer como Jesus fez, em toda a Sua vida. Sim, o nosso Senhor morreu uma só vez na cruz; mas em outro sentido, Ele também morreu todos os dias. A cruz foi o ponto culminante de toda uma vida, sempre morrendo. Ele esteve disposto a ser mal-entendido e caluniado, de renunciar ao seu lar e ao conforto, de assumir o papel de servo. Esta foi a Sua "morte". Precisamos estar dispostos a morrer da mesma maneira.

Quando morremos com Ele, o dom de Deus para nós é "a vida de Jesus" (2 Coríntios 4:10), a vida mais atraente que já existiu. Sua beleza crescerá gradativamente em nós e se tornará também a nossa beleza.

Lembre-se deste ditado: "Um quadro é digno de milhares de palavras." O retrato que você fizer de Jesus com Sua presença humilde e tranquila diante de injustiças penosas, é digno de muitas palavras. Alguns talvez vejam a vida de Jesus revelada através de você e anseiem por receber a mesma vida. É assim que o morrer diário pode ajudar a trazer a vida para os outros. —DAVID H. ROPER

Viver diariamente para Cristo requer a morte diária de si mesmo.

Leitura da Bíblia em um ano
SALMOS 33–34;
ATOS 24

APLICAÇÃO PESSOAL

Gratidão

Orar por

Leitura da Bíblia em um ano

SALMOS 35–36;
ATOS 25

APLICAÇÃO PESSOAL

24 de julho

Perdão pela desobediência

Leitura: Oseias 14

Curarei a sua infidelidade, eu de mim mesmo os amarei, porque a minha ira se apartou deles. —OSEIAS 14:4

Jamais me esquecerei da lição dolorosa que aprendi quando criança a respeito da desobediência. Meu pai estava cortando a grama, quando decidiu fazer umas compras. Ele deixou a máquina de cortar perto de algumas flores e me disse para não tocá-la. Mas eu desobedeci e dei um empurrão na máquina. Fiquei chocada quando vi que ela se virou em círculo e passou por cima de diversas flores.

Quando papai voltou, eu disse chorando: "Eu não queria fazer isto!" Sabiamente ele respondeu: "Então por que você o fez?" Sabia a verdade — eu quis empurrar a máquina. O meu pecado não consistiu em ter cortado as flores, mas sim no fato de ter desobedecido meu pai. Esta lição da infância é um lembrete para nos arrependermos da desobediência, e não somente de suas consequências. Em vez de dizer para Deus: "Eu não queria fazer isto", faço o que Oseias disse ao povo teimoso de Israel: "Tende convosco palavras de arrependimento e convertei-vos ao SENHOR…" (Oseias 14:2). Digo honestamente ao Senhor que eu sabia a Sua vontade, mas escolhi desobedecer e clamo por Sua misericórdia. Louvado seja Deus, Ele perdoa!

Você está chorando porque escolheu desobedecer e não está arrependida apenas por causa das consequências? Então prepare o que vai dizer e volte-se para o Senhor ainda hoje. Ele promete perdoá-la do seu pecado, pois Ele a ama de todo o coração (v.4).

—JOANIE E. YODER

Gratidão

Orar por

O arrependimento libera a estrada
para o nosso caminhar com Deus.

25 de julho

Salvando um bebê

Leitura: João 9:1-12

…Nem ele pecou, nem seus pais, mas foi para que se manifestem nele as obras de Deus. —JOÃO 9:3

Leitura da Bíblia em um ano
SALMOS 37–39;
ATOS 26

APLICAÇÃO PESSOAL

O bebê se encontrava em estado crítico no hospital, lutando para respirar. Tinha pneumonia, o que tornava a sobrevivência uma luta para este corpo de apenas 8 meses. Os médicos, as enfermeiras e a família lutavam para salvar o seu pequeno e fraco corpo.

Algumas pessoas diziam que não deveriam ter deixado que ele chegasse aos 8 meses de vida. Outros achavam que ele nem deveria ter nascido ou que deveriam ter deixado ele morrer depois de ter nascido.

Por que alguém diria algo assim? Por uma simples razão: o menino tinha a síndrome de *Down*. Sem ter qualquer culpa, nem seus pais, meu sobrinho-neto tem um cromossomo extra e por isso enfrentará algumas lutas a mais em sua vida.

Mas será que sua vida não vale tanto quanto a vida de uma criança doente sem um cromossomo extra? Não temos todos o mesmo valor aos olhos do nosso Criador? Não somos todos, de alguma maneira, imperfeitos? A nossa falta de perfeição deveria lembrar-nos de que ninguém tem o direito de julgar o valor de outra pessoa.

As imperfeições são oportunidades para Deus trabalhar em nossas vidas. Foi isso o que Jesus falou aos Seus discípulos quando lhe perguntaram por que um homem havia nascido cego. Ele disse que isto ocorreu para que "…se manifestem nele as obras de Deus" (João 9:3).

Vemos Deus trabalhar na vida deste pequeno bebê. Por isto ele está vivo, assim como todos nós.

—DAVE BRANON

Se Deus não tivesse um propósito para nós, não estaríamos aqui.

Gratidão

Orar por

Leitura da Bíblia em um ano
SALMOS 40–42;
ATOS 27:1-26

APLICAÇÃO PESSOAL

Gratidão

Orar por

26 de julho

A busca da felicidade

Leitura: Salmo 34

Oh! Provai e vede que o Senhor é bom; bem-aventurado o homem que nele se refugia. —SALMO 34:8

Em 1948 uma revista reuniu um grupo de representantes de diversas esferas da sociedade para discutir o que os líderes da nação tinham em mente em relação à constituição do país, no que se referia à "busca da felicidade". Eles concordaram que um trabalho regular, com um salário que proporcionasse boas condições de vida, era absolutamente essencial. Alguns incluíram os valores de justiça racial, nenhum egocentrismo e integridade.

Uma jovem participante que era paralítica por causa da poliomielite, respondeu: "A minha experiência é de que infelizmente o sofrimento e a dor são grandes construtores do caráter, não que o sofrimento em si seja algo bom, mas ele muitas vezes ajuda a transferir a nossa expectativa de felicidade de fora para uma busca que vem de dentro." Isto é verdade, mas nós encontramos a felicidade interior somente conhecendo a Deus pessoalmente e seguindo o caminho da confiança e da obediência.

Não encontramos a felicidade perseguindo-a. Ela é o produto de uma busca e caminhada cada vez mais íntima com Deus. Quando fizermos isto, encontraremos a profunda felicidade que nenhuma pessoa ou bem pode dar. Foi a isto que Davi se referiu, quando disse: "Oh! Provai e vede que o Senhor é bom; bem-aventurado o homem que nele se refugia" (Salmo 34:8). —HERB VANDER LUGT

Para conhecer a felicidade,
conheça a Deus.

27 de julho

Contentes e tristes

Leitura: Lucas 12:16-21

Não acumuleis para vós outros tesouros sobre a terra [...] mas ajuntai para vós outros tesouros no céu... —MATEUS 6:19,20

Leitura da Bíblia em um ano
SALMOS 43–45;
ATOS 27:27-44

Há uma velha lenda sobre três homens que estavam atravessando um deserto cavalgando durante a noite. Quando se aproximaram de um riacho que havia secado, ouviram uma voz mandando-os sair de cima dos cavalos, ajuntar algumas pedras pequenas, colocá-las em seus bolsos e não olhar para elas até a manhã seguinte. Foi-lhes prometido que se obedecessem, ficariam contentes e tristes ao mesmo tempo. Depois de fazerem o que lhes foi dito, os três montaram em seus cavalos e seguiram seu caminho.

Quando apareceram os primeiros sinais do amanhecer no horizonte, os homens pegaram as pedras em seus bolsos. Para sua grande surpresa, elas tinham se transformado em diamantes, rubis e outras joias preciosas. Foi então que eles compreenderam o significado da promessa de que ficariam tanto alegres quanto tristes. Ficaram contentes que ajuntaram tantas pedras quantas foi possível, mas tristes de que não haviam ajuntado mais.

Eu me pergunto se não sentiremos a mesma coisa quando chegarmos ao céu. Ficaremos contentes pelo tesouro que acumulamos lá enquanto estávamos na terra e felizes pelas recompensas que Cristo nos dará. Mas também sentiremos remorso por não termos feito mais para servi-lo.

Aproveitemos as oportunidades, a fim de que estejamos mais contentes do que tristes. —RICHARD W. DEHAAN

As coroas que usaremos no Céu devem ser ganhas aqui na Terra.

Leitura da Bíblia em um ano

SALMOS 46–48;
ATOS 28

APLICAÇÃO PESSOAL

Gratidão

Orar por

28 de julho

Uma questão de gosto

Leitura: 2 Coríntios 6:1-7:1

…purifiquemo-nos de toda impureza tanto da carne como do espírito…
—2 CORÍNTIOS 7:1

Duas baratas decidiram ir ao seu restaurante favorito. Enquanto uma delas estava desfrutando da refeição, a outra disse: "Você não acreditaria se visse a casa que acabo de deixar. Ela era impecável. A mulher devia ter uma fobia por limpeza. Tudo estava imaculado — a pia, o balcão, o piso. Você não podia encontrar uma migalha em nenhum lugar." A outra barata parou de mastigar, olhou com certo aborrecimento para sua companheira e disse: "Você tem que falar sobre isto, justamente quando estou comendo?"

Esta história sobre baratas pode ser aplicada também à natureza humana. Lemos no livro de 2 Coríntios que os leitores de Paulo tinham muito a aprender sobre uma vida pura. Eles precisavam desenvolver maior fome e sede por justiça. Por isso, o apóstolo implorou-lhes que se afastassem de tudo o que os contaminava (7:1). Ele os lembrou de que Deus quer que os Seus filhos se afastem da sujeira espiritual.

Se a "pureza" de coração parece ser algo tão pouco atraente, talvez estejamos nos satisfazendo com as migalhas de nossos desejos terrenos. Precisamos aprender a preservar o sabor da piedade.

Pai, perdoa-nos por alimentarmos os desejos da nossa carne pecaminosa. Ajuda-nos a cultivar o sabor que o Espírito Santo quer produzir em nós.

—MART DEHAAN

O pecado não pode florescer onde a piedade é cultivada.

29 de julho

Blecaute

Leitura: 2 Timóteo 1:6-12

Porque Deus não nos tem dado espírito de covardia, mas de poder, de amor e de moderação. —2 TIMÓTEO 1:7

O silêncio me acordou às 5h30 da manhã. Não escutava o ruído constante do ventilador nem o zunido do refrigerador. Ao olhar pela janela, confirmei que um blecaute havia deixado toda a vizinhança sem eletricidade, justamente quando se preparavam para sair para o trabalho.

Compreendi que os despertadores não tocariam e não haveria notícias na TV. As máquinas de café, as torradeiras, os secadores de cabelo e muitos telefones seriam inúteis. Começar um dia sem eletricidade era simplesmente uma inconveniência e uma interrupção da rotina, mas parecia ser um desastre.

Então pensei em quantas vezes me apresso em começar o dia sem a necessária "energia espiritual." Gasto mais tempo lendo o jornal do que a Bíblia. As conversas no rádio substituem o ouvir do Espírito Santo. Reajo nervoso a pessoas e circunstâncias difíceis, em espírito de temor, em vez de reagir com "...espírito de poder, de amor e de moderação" que Deus nos deu (2 Timóteo 1:7). Pareço com uma pessoa espiritualmente descuidada, que se vestiu e se arrumou no escuro.

O nosso blecaute foi de pouca duração, mas a lição da minha necessidade de começar cada dia buscando ao Senhor permanece. Suas forças não me garantirão sucesso ou bem-estar, mas me ajudarão a glorificar a Cristo, vivendo em Seu poder.

—DAVID MCCASLAND

O espírito humano fracassará, a não ser que o Espírito de Deus preencha os corações.

Leitura da Bíblia em um ano
SALMOS 49–50; ROMANOS 1

APLICAÇÃO PESSOAL

Gratidão

Orar por

Leitura da Bíblia em um ano

SALMOS 51–53;
ROMANOS 2

30 de julho

Não desista!

Leitura: Isaías 55:6-13

…assim será a palavra que sair da minha boca: não voltará para mim vazia […] e prosperará naquilo para que a designei. —ISAÍAS 55:11

Tom Dotson é bastante conhecido nas prisões americanas. Já passou mais de uma década atrás das grades.

Ele deu o seu testemunho em um jantar anual para os capelães de prisões. Contou que cresceu num lar cristão, mas se rebelou e rejeitou o evangelho. Sua esposa, que cantou no jantar, ficou ao seu lado apesar dos seus repetidos fracassos. O capelão de uma prisão o acompanhou fielmente e Tom se entregou genuinamente a Jesus Cristo. A vida dele foi transformada pelo Senhor.

Dotson rogou aos obreiros cristãos: "Continuem em seu ministério com pessoas como eu, não importa o quão frustrante isso seja. Talvez tenhamos muitos reveses. Mas não desistam. Existe poder para transformação até mesmo na pessoa mais frustrante, por meio do sacrifício de Cristo, Aquele que realmente nos liberta." Então, olhando diretamente para o capelão que tinha dado o seu testemunho de paciência com ele, Tom disse com carinho: "Obrigado por não ter desistido de mim."

Deus "se compadecerá" de todos os que vêm a Ele (Isaías 55:7). Sua Palavra poderosa "…prosperará naquilo para que a designei" (v.11), libertando homens e mulheres da prisão do pecado (João 8:32).

Você está a ponto de desistir de alguém, achando que esta pessoa nunca mudará? Não o faça! Não desista! —DAVID C. EGNER

Em vez de desistir de uma pessoa, entregue-a para Deus.

31 de julho

Mas ainda virá

Leitura: Lucas 10:1-12,17-20

Mas ele lhes disse: Eu via Satanás caindo do céu como um relâmpago. —LUCAS 10:18

Se Jesus já obteve a vitória sobre o pecado, o sofrimento e a morte, por que então nós ainda pecamos, sofremos e morremos? Para compreender esta aparente contradição, precisamos reconhecer a tensão entre o "já chegou, mas ainda virá" citado no evangelho.

De um lado, o reino de Deus já chegou na pessoa de Jesus. Como Deus-homem encarnado, Ele morreu na cruz para que, por meio de Sua morte e ressurreição, Ele destruísse o diabo (Hebreus 2:14).

Por outro lado, o reino perfeito para o qual Ele nos resgatou, ainda espera a Sua volta pessoal a Terra. Nós experimentamos esta tensão de viver entre os aspectos do "já chegou, mas ainda virá" do reino de Deus.

Lucas 10 ilustra esta tensão. Depois de pregarem o evangelho e voltarem para Jesus, os discípulos estavam radiantes. "Senhor, os próprios demônios se nos submetem pelo teu nome!", contaram eles a Jesus (Lucas 10:17). Ele respondeu que viu Satanás "…caindo do céu como relâmpago" (v.18). Ele também lhes assegurou de que nada lhes faria algum dano (v.19). Todavia, muitos deles sofreram e morreram como mártires, e o mal ainda segue implacável nos dias de hoje.

Mesmo assim, podemos enfrentar qualquer coisa porvir, pois algum dia experimentaremos completamente a vitória que Jesus venceu. Até lá, podemos encontrar conforto sabendo que nada poderá nos separar do amor de Deus (Romanos 8:35-39).

—HERB VANDER LUGT

Satanás pode vencer algumas batalhas, mas ele já perdeu a guerra.

Leitura da Bíblia em um ano
SALMOS 54–56;
ROMANOS 3

APLICAÇÃO PESSOAL

Gratidão

Orar por

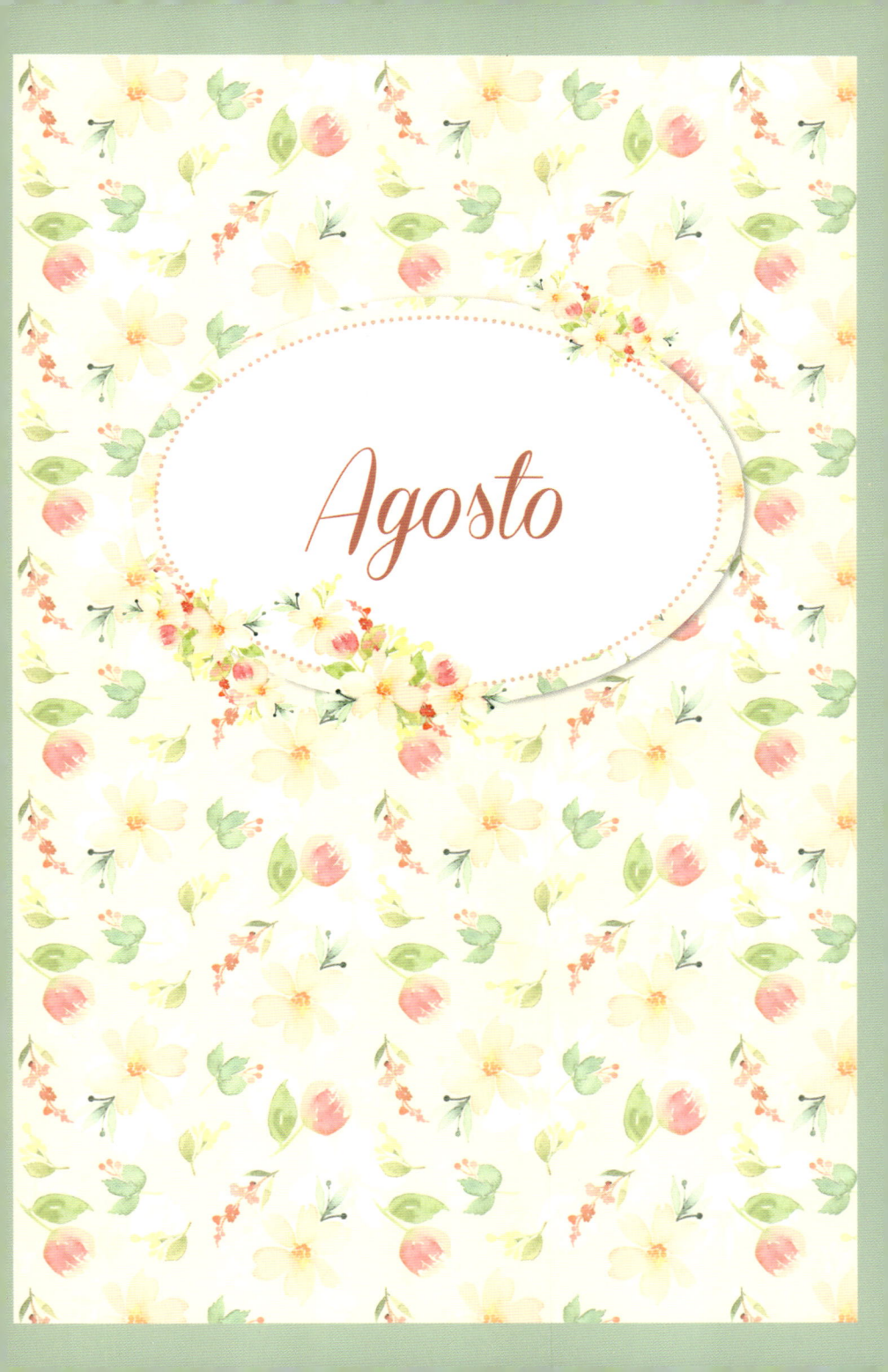

Agosto

AGOSTO

quarta	quinta	sexta	sábado

AGOSTO

OBJETIVOS

TAREFAS DO MÊS

PENSAMENTO DO MÊS

Quando parecer não ser possível *perdoar*, lembre-se do quanto *você* mesma **foi** *perdoada*.

IMPORTANTE

ANIVERSARIANTES

Meus objetivos espirituais

SEMANA 1

SEMANA 2

SEMANA 3

SEMANA 4

1º de agosto

Celebração em massa

Leitura: Apocalipse 5:6-14

*Adorai o S*ENHOR *na beleza da sua santidade; tremei diante dele, todas as terras.* —SALMO 96:9

Leitura da Bíblia em um ano
SALMOS 57–59;
ROMANOS 4

Todos nós gostamos quando alguém nos diz: "Que belo trabalho! Eu o admiro muito." E se diversas pessoas nos dizem que estamos fazendo algo certo, melhor ainda.

Deus também gosta dos louvores de Seu povo e Ele realmente os merece. Nosso trabalho mais importante na Terra é o de exaltá-lo (Salmo 96:9), para que "...em todas as coisas, seja Deus glorificado..." (1 Pedro 4:11). Nossa responsabilidade e privilégio é o de adorar, amar, exaltar e servir ao Senhor.

Apocalipse 5:9-13 nos fala de um dia futuro no céu, quando os cristãos "...de toda tribo, língua, povo e nação...", que foram redimidos pelo sangue de Jesus, estarão diante do Seu trono com louvores. Todas estas pessoas — multiplicadas através dos milênios — constituirão uma congregação inigualável louvando a Deus.

A grandeza de Deus é tão magnificente, tão incompreensível e tão indescritível que, milhões e milhões de pessoas, todas elas louvando e se curvando diante dele em adoração lhe darão a glória que Ele merece.

Mesmo agora, cada um de nós pode participar na celebração da majestade de Deus, glorificando-o com as nossas vidas. E, um dia nos uniremos às pessoas de todas as nações nesta celebração celestial em massa. —DAVE BRANON

Temos toda a eternidade para louvar a Deus, comece hoje.

Leitura da Bíblia em um ano

SALMOS 60–62;
ROMANOS 5

APLICAÇÃO PESSOAL

Gratidão

Orar por

2 de agosto

O óleo benéfico

Leitura: Isaías 61:1-3

...o Senhor me ungiu para pregar boas-novas [e] a pôr sobre os que em Sião estão de luto [...] óleo de alegria, em vez de pranto. —ISAÍAS 61:1,3

Conta-se a história de um idoso excêntrico que carregava uma lata de óleo para todo o lugar. Se passava por uma porta que rangia ou um portão difícil de abrir, ele colocava óleo em suas dobradiças. Sua prática de lubrificação facilitava a vida daqueles que vinham depois dele.

Quase todos os dias encontramos pessoas cujas vidas rangem fortemente com os problemas que enfrentam. Em tais situações temos duas escolhas — agravar seus problemas com o espírito de crítica ou lubrificar as suas vidas no espírito de Cristo.

Algumas pessoas que encontramos têm fardos insuportáveis para carregar e anseiam pelo óleo de uma palavra solidária. Outros estão derrotados e têm vontade de desistir. Somente uma gota de encorajamento poderia restaurar a sua esperança. Ainda outros são mesquinhos e estão endurecidos pelo pecado. Tais pessoas podem se tornar maleáveis pela graça salvadora de Cristo, por meio de aplicações regulares do óleo da bondade.

Quando recebemos a Cristo como Salvador e Senhor, o Espírito Santo habita em nós e nos equipa para abençoar outros. Se estivermos preparadas para derramar o óleo benéfico de Deus a cada dia e em qualquer lugar, começando em casa, demonstraremos a beleza de Cristo e o óleo da alegria a muitas pessoas feridas.

Afinal de contas, o homem idoso com a sua lata de óleo talvez não fosse tão excêntrico assim!

—JOANIE E. YODER

O espírito humano pode sentir nova esperança por meio de uma palavra encorajadora.

3 de agosto

A partir de espinhos

Leitura: Hebreus 12:7-11

Toda disciplina, com efeito, no momento não parece ser motivo de alegria, mas de tristeza...
—HEBREUS 12:11

Um arbusto espinhoso, quase sempre verde, foi importado da Europa e agora cresce de forma silvestre a noroeste do Pacífico. Ele tem rebentos verdes escuros e na primavera é de aparência deslumbrante, com flores cheirosas e amarelas. Mas também é bem conhecido pelos andarilhos e pescadores por causa de seus cruéis espinhos.

É notável que as flores surjam justamente dos espinhos.

A missionária e artista Lilias Trotter escreveu: "O ano todo os espinhos endurecem e se afiam. Vem a primavera, e os espinhos não caem e também não ficam mais macios. Lá estão eles, tão firmes como sempre, mas um pouco mais acima aparecem duas bolas marrons cobertas de penugem, a princípio simplesmente duas manchas, que então desabrocham, justamente dos espinhos do ano passado, em uma explosão de glória dourada."

É isto o que acontece com o sofrimento que acompanha a disciplina vinda de Deus. Justamente quando a situação parece sem esperança e impossível de suportar, surgem os pequenos sinais de vida, que em breve desabrocharão. Veja a questão mais árdua, o lugar mais difícil. Ali, Deus, em Sua graça, pode refletir Sua beleza em você.

Nenhuma disciplina parece ser agradável no momento. "...ao depois, entretanto, produz fruto pacífico aos que têm sido por ela exercitados..." (Hebreus 12:11). —DAVID H. ROPER

A mão da disciplina de Deus é amorosa.

Leitura da Bíblia em um ano

SALMOS 63–65;
ROMANOS 6

APLICAÇÃO PESSOAL

Gratidão

Orar por

Leitura da Bíblia em um ano

SALMOS 66–67;
ROMANOS 7

APLICAÇÃO PESSOAL

Gratidão

Orar por

4 de agosto

Manhã, tarde e noite

Leitura: Salmo 55:16-23

*À tarde, pela manhã e ao meio-dia,
farei as minhas queixas e lamentarei;
e ele ouvirá a minha voz.* —SALMO 55:17

Em maio de 2003 um poderoso terremoto abateu o norte da Argélia. As imagens dos noticiários de TV mostravam pessoas desesperadas em busca de sobreviventes em meio aos escombros, enquanto que outros, entorpecidos, visitavam hospitais e necrotérios para descobrir se os seus entes queridos estavam vivos ou mortos. Famílias se juntaram, chorando e implorando ajuda. Podia-se ver, ouvir e sentir o seu fardo de incerteza e sofrimento.

Se você já experimentou um sentimento intenso de perda, entenderá as palavras de Davi no Salmo 55, que foi escrito durante um tempo de dor em sua vida. Sendo oprimido pelos maus, odiado pelos inimigos e traído por um amigo, Davi falou da ansiedade e da angústia que ameaçavam abater o seu espírito: "…temor e tremor me sobrevêm; e o horror se apodera de mim" (v.5).

Mas em vez de se entregar ao medo, Davi derramou o coração diante de Deus: "Eu, porém, invocarei a Deus, e o SENHOR me salvará. À tarde, pela manhã e ao meio-dia, farei as minhas queixas e lamentarei; e ele ouvirá a minha voz" (vv.16,17).

A oração desvia os olhos da nossa tragédia pessoal para a compaixão de Deus. Ela nos capacita a lançar os nossos fardos sobre o Senhor, em lugar de deixar-nos derrotar sob o seu peso. Quando os nossos corações estão cheios de dor, devemos clamar a Deus em oração — de manhã, ao meio-dia e à noite.

—DAVID MCCASLAND

Nas orações, Deus ouve mais do que palavras; Ele ouve o seu coração.

5 de agosto

Uma atitude amarga

Leitura: Deuteronômio 32:44-52

...Aplicai o coração a todas as palavras que, hoje, testifico entre vós [...] é a vossa vida... —DEUTERONÔMIO 32:46-47

Leitura da Bíblia em um ano
SALMOS 68–69;
ROMANOS 8:1-21

Hoje em dia, dá-se grande ênfase em viver mais tempo e melhor. Os avanços da medicina oferecem esta possibilidade para um número cada vez maior de pessoas. Apesar disso, ninguém pode evitar o envelhecer. Algum dia, a velhice atingirá a todos nós e nossos corpos falharão.

Entretanto, o que podemos evitar é ter uma atitude de amargura e de remorso ao caminharmos nesta direção. Veja a vida de Moisés. Quando ele tinha 120 anos esteve com o povo de Israel antes de atravessarem o rio Jordão e entrarem na Terra Prometida. Ele não podia seguir com o povo porque havia desobedecido ao Senhor quando feriu com ira a rocha no deserto (Números 20:12,24).

Como Moisés poderia ter escorregado facilmente em uma atitude de autocomiseração e ressentimento! Ele não tinha carregado o fardo de um povo obstinado e inflexível por 40 anos? Ele não havia intercedido por eles todo o tempo? Porém, ao final de sua vida, louvou ao Senhor e admoestou a nova geração dos israelitas a obedecerem a Deus (Deuteronômio 32:1-4,45-47).

À medida que envelhecemos, podemos nos deter nos fracassos e dificuldades do nosso passado, ou podemos nos lembrar da fidelidade de Deus, aceitar a Sua disciplina e permanecer olhando para o futuro, em fé. Esta é a única maneira de evitar uma atitude amarga. —DENNIS DEHAAN

Não podemos evitar a velhice; mas podemos evitar nos tornarmos frios.

APLICAÇÃO PESSOAL

Gratidão

Orar por

Leitura da Bíblia em um ano

SALMOS 70–71;
ROMANOS 8:22-39

APLICAÇÃO PESSOAL

Gratidão

Orar por

6 de agosto

Medo de dentista?

Leitura: 1 Samuel 12:6-25

…Não temais; tendes cometido todo este mal; no entanto, não vos desvieis de seguir o SENHOR… —1 SAMUEL 12:20

Algumas pessoas têm medo de ir ao dentista pelas experiências do passado. Uma mulher conta sobre sua infância: "Comecei a ficar aborrecida e chorei, e o dentista disse: Se você não calar a boca, vou bater em você." Hoje em dia ela viaja mais de 100 quilômetros até outra cidade, para consultar outra clínica!

Pessoas que têm medo de se aproximar de Deus enfrentam um problema semelhante. Alguns talvez tenham sido maltratados por líderes espirituais. Outros aprenderam a ter um temor não sadio de Deus quando eram crianças. Outros, esmagados pelos pecados, veem apenas as exigências de Deus por justiça, mas não veem a provisão amorosa do sacrifício de Seu Filho para o pecado.

As pessoas que são parte da leitura bíblica de hoje (1 Samuel 12) estavam com medo porque Samuel lhes apresentou o seu pecado. Mas ele também lhes falou que Deus estava ansioso em perdoá-los.

Precisamos substituir os temores irracionais pelos temores sadios. A Palavra de Deus nos assegura repetidamente de que a dor de se achegar a Ele é bem menor do que a de evitá-lo. Ela também nos assegura de que por causa de Jesus podemos achegar-nos, "…confiadamente, junto ao trono da graça, a fim de recebermos misericórdia e acharmos graça…" (Hebreus 4:16).

Um dentista cuida dos seus dentes, mas Deus quer cuidar do seu coração, oferecendo-se a si mesmo. Não permita que o seu temor o prive disto." —MART DEHAAN

Somente Deus pode preencher o vazio de um coração dolorido.

7 de agosto

Corrente indestrutível

Leitura: 2 Timóteo 1:1-7; 2:1,2

E o que de minha parte ouviste através de muitas testemunhas, isso mesmo transmite a homens fiéis [...] para instruir a outros. —2 TIMÓTEO 2:2

Sempre que encontro um cristão pela primeira vez, me interesso em saber como ele conheceu e aceitou Jesus como seu Salvador. Cada pessoa tem uma história diferente para contar, mas todas testemunham que aprenderam a verdade por causa dos esforços de outros — seus pais, pastores, professores de Escola Dominical, líderes de grupos bíblicos, amigos, escritores. Alguém observou corretamente que o Corpo de Cristo cresce por meio de "uma corrente indestrutível de mestres."

Na leitura das Escrituras de hoje, vemos que Timóteo creu em Jesus por causa da influência de sua avó Loide, sua mãe Eunice e dos ensinamentos de Paulo (2 Timóteo 1:5; 2:2). O apóstolo falou a Timóteo para fazer parte desta corrente, que "...transmite a homens fiéis e também idôneos para instruir a outros" (v.2).

Estes "homens fiéis" que Paulo tinha em mente provavelmente eram anciãos da igreja, mas ele estava expressando um princípio que se aplica a todo o cristão. Recebemos a verdade de alguém; agora temos o privilégio e a solene tarefa de transmitir esta verdade aos outros.

Pense em si mesma como um elo na corrente viva que se estende desde os tempos de Jesus aqui na Terra até o presente momento. Precisamos manter esta corrente forte, contando aos outros sobre Ele, a fim de que o evangelho alcance as gerações futuras.

—HERB VANDER LUGT

As boas-novas devem ser compartilhadas.

Leitura da Bíblia em um ano: SALMOS 72–73; ROMANOS 9:1-15

Leitura da Bíblia em um ano

SALMOS 74–76;
ROMANOS 9:16-33

APLICAÇÃO PESSOAL

Gratidão

Orar por

8 de agosto

Carvão

Leitura: Romanos 16:1-16

Recomendo-vos a nossa irmã Febe […] porque tem sido protetora de muitos e de mim inclusive. —ROMANOS 16:1,2

Winston Churchill sabia que as pessoas que trabalham 'nos bastidores' nem sempre recebem o crédito que merecem. Durante a Segunda Guerra Mundial, muitos trabalhadores das minas de carvão na Inglaterra queriam desistir deste trabalho e lutar nas linhas de frente da batalha. Churchill reconheceu o seu patriotismo, mas lembrou-os de como o trabalho deles era importante para a guerra. Ele disse: "Alguns precisam permanecer nas minas e outros no exército. Ambos são igualmente necessários e há crédito igual para ambos."

Ao olhar para frente, imaginando quando os filhos perguntassem aos seus pais o que tinham feito na guerra, Churchill disse: "Um vai dizer: 'Eu fui um piloto de caça'; outro dirá: 'Eu estive na Marinha' e vocês, por sua vez, vão dizer com o mesmo orgulho e com os mesmos direitos: 'Nós produzimos o carvão.'"

Paulo também reconheceu a importância vital daqueles que trabalhavam por detrás dos bastidores. Grande parte do capítulo 16 de Romanos é dedicada a honrar alguns de seus companheiros na fé, pessoas como Febe, Andrônico, Urbano, das quais provavelmente nunca ouviríamos a respeito. O seu serviço foi valioso para Paulo e para alcançar pessoas para Cristo.

O seu trabalho para o Senhor pode passar despercebido e não ser prestigiado, mas ele é essencial. Continue a "produzir carvão." Você tem muito valor para o Senhor. —DAVID C. EGNER

O pouco que você faz é muito quando dá tudo o que tem.

9 de agosto

Obedecer

Leitura: Tiago 1:21-27

SALMOS 77–78; ROMANOS 10

Tornai-vos, pois, praticantes da palavra e não somente ouvintes... —TIAGO 1:22

Um membro de uma igreja contou ao seu pastor que ele viajaria para a Terra Santa. Contou-lhe que tinha a intenção de visitar o Monte Sinai: "Estou planejando escalar o monte até o seu topo e ler os dez mandamentos em voz alta, quando chegar lá."

Pensando que isto agradaria o seu pastor, ficou surpreso ao ouvir: "Você sabe, eu posso pensar em algo melhor do que isto." O homem perguntou: "Você pode pastor? E o que seria?"

O pastor respondeu com toda a franqueza: "Em vez de viajar milhares de quilômetros para ler os dez mandamentos no Monte Sinai, por que você não fica aqui mesmo em casa e obedece a eles?"

É claro que Deus quer que leiamos a Sua Palavra. Mas mais importante ainda, Ele quer que a obedeçamos. Assim, ao abrirmos a Bíblia todos os dias, deveríamos orar não somente para compreendê-la, mas também para termos a disposição de obedecê-la. Ouvir e fazer, ambas as coisas devem andar de mãos dadas (Tiago 1:22).

Quando Saulo ouviu Jesus falando com ele no caminho para Damasco, perguntou: "Senhor, que queres que eu faça?" (Atos 9:6). Esta é uma boa pergunta que nós podemos fazer, sempre que lermos ou ouvirmos a Bíblia. Sejamos praticantes da Palavra. —RICHARD W. DEHAAN

O Espírito de Deus nos capacita a obedecer a Palavra de Deus.

Leitura da Bíblia em um ano

SALMOS 79–80;
ROMANOS 11:1-18

APLICAÇÃO PESSOAL

---

10 de agosto

Milagres incontáveis

Leitura: Jó 9:1-10

…quem faz grandes coisas, que se não podem esquadrinhar, e maravilhas tais, que se não podem contar. —JÓ 9:10

Quando a escritora Aletha Lindstrom precisa levantar seu espírito, ela pensa no seu livro predileto de poesias, intitulado: *Quem diz ao açafrão que é primavera?* Isto a leva a fazer outras perguntas, como: "…quem produz estas cores maravilhosas das árvores no outono? Quem espalha a chuva em poças brilhantes de água? Quem faz as estrelas brilharem à noite?"

Tais perguntas deveriam estimular a nossa meditação de agradecimento. Há séculos, Jó exclamou que é Deus "Quem faz grandes coisas, que se não podem esquadrinhar, e maravilhas tais, que se não podem contar" (Jó 9:10).

É Deus quem lembra o Sol de surgir no devido tempo, a cada manhã. É Deus quem mantém a Terra constantemente girando em uma velocidade tremenda. É Deus quem alimenta o pardal e veste os lírios no seu esplendor. É Deus quem guia os bandos de aves para o sul no outono e então os traz novamente para o norte, na primavera.

Você pode até argumentar que todas estas maravilhas são simplesmente a operação das leis da natureza. Mas, assim como a lei civil é a expressão da vontade humana, também a lei natural é a expressão da vontade e da sabedoria de Deus.

Ao vermos as maravilhas da criação ao nosso redor, adoremos Aquele que planejou todas elas.

—VERNON C. GROUNDS

Nas maravilhas da criação,
vemos Deus em ação.

Gratidão

Orar por

11 de agosto

Qual sua identidade?

Leitura: Gálatas 3:26–4:7

Pois todos vós sois filhos de Deus mediante a fé em Cristo Jesus.
—GÁLATAS 3:26

Leitura da Bíblia em um ano
SALMOS 81–83;
ROMANOS 11:19-36

Como as pessoas identificam você? Elas dizem: "Ali está a mulher que vende carros." Ou: "Aquela mulher é uma professora."

Quando a nossa filha mais velha era pequena, cantou em um programa nacional de rádio para crianças e gostei muito de ser identificado como "o pai de Lisa Sue." Desde 1990 aprecio ser o "cara da revista de esportes" por causa do meu trabalho. Todos temos pequenos 'títulos', usados por outros para nos identificar.

Jesus perguntou aos Seus discípulos: "…Quem dizem os homens que sou eu?" (Marcos 8:27). Alguns pensavam que Ele fosse Elias ou outro profeta. Mas aqueles que o conheciam melhor, disseram: "Tu és o Cristo" (v.29). Esta era a identificação certa para o Salvador do mundo.

Como as pessoas que conhecem bem a você a chamam? Será que elas dizem: "Ela é uma seguidora de Jesus." Isto vai depender de como você fala com as pessoas, como trata a sua família e da maneira como você vive.

O apóstolo Paulo disse que somos todos "filhos de Deus mediante a fé em Cristo Jesus" (Gálatas 3:26). Esta identificação íntima com Deus, o Pai, deveria transparecer naturalmente aos nossos amigos e conhecidos.

Os que estavam próximos a Jesus sabiam que Ele era o Salvador. Será que os que estão próximos a nós sabem que pertencemos a Ele? —DAVE BRANON

Os que a conhecem, sabem que você é cristã?

Leitura da Bíblia em um ano
SALMOS 84–86; ROMANOS 12

APLICAÇÃO PESSOAL

12 de agosto

O poder do amor

Leitura: Mateus 5:43-48

…amai os vossos inimigos e orai pelos que vos perseguem.
—MATEUS 5:44

Fiódor Dostoiévski conta a história de dois irmãos, Ivan e Alyosha Karamazov. Alyosha é um seguidor devoto de Jesus; Ivan é um cético.

No desenrolar da história, Ivan encontra o seu irmão em um café. Na tentativa de minar a fé de Alyosha, ele recita um enorme poema que havia escrito sobre o grande inquisidor. Nele o inquisidor critica Jesus por Sua decisão de dar aos seres humanos o livre-arbítrio, que trouxe tanta dor e sofrimento para o mundo.

Quando o grande inquisidor termina o seu argumento, Ivan retrata Jesus como o que não tem nenhuma resposta. Em vez disso, Jesus caminha até o inquisidor e o beija. Ivan espera que Alyosha veja isto como um ato irracional. Mas quando termina de falar, Alyosha, imitando Jesus, se curva para frente e dá um beijo em Ivan.

O gesto profundo de Alyosha muda completamente o teor da cena, pois ele representa o triunfo do amor sobre a dúvida e o ceticismo. O amor supera toda a objeção. Nenhum argumento lógico pode derrubá-lo.

Por isso, Jesus nos conclama a amarmos os nossos inimigos e fazer o bem àqueles que nos perseguem (Mateus 5:44). O amor, e não o argumento racional, vence o ódio. A bondade de Deus, revelada por meio do nosso amor, leva as pessoas ao arrependimento. —DAVID H. ROPER

É bom dar aos outros um pedaço do seu coração, não apenas dos seus pensamentos.

Gratidão

Orar por

13 de agosto

Estima

Leitura: Mateus 26:6-13

…Onde for pregado em todo o mundo este evangelho, será também contado o que ela fez, para memória sua.
—MATEUS 26:13

SALMOS 87–88; ROMANOS 13

APLICAÇÃO PESSOAL

Os heróis da Bíblia muitas vezes nos surpreendem. A mulher na leitura de hoje é um exemplo disto (João 12:3 nos diz que seu nome era Maria). Ela foi escolhida por Jesus para ser mencionada em todo lugar onde fosse pregado o evangelho. Maria escandalizou alguns dos que jantavam com Jesus por sua devoção generosa, ao ungi-lo com um perfume do valor de um ano inteiro de salário. Eu creio que Maria fez isto em antecipação à morte de Jesus.

Os que estavam à mesa com Jesus e que expressavam preocupação pelos pobres, perguntaram: "Para que este desperdício?" (Mateus 26:8). Se eles estivessem no funeral de Jesus em lugar de jantando com Ele, talvez tivessem reagido de forma muito diferente. Entretanto, quando Maria mostrou-lhe o seu amor extravagante enquanto Ele estava vivo, foi severamente criticada por tal desperdício.

Podemos aprender uma lição valiosa com a devoção de Maria. Precisamos quebrar nossos melhores perfumes para os que estão vivos. No entanto, muitas vezes esperamos até que alguém que conheçamos tenha morrido, para mostrar-lhe a estima que falhamos em demonstrar em vida.

Você se lembra de uma amiga ou algum membro da família que se sentiria honrado e encorajado por uma expressão do seu amor e estima? Então faça algo para mostrar esta estima enquanto esta pessoa ainda está viva. —HADDON W. ROBINSON

Elogie os outros enquanto eles estão aqui; eles não precisarão disto no futuro.

Gratidão

Orar por

Leitura da Bíblia em um ano

SALMOS 89–90;
ROMANOS 14

APLICAÇÃO PESSOAL

Gratidão

Orar por

14 de agosto

A Bíblia em pé!

Leitura: Josué 6:1-5,20

*Pela fé, ruíram as muralhas de Jericó,
depois de rodeadas por sete dias.*
—HEBREUS 11:30

Os não cristãos sempre zombaram da história bíblica da queda da antiga cidade de Jericó. Por isso me alegrei ao ver esta manchete na primeira página do jornal:

Novo estudo apoia a versão bíblica sobre a queda de Jericó.

O artigo começava assim: "Segundo um estudo arqueológico, os muros de Jericó caíram como está relatado na Bíblia." O arqueologista Bryant G. Wood, da Universidade de Toronto no Canadá, disse: "Quando comparamos a evidência arqueológica de Jericó com a narrativa bíblica que descreve a destruição da cidade pelos israelitas, encontramos uma concordância notável." Wood observou que a Bíblia relata que o evento ocorreu depois da colheita da primavera e indica que os israelitas incendiaram a cidade — estes fatos foram confirmados por restos arqueológicos. Mais uma vez, a Arqueologia dá testemunho da veracidade das Escrituras.

Nossa crença na autenticidade da Bíblia não depende de pesquisas científicas, mas da sua reivindicação de ser a Palavra de Deus. Conforme 2 Timóteo 3:16 nos diz: "Toda a Escritura é inspirada por Deus…". Portanto, podemos ter confiança total naquilo que ela diz.

Isto é um fato — os muros de Jericó realmente caíram. A Bíblia permanece em pé! —*RICHARD W. DEHAAN*

Para os sábios, a Palavra de Deus
é suficiente.

15 de agosto

Todo o pacote

Leitura: Colossenses 1:19-23

Porque fostes comprados por preço. Agora, pois, glorificai a Deus no vosso corpo. —1 CORÍNTIOS 6:20

Nossa família viveu na mesma casa por muitos anos e já estava em tempo de mudar de cenário. Quando finalmente encontramos uma casa da qual gostamos, começamos a negociar a sua compra.

Precisávamos saber se a geladeira e o fogão ficariam na casa. Mas sabíamos que algumas coisas não ficariam, pois os móveis não estavam incluídos na venda. E eu brinquei, perguntando se podíamos ficar com os carros que estavam na garagem.

Quando você compra uma casa, talvez não adquira todo o pacote. O proprietário leva os seus pertences consigo, embora você tenha a opção de comprar alguns deles.

Muitas coisas na vida têm opções de compra. Mas não é assim com a nossa fé em Jesus Cristo. Quando Ele nos comprou com o Seu sangue na cruz, não adquiriu apenas uma parte de nós. Ele não é apenas o Senhor das coisas religiosas; todas as coisas pertencem a Ele. Por que então vivemos muitas vezes como se algumas partes de nós não pertencessem a Jesus? Isto não é justo para o comprador.

Paulo escreveu: "Porque fostes comprados por preço. Agora, pois, glorificai a Deus no vosso corpo" (1 Coríntios 6:20).

Cristo nos comprou — nosso corpo, alma e espírito. Deixemos que Ele nos use completamente para a Sua glória. —DAVE BRANON

Jesus nos deu tudo o que tinha;
Ele merece tudo o que temos.

Leitura da Bíblia em um ano
SALMOS 91–93;
ROMANOS 15:1-13

APLICAÇÃO PESSOAL

Gratidão

Orar por

Leitura da Bíblia em um ano

SALMOS 94–96;
ROMANOS 15:14-33

APLICAÇÃO PESSOAL

Gratidão

Orar por

16 de agosto

Pense como jovem

Leitura: Isaías 40:25-31

*…mas os que esperam no Senhor
renovam as suas forças…* —ISAÍAS 40:31

Em um de seus livros, os autores Warren Bennis e Robert Thomas trazem uma visão fascinante de "como as épocas, valores e momentos moldam os líderes" de duas gerações muito diferentes, dos que estão entre os 21 e 35 anos e dos que estão acima dos 70.

Uma de suas descobertas foi que entre o grupo dos mais velhos, toda pessoa que era capaz de continuar a assumir um papel de liderança mantinha as qualidades da curiosidade, do bom humor, avidez, coragem, calor humano e energia. Em vez de serem derrotadas pelo tempo e pela idade, elas eram "abertas, dispostas a se arriscar, sedentas por conhecimento e experiência, corajosas, ansiosas em ver o que lhes traria o novo dia."

Esta é uma grande atitude, mas como um cristão pode adquirir e mantê-la? A Bíblia diz que a nossa força vem de um relacionamento de confiança com Deus: "…mas os que esperam no Senhor renovam as suas forças, sobem com asas como águias, correm e não se cansam, caminham e não se fatigam" (Isaías 40:31).

Nossas mentes mais do que os nossos corpos, nos levam a desanimar e desistir. Os jovens não estão imunes porque até "…os jovens se cansam e se fatigam" (v.30). Deus dá forças aos jovens e aos idosos que colocam a sua esperança nele. Ele agita os nossos espíritos a correr, caminhar e elevar-nos por Ele.

—DAVID MCCASLAND

Ninguém será velho se tiver
um coração jovem.

17 de agosto

Um alicerce sólido

Leitura: Mateus 7:21-27

Leitura da Bíblia em um ano
SALMOS 97–99;
ROMANOS 16

Porque ninguém pode lançar outro fundamento, além do que foi posto, o qual é Jesus Cristo. —1 CORÍNTIOS 3:11

Podemos nos preocupar tanto com as questões terrenas que transferimos nossa confiança de Jesus Cristo para a fé em nosso próprio intelecto. Então acontece algo que estremece o alicerce sobre o qual havíamos construído a nossa vida.

Phillip E. Johnson, um talentoso advogado, sofreu um derrame e estava a ponto de ter outro. Atormentado por pensamentos temerosos durante estes primeiros dias após a doença, ficou profundamente tocado quando um amigo cantou para ele: "Em nada ponho a minha fé, senão na graça de Jesus; no sacrifício remidor, no sangue do bom Redentor" (CC 366).

Johnson escreve: "Qual era a rocha sólida sobre a qual eu estava? Sempre me orgulhara de ter confiado em mim mesmo e em meu cérebro. Agora o meu ego e cérebro estavam expostos como os instrumentos vacilantes que sempre foram. Eu era cristão em minha maneira de pensar, até um cristão ardente, mas agora toda a fumaça se desvaneceu e eu vi a verdade de perto." Ele resolveu manter Jesus no centro da sua vida e agora é um homem diferente.

Como confiamos em nosso intelecto e raciocínio, somente para depois descobrir que são "instrumentos vacilantes." Nunca nos esqueçamos de que Jesus é a única rocha sólida, o único alicerce da verdade do qual sempre podemos depender. —HERB VANDER LUGT

Construa a sua vida sobre
o alicerce sólido — Jesus Cristo.

Leitura da Bíblia em um ano

SALMOS 100–102;
1 CORÍNTIOS 1

APLICAÇÃO PESSOAL

Gratidão

Orar por

18 de agosto

Conheça a família "Tante"

Leitura: 1 Coríntios 12:12-27

Não podem os olhos dizer à mão: Não precisamos de ti; nem ainda a cabeça, aos pés: Não preciso de vós.
—1 CORÍNTIOS 12:21

No mundo dos negócios o trabalho em equipe é essencial. A respeito do assunto, uma revista escreveu: "Você já ouviu falar da antiquada família Tante? Eles penetram em toda organização. Há o Di Tante, que quer dirigir tudo. O Ro Tante, que tenta mudar tudo. O Agi Tante que suscita problemas sempre que possível e o Irri Tante que sempre lhe dá uma mão."

"Sempre que novas ideias são sugeridas, Hesi Tante e Vege Tante derramam água fria sobre elas. Imi Tante tenta imitar a todos, Devas Tante gosta de ser um transtorno e Impor Tante quer ser o maioral. Mas é o Facili Tante, o Cogi Tante e o Medi Tante que sempre salvam o dia e conseguem unir a todos."

O show de um homem só não vai muito longe. Mas em nenhum lugar esta verdade é tão poderosa quanto no Corpo de Cristo. As Escrituras ensinam que segundo o plano de Deus, todos os que estão em Cristo dependem um do outro. Talvez até pensemos que podemos seguir por conta própria, mas não podemos. Só cumpriremos nosso chamado como membros do Corpo de Cristo quando começarmos a compreender que todos nós temos uma parte vital a cumprir. Somos uma família. Precisamos um do outro.

Ajuda-nos Senhor a vencer o nosso orgulho e teimosia. Ensina-nos a cooperar, por amor a nós e ao Senhor. —MART DEHAAN

Reunir-se é o começo; estar juntos é o progresso; e trabalhar juntos é um sucesso.

19 de agosto

Graça e glória

Leitura: Salmo 84:5-12

Leitura da Bíblia em um ano:
SALMOS 103–104;
1 CORÍNTIOS 2

*...o Senhor dá graça e glória;
nenhum bem sonega aos que andam
retamente.* —SALMO 84:11

Caminho em um parque perto de minha casa. Quando dou a terceira volta, já caminhei 1,6 quilômetros.

É fácil perder a conta das voltas em minha caminhada diária de quase cinco quilômetros. Assim, toda manhã, ajunto nove pedras pequenas e as coloco no bolso, jogando uma fora quando termino uma volta.

Sempre me sinto bem quando só falta uma pedra no meu bolso. Isto me alegra e me ajuda a andar mais rápido.

Dei-me conta de que caminhada pela vida é muito semelhante a estas caminhadas diárias. Já completei três vezes vinte, mais dez anos e não tenho mais muito que andar. Mas isto também dá mais ânimo aos meus passos.

Não estou com pressa de deixar esta vida, mas os meus dias estão nas mãos de Deus. À medida que meu corpo desfalece sob o peso dos anos, existe uma graça dentro de mim que me sustenta. Agora eu caminho "de força em força" e no devido tempo me apresentarei "a Deus em Sião" (Salmo 84:7-11). Isto será a glória para mim.

O nosso Senhor concede favor e honra (graça e glória), diz o salmista, graça para a nossa caminhada terrena e glória quando a terminarmos. "...nenhum bem sonega aos que andam retamente" (v.11).

Você precisa de graça hoje? Deus a dá com abundância. Você apenas precisa aceitá-la. —DAVID H. ROPER

Deus dá graça para esta vida e glória para a vida que está por vir.

Leitura da Bíblia em um ano
SALMOS 105–106;
1 CORÍNTIOS 3

APLICAÇÃO PESSOAL

Gratidão

Orar por

20 de agosto

Uma vez mais

Leitura: Tiago 3:1-12

Com ela, bendizemos ao Senhor e Pai; também com ela amaldiçoamos os homens, feitos à semelhança de Deus.
—TIAGO 3:9

Quando começo a avaliar as redações dos alunos do primeiro ano da universidade, geralmente sou tolerante na correção dos seus erros, esperando não vê-los se repetir.

Mas quando a próxima redação contém erros idênticos, começo a ficar irritado. Espero que os estudantes aprendam com seus erros e evitem-nos da próxima vez. Entretanto, normalmente não é assim.

Acontece o mesmo em nossa caminhada cristã. Por exemplo, o Senhor nos lembra pacientemente por meio do Seu Santo Espírito, que não deveríamos dizer coisas negativas a respeito de outros. Ele nos diz para sermos bondosos e compassivos em vez de buscarmos os erros e sermos vingativos (Efésios 4:31,32). Mas algumas vezes escorregamos de volta ao nosso velho hábito de deixar que as palavras "doces" e "amargas" saiam da nossa boca, em nossas conversas a respeito de outros (Tiago 3:8-12).

Com os meus estudantes, volto aos princípios básicos para apagar os velhos hábitos. Treinamos. Revisamos. Praticamos. Eliminamos os erros.

O Senhor continua a trabalhar pacientemente conosco acerca da maneira como falamos de outras pessoas. Ao ouvirmos os Seus ensinamentos, ao aprendermos com os nossos erros e ao dependermos de Seu poder, cresceremos e mudaremos. —DAVE BRANON

Para deixar o fracasso para trás,
você precisa enfrentá-lo primeiro.

21 de agosto

Uma nova canção

Leitura: Salmo 33:1-5

*Celebrai o S*ENHOR *com harpa, louvai-o com cânticos no saltério de dez cordas. Entoai-lhe novo cântico...* —SALMO 33:2,3

Certa manhã, eu caminhava pelo parque, ouvindo com fones de ouvido o louvor de um coral. Estava sintonizado em outro mundo. A música era uma alegria! Esquecido do que me rodeava, comecei a cantar e a dançar.

Então vi minha vizinha, encostada em uma árvore com um olhar confuso em seu rosto. Ela não podia ouvir a minha música, mas estava encantada com o meu comportamento. Gostaria que ela pudesse ter ouvido a canção que eu ouvia.

Depois disso, pensei na nova canção que Deus colocou em nossos corações, uma canção do outro mundo. Ela declara que Deus nos ama e sempre amará, e que Ele "...nos libertou do império das trevas..." (Colossenses 1:13) e "...nos fez assentar nos lugares celestiais em Cristo Jesus" (Efésios 2:6). E algum dia, nos levará para estarmos com Ele para sempre.

Enquanto isso, o Senhor nos deu coisas eternamente úteis para fazer. Graça agora e glória adiante! Esta não é uma razão para cantar?

Da próxima vez que você estiver desanimada, reflita sobre a bondade de Deus. Sintonize na música celestial e cante uma nova canção com os anjos. Ela pode mover os seus pés para que dancem e despertem grande admiração naqueles que estão ao seu redor. Quem sabe eles também vão querer ouvir a sua música. —DAVID H. ROPER

A obra de Deus em nossas vidas coloca uma nova canção em nosso coração.

Leitura da Bíblia em um ano
SALMOS 107–109;
1 CORÍNTIOS 4

APLICAÇÃO PESSOAL

Gratidão

Orar por

Leitura da Bíblia em um ano

SALMOS 110–112;
1 CORÍNTIOS 5

APLICAÇÃO PESSOAL

Gratidão

Orar por

22 de agosto

A humanidade de Jesus

Leitura: Hebreus 2:9-18

Porque não temos um sumo sacerdote que não possa compadecer-se das nossas fraquezas… —HEBREUS 4:15

Certa vez ouvi o seguinte comentário sobre uma pessoa que era muito crítica: "O problema dele é que esqueceu o que significa ser humano!" Como esquecemos facilmente as nossas lutas do passado e deixamos de ser solidários para com aqueles que estão lutando hoje. Mas há alguém que não esqueceu o que significa ser humano — Jesus.

Em Hebreus 2:9-18, "vemos" a humanidade de Jesus de forma completa. Como homem, pela graça de Deus, Ele foi capaz de experimentar a morte em nosso lugar. E durante a Sua vida terrena, Ele se tornou perfeito, mediante o sofrimento (v.10). Mas ainda há mais. Ambos, "…o que santifica (Jesus) como os que são santificados (nós), todos vêm de um só." Por causa desta unidade, Jesus não se envergonha de chamar-nos de irmãos (v.11).

Jesus viveu, trabalhou e venceu todos os obstáculos em um corpo como o nosso, por isso Ele sabe o que é ser como um de nós. Depois de ter passado por todas estas experiências sem pecar, Ele entrou nos céus e agora é o nosso sumo sacerdote acessível no trono da graça (vv.17,18; 4:14-16).

Todos nós precisamos de alguém que saiba o que significa ser humano, mas ao mesmo tempo, que tenha o poder ilimitado para nos ajudar a vencer as nossas fraquezas humanas. Jesus é esta pessoa. Ele anela que pronunciemos o Seu nome e lhe peçamos por ajuda. —JOANIE E. YODER

Ninguém nos compreende como Jesus.

23 de agosto

Treinar até o fim

Leitura: 1 Coríntios 9:19-27

Mas esmurro o meu corpo e o reduzo à escravidão, para que, tendo pregado a outros, não venha eu mesmo a ser desqualificado. —1 CORÍNTIOS 9:27

Há 80 anos, Eric Liddell eletrizou o mundo ao conseguir uma medalha de ouro nos 400 metros de forma inesperada. Liddell foi o favorito nos 100 metros, mas desistiu da corrida depois de tomar conhecimento de que as provas eliminatórias seriam no domingo, um dia que ele reservava para adoração a Deus e descanso. Em vez de lamentar a chance perdida nos 100 metros, ele passou os 6 meses seguintes treinando para os 400 metros e conseguiu um novo recorde olímpico.

Paulo usou a metáfora dos esportes para enfatizar a necessidade de os cristãos exercitarem a disciplina espiritual. "Todo atleta em tudo se domina…" (1 Coríntios 9:25), isto é, tem uma disciplina severa. "…para alcançar uma coroa corruptível, nós, porém, a incorruptível." Paulo ansiava permanecer fiel a Cristo porque desejava levar a mensagem da salvação a outros (vv.19,27).

Durante cada dia de sua vida, Liddell disciplinou-se espiritualmente, investindo tempo com a Palavra de Deus e em oração. Permaneceu fiel até que morreu de um tumor no cérebro, no Japão, durante a Segunda Guerra Mundial.

Fortalecido pela graça e poder de Deus, Eric Liddell correu bem e terminou forte na corrida da vida. E nós também podemos terminar assim. —DAVID MCCASLAND

Na corrida da vida, precisamos de disciplina para terminarmos fortes.

Leitura da Bíblia em um ano
SALMOS 113–115;
1 CORÍNTIOS 6

Leitura da Bíblia em um ano

SALMOS 116–118;
1 CORÍNTIOS 7:1-19

APLICAÇÃO PESSOAL

Gratidão

Orar por

24 de agosto

Solitário, não sozinho

Leitura: João 16:25-33

...sereis dispersos, cada um para sua casa, e me deixareis só; contudo, não estou só, porque o Pai está comigo.
—JOÃO 16:32

Um breve bilhete anônimo dizia: "Sou uma pessoa deficiente, em uma cadeira de rodas. Estou muito solitária, mesmo sabendo que nunca estou só. Deus sempre está comigo. Não tenho muitas pessoas com quem conversar."

A solidão é uma das palavras mais desoladoras do nosso vocabulário. Ela não respeita idade, raça, nível social ou inteligência. Albert Einstein disse: "É estranho ser conhecido em todo o mundo e mesmo assim sentir-me tão solitário."

Deus nos criou para a intimidade e o companheirismo com as outras pessoas. Mesmo antes do pecado entrar no mundo, Ele declarou que não era bom que o homem estivesse só (Gênesis 2:18). Por isso muitas pessoas sentem um vazio em seu interior. Jesus também conheceu a solidão. Ele certamente a sentiu quando Seus discípulos o abandonaram (Marcos 14:50). Entretanto, a presença do Pai mais que o compensou por isto. Ele disse: "...Não estou só, porque o Pai está comigo" (João 16:32). Esta intimidade com o Senhor está disponível a todos os que colocam a sua confiança nele e em Sua Palavra (14:16-23).

Podemos diminuir nossa solidão ao procurarmos alcançar os outros. Mas o mais importante é buscarmos ao Senhor. Ele sempre está conosco e quer ter comunhão conosco durante todo o dia. —DENNIS DEHAAN

Aqueles que conhecem a Jesus
nunca estão sozinhos.

25 de agosto

Mal passado

Leitura: Oseias 7

Efraim se mistura com os povos e é um pão que não foi virado [...] todavia, não voltam para o Senhor, seu Deus...
—OSEIAS 7:8,10

Leitura da Bíblia em um ano
SALMO 119:1-88;
1 CORÍNTIOS 7:20-40

O profeta Oseias usou a tribo de Efraim como uma representação poética do reino do norte de Israel. Em uma admoestação cheia de cores, ele escreveu que Efraim se tornou "...um pão que não foi virado" (Oseias 7:8).

Na terminologia de hoje, o profeta teria dito que Efraim estava "mal passado." As pessoas eram como um bolo que queimou de um lado e ficou cru do outro. Embora tirassem proveito da bondade do Senhor, eles não o buscavam com o seu coração. Quando precisavam de ajuda, se voltavam para outras fontes (vv.10,11,14-16). Eles se tornaram sem sabor e sem utilidade para Deus, e assim o Senhor foi forçado a julgá-los.

Jesus repetiu as palavras do profeta. Mesmo que Ele tenha usado um vocabulário amável para com os pecadores arrependidos, Deus repreendeu severamente a soberba e a justiça própria daqueles que queriam viver à sua própria maneira. Ele ficou irado com os líderes religiosos de duas caras, que sabiam falar bem, mas ao saírem dali exploravam os seus seguidores (Mateus 23:13-30).

Deus nunca é brando com o pecado. Ele enviou o Seu único Filho para nos redimir do castigo do pecado (João 3:16). Não sejamos cristãos "mal passados", reivindicando o perdão de Deus, mas vivendo como nos agrada. A única resposta certa à misericórdia e graça de Deus é a de servi-lo, em humildade e amor. —HADDON W. ROBINSON

A graça de Deus não é licença para vivermos como queremos, é a liberdade para agradá-lo.

Leitura da Bíblia em um ano
SALMO 119:89-176;
1 CORÍNTIOS 8

APLICAÇÃO PESSOAL

Gratidão

Orar por

26 de agosto

Amigo fiel

Leitura: 2 Timóteo 1:15-18

Em todo tempo ama o amigo,
e na angústia se faz o irmão.
—PROVÉRBIOS 17:17

Depois que uma parente teve um derrame, ela precisava de ajuda para se mover e não conseguia se lembrar de eventos recentes. Certo dia, minha esposa sugeriu que a levássemos para jantar fora. Eu me perguntei se deveríamos realmente fazer isso, porque depois ela nem se lembraria do que fizemos. Minha esposa respondeu: "Enquanto estivermos com ela, saberá que a amamos." Como isto é verdade!

Todos nós precisamos saber que somos amados. Lembro da resposta que recebi quando perguntei a uma pessoa de 90 anos como estavam os seus netos. Ele disse: "Eu não sei. Eu nunca os vejo."

O apóstolo Paulo estava em um cárcere romano úmido, esperando sua execução. Ele nada podia fazer a não ser sentir-se ferido porque muitos amigos de outrora o haviam abandonado. Como ficou agradecido pela amizade que tinha com Onesíforo!

Este homem deixou sua família e seu ministério em Éfeso para fazer amizade com Paulo. Quando chegou a Roma, procurou diligentemente até saber onde Paulo estava preso (2 Timóteo 1:17). E visitou com toda a coragem o apóstolo repetidamente. Paulo disse de Onesíforo: "…porque, muitas vezes, me deu ânimo e nunca se envergonhou das minhas algemas" (v.16).

Lembre-se: "Em todo o tempo ama o amigo", especialmente na adversidade (Provérbios 17:17). Como Onesíforo, sejamos fiéis aos nossos amigos.

—HERB VANDER LUGT

A adversidade é o melhor teste
para uma verdadeira amizade.

27 de agosto

Algo seguro

Leitura: Gênesis 2:8-17

E, assim como aos homens está ordenado morrerem uma só vez...
—HEBREUS 9:27

Leitura da Bíblia em um ano
SALMOS 120–122;
1 CORÍNTIOS 9

APLICAÇÃO PESSOAL

Um homem que sofria com sua frágil saúde, resolveu mudar-se para um clima mais quente. Querendo se assegurar que escolheria a melhor região de acordo com suas necessidades, visitou diversas localidades. Ele perguntava: "Qual é a temperatura média aqui? E a umidade? Quantos dias de sol há?" Quando ele perguntou: "Qual é a média de mortalidade?" Recebeu esta resposta: "A mesma do lugar de onde você veio, uma morte para cada nascimento."

Apesar do progresso da medicina em prolongar a vida e melhorar a sua qualidade, a porcentagem de morte permanece inalterada. "...aos homens está ordenado morrerem uma só vez" (Hebreus 9:27) porque "todos pecaram" (Romanos 3:23) e "o salário do pecado é a morte" (6:23).

Portanto, é essencial viver com a perspectiva certa — de que a morte segue a vida e depois da morte vem o julgamento. Todos aqueles que confiam em Cristo para obter salvação sairão do túmulo e "ressuscitarão para a vida"; mas todos os que o rejeitaram sofrerão a "ressurreição do juízo" (João 5:29). Para os não cristãos, a morte sela o seu destino. Mas para os cristãos, a morte conduz à glória.

Sábia é a pessoa que enfrenta a realidade da morte. E mais sábio é aquele que se prepara para ela.

—RICHARD W. DEHAAN

Gratidão

Orar por

A morte é a última página do tempo e a primeira página da eternidade.

Leitura da Bíblia em um ano

SALMOS 123–125;
1 CORÍNTIOS 10:1-18

APLICAÇÃO PESSOAL

Gratidão

Orar por

28 de agosto

Tempo para chorar

Leitura: João 11:1-7,32-36

Jesus chorou. —JOÃO 11:35

Meu pai (Richard DeHaan) lutou muitos anos com uma doença que o debilitou. Pedimos que o Senhor o levasse ao lar celestial. Mas quando me ajoelhei ao lado de sua cama e vi quando ele respirou pela última vez, as lágrimas que havia reprimido em outras ocasiões, fluíram dos meus olhos como uma enchente. Quando meus irmãos e minha mãe se abraçaram e oraram, esta cena final foi esmagadora.

Este evento ajudou-me a compreender o significado do versículo mais curto da Bíblia: "Jesus chorou" (João 11:35). Deus, o Filho, chorou! Ele conhecia a realidade do céu. Ele era a fonte de toda a esperança para um dia futuro de ressurreição. E mesmo assim, Jesus chorou. Ele amava tanto os seus amigos Maria, Marta e Lázaro que "…agitou-se no espírito e comoveu-se" (v.33). Jesus realmente sentiu a dor dos seus corações.

Quando alguém que amamos morre, lutamos com uma enorme variedade de emoções. Se uma pessoa jovem morre, perguntamos: "Por quê?" Quando a morte vem depois de um longo período de sofrimento, não entendemos por que o Senhor esperou tanto tempo para trazer o alívio. Começamos a pensar em Deus como alguém distante e impossível de ser alcançado pelo nosso sofrimento. Podemos questionar Sua sabedoria ou Sua bondade. Então lemos: "Jesus chorou." Deus fica profundamente tocado pela nossa angústia. Quando uma situação de dor invade a sua vida, lembre-se do versículo mais curto da Bíblia. Jesus também derramou lágrimas. —MART DEHAAN

Se você duvida que Jesus se importa, lembre-se das Suas lágrimas.

29 de agosto

Pão diário

Leitura: Levítico 24:1-9

Eu sou o pão vivo que desceu do céu; se alguém dele comer, viverá eternamente… —JOÃO 6:51

Leitura da Bíblia em um ano
SALMOS 126–128;
1 CORÍNTIOS 10:19-33

APLICAÇÃO PESSOAL

O pão hoje tem valor menor do que nos tempos da Bíblia. Geralmente não pensamos nele como símbolo das necessidades da vida. Entretanto, nos dias de Jesus, o pão representava nutrição em todas as suas formas.

Isto nos ajuda a entender porque o Senhor falou a Israel para colocar o pão no lugar sagrado do tabernáculo — a Sua "casa dos símbolos." Ali, no primeiro quarto, deviam estar 12 pães em cima de uma mesa de ouro puro "perante o Senhor" (Levítico 24:6). Aqueles pães recordavam Israel que Deus sempre provê para os Seus quando eles vêm a Ele conforme Sua vontade. O pão refletia a promessa de Deus de cuidar de todos os que têm fome e sede de justiça (Mateus 5:6; 6:31-34).

Para o cristão, o pão pode representar a Bíblia, Jesus, a comunhão cristã ou qualquer das provisões que Deus deu para as nossas necessidades espirituais. Ele tem cuidado de nós e está pronto a nos alimentar, mas Sua oferta não é incondicional. Ele prometeu prover diariamente o "pão" para aqueles que se dispuserem em obediência a viver e a comer o que a mão de Deus provê.

O Senhor tem cuidado de todos que recebem com disposição e humildade a Sua comida física e espiritual. —MART DEHAAN

Somente Cristo, o Pão Vivo, pode satisfazer a nossa fome espiritual.

Gratidão

Orar por

Leitura da Bíblia em um ano

SALMOS 129–131;
1 CORÍNTIOS 11:1-16

APLICAÇÃO PESSOAL

Gratidão

Orar por

30 de agosto

Esquilos subterrâneos

Leitura: Romanos 8:27-39

Em paz eu vivia, porém ele me quebrantou... —JÓ 16:12

Esquilos subterrâneos hibernam perto da nossa casa durante o inverno e reaparecem quando a neve derrete na primavera. Minha esposa e eu gostamos de observá-los saindo e entrando de um buraco para outro, enquanto outros ficam parados como pequenas sentinelas, vigiando os predadores.

Em meados de maio, um homem de um clube de golfe próximo, chega em um pequeno trator verde, com o tanque cheio de gás mortal. O homem nos conta que estas pequenas criaturas têm que ser eliminadas porque cavam buracos na grama do campo de golfe. Alguns sobrevivem, mas a maioria não. Sempre ficamos um pouco tristes quando vemos o trator chegar.

Se eu pudesse, enxotaria estes pequenos animais. Fecharia os seus buracos e os forçaria a permanecerem em outro lugar. Tenho certeza que ficariam ressentidos com a minha interferência, mas os meus atos seriam apenas para o seu bem.

Assim também é com Deus. Ele pode quebrar os nossos ninhos confortáveis aqui ou ali, mas por detrás de toda mudança difícil está o Seu amor e propósito eterno. Ele não é cruel nem caprichoso; Ele está agindo para o nosso bem derradeiro (Romanos 8:28). Ele quer que sejamos "conformes à imagem de seu Filho" (v.29) e quer nos dar a alegria gloriosa para sempre, no Céu. Como podemos temer mudanças quando estas vêm de alguém, cujo amor por nós nunca muda? (vv.38,39). —DAVID H. ROPER

O amor de Deus pode parecer cruel até que o vemos do outro lado.

31 de agosto

Alegre-se por hoje!

Leitura: Salmo 118:14-24

Este é o dia que o SENHOR fez; regozijemo-nos e alegremo-nos nele. —SALMO 118:24

Num de seus livros a autora Edith Schaeffer descreve um verão no qual o seu marido Francis estava longe, na Europa, por três meses. Ela sentiu muita falta dele neste período e ela e sua irmã decidiram levar os filhos de ambas para morar numa casa que era uma antiga escola. Com um orçamento apertado, dividiram o aluguel, viveram sem carro e criaram aventuras diárias para os cinco filhos pequenos.

Anos mais tarde, olhando para trás, Edith falou daquele verão: "Nunca mais passei um tempo daqueles com meus filhos ou com minha irmã e sobrinhos. Os momentos preciosos da vida devem ser reconhecidos pelo curto espaço de tempo que têm e não desperdiçados por se desejar algo mais."

A perspectiva de Edith nos dá a chave para aplicar as palavras do Salmo 118:24: "Este é o dia que o SENHOR fez; regozijemo-nos e alegremo-nos nele." Em tempos difíceis, nossa tendência é nos tornarmos passivos, enquanto esperamos que a tempestade passe. Mas Deus nos convida a tirar proveito das oportunidades que estão à nossa frente e não lamentar aquilo que não temos.

Porque Deus fez este dia, podemos olhar por intermédio das portas fechadas e ver pessoas e oportunidades que não observamos anteriormente. Ao celebrar o seu valor, descobriremos a alegria e o contentamento que vêm de Deus. —DAVID MCCASLAND

Você não precisa se preocupar com a visão turva se olhar para o lado brilhante da vida.

Leitura da Bíblia em um ano
SALMOS 132–134;
1 CORÍNTIOS 11:17-34

APLICAÇÃO PESSOAL

Gratidão

Orar por

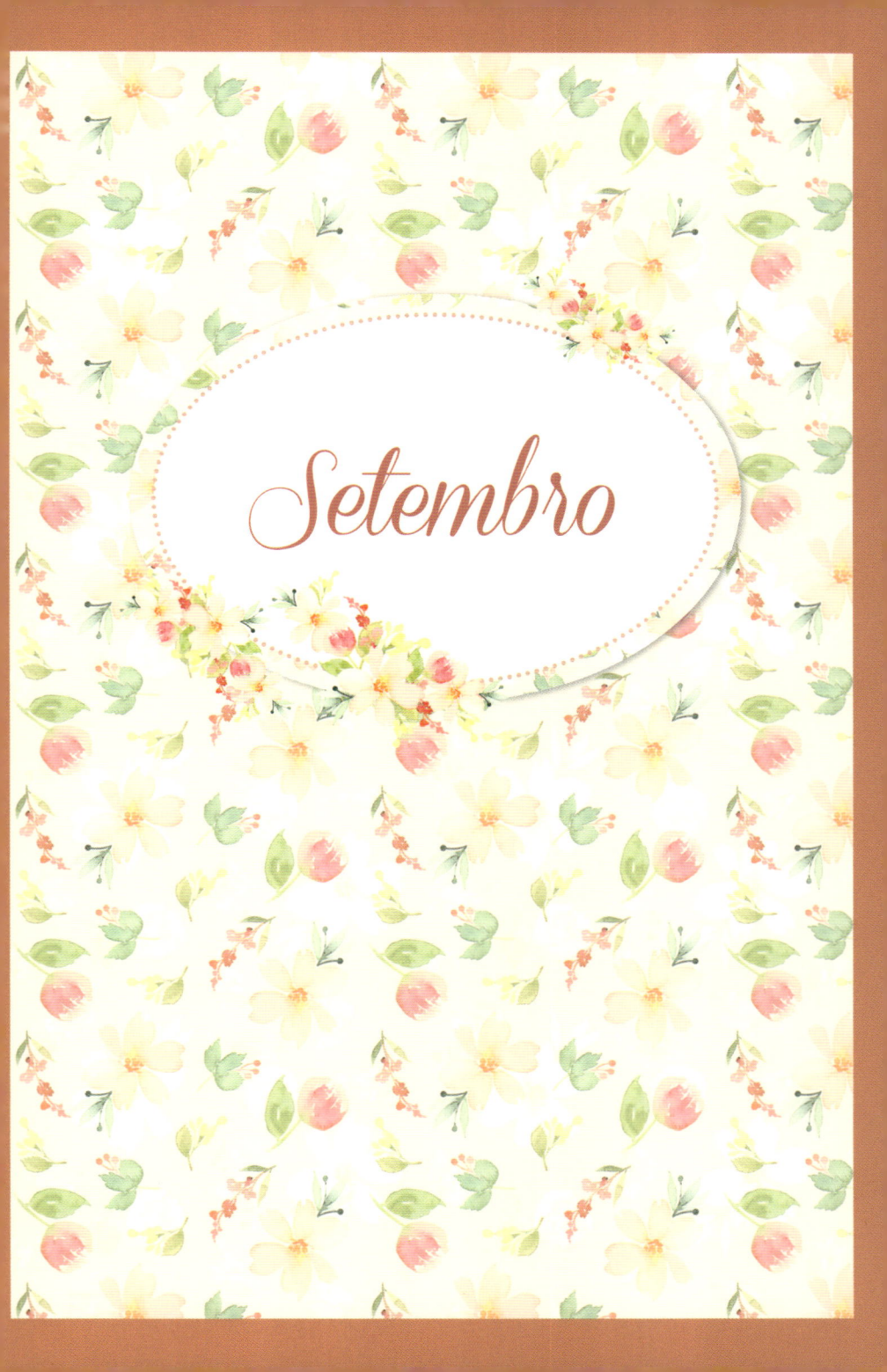

Setembro

Setembro

MOTIVOS DE ORAÇÃO

VIDA ESPIRITUAL

FAMÍLIA

VIDA PROFISSIONAL

FINANÇAS

OUTROS

Ainda que eu ande pelo vale da sombra da morte, não temerei mal nenhum, porque tu estás comigo... —SALMO 23:4

domingo	segunda	terça

SETEMBRO

quarta	quinta	sexta	sábado

SETEMBRO

OBJETIVOS

TAREFAS DO MÊS

PENSAMENTO DO MÊS

Não viva nas sombras do ontem, *caminhe* sob a luz de hoje e na *esperança* do amanhã.

IMPORTANTE

ANIVERSARIANTES

Meus objetivos espirituais

SEMANA 1

SEMANA 2

SEMANA 3

SEMANA 4

1º de setembro

Amigo de pecadores

Leitura: Mateus 9:9-13

Não vim chamar justos, e sim pecadores, ao arrependimento.
—LUCAS 5:32

Leitura da Bíblia em um ano
SALMOS 135–136;
1 CORÍNTIOS 12

APLICAÇÃO PESSOAL

Jesus estava jantando quando "…muitos publicanos e pecadores vieram e tomaram lugar com Jesus e seus discípulos" (Mateus 9:10). Os líderes religiosos daqueles dias ficaram escandalizados com o Seu comportamento. Eles concluíram que Jesus era um amigo de pecadores e, como se viu, Ele realmente o foi. "Porque o Filho do homem veio buscar e salvar o perdido" (Lucas 19:10).

Moralmente, Jesus não tinha nada a ver com os pecadores e nunca participou do estilo de vida deles. Mas Ele não se separou fisicamente das pessoas pecadoras. Ele investiu o Seu tempo e tornou-se amigo delas.

Assim como Jesus, você e eu não podemos evitar a convivência com todo o tipo de pessoas em nossas atividades diárias. Tertúlio, um antigo escritor romano, descreveu o relacionamento entre os cristãos e os não cristãos dos seus dias: "Vivemos entre vocês, comemos a mesma comida, vestimos as mesmas roupas… estamos com vocês neste mundo, não renunciamos nem ao fórum, ao mercado, ao banho, a casa, ao local de trabalho, aos hotéis… Cultivamos com vocês a terra, nos unimos a vocês em empreendimentos de negócios."

Assim como Jesus, nós também devemos buscar os perdidos, e para isto não precisamos fazer muito esforço. É bom nos perguntarmos de tempos em tempos: "Quantos amigos tenho que estão perdidos?"

—DAVID H. ROPER

Ser amiga de Jesus significa ser amiga de pecadores.

Gratidão

Orar por

Leitura da Bíblia em um ano

SALMOS 137–139;
1 CORÍNTIOS 13

APLICAÇÃO PESSOAL

Gratidão

Orar por

2 de setembro

Fé e dúvida

Leitura: Salmo 42

Por que estás abatida, ó minha alma? […] Espera em Deus, pois ainda o louvarei… —SALMO 42:11

Quando perdi uma amiga num acidente de carro, meu coração ficou despedaçado. Fico envergonhada em admitir, mas quando as circunstâncias da vida machucam tanto, minha fé muitas vezes se mistura com as dúvidas. Gritei a Deus estas perguntas: *Senhor, não o entendo. Por que permitiu esta morte?* "…não ouviste que o eterno Deus, o SENHOR […] nem se cansa, nem se fatiga? Não se pode esquadrinhar o seu entendimento" (Isaías 40:28). "Porque os meus pensamentos não são os vossos pensamentos, nem os vossos caminhos, os meus caminhos, diz o SENHOR" (Isaías 55:8).

O Senhor está além da minha compreensão. Mesmo assim, eu me pergunto: *será que o Senhor virou as costas para o mundo?*

"Deus reina sobre as nações; Deus se assenta no seu santo trono" (Salmo 47:8) e "…em seu poder, governa eternamente…" (Salmo 66:7).

Senhor, eu creio que governa este mundo, mas o Senhor se preocupa com a dor? Será que o Senhor se esqueceu de ser bom?

"Pois tu, SENHOR, és bom e compassivo; abundante em benignidade para com todos os que te invocam" (Salmo 86:5).

Sim, Senhor, Tu tens sido bom para mim de muitas maneiras, inclusive ouvindo meus questionamentos ao Seu respeito.

As respostas que Deus nos dá em Sua Palavra podem não afastar a nossa tristeza, mas sempre podemos descansar na verdade de que Ele é sábio, soberano e bom. —ANNE M. CETAS

Toda perda deixa um espaço vazio que somente a presença de Deus pode preencher.

3 de setembro

Simpatia superficial

Leitura: João 15:9-17

O homem que tem muitos amigos sai perdendo; mas há amigo mais chegado do que um irmão. —PROVÉRBIOS 18:24

Leitura da Bíblia em um ano
SALMOS 140–142;
1 CORÍNTIOS 14:1-20

Recentemente recebi um telefonema de uma pessoa que parecia ser muito simpática, dizendo que gostaria de facilitar as coisas em minha vida. Ela me chamou pelo primeiro nome e me perguntou calorosamente como estava o meu dia. Então disse que poderia ajudar-me a economizar milhares de reais em um ano, se eu simplesmente refinanciasse a minha casa com certa financeira. Mas quando compreendeu que eu realmente não estava interessado no assunto, sua simpatia evaporou-se.

Tal simpatia fingida muitas vezes é apenas uma atitude correta de educação que algumas pessoas usam para impressionar outros ou conseguir algo deles.

Contraste esta atitude egoísta com a verdadeira amizade que Jesus demonstrou. Ele disse: "Ninguém tem maior amor do que este: de dar alguém a própria vida em favor dos seus amigos" (João 15:13). Então Ele demonstrou um amor de autossacrifício por nós, morrendo na cruz para perdoar os nossos pecados.

Quando confiamos em Jesus como nosso Salvador e aprendemos a obedecê-lo, experimentamos uma profunda amizade que torna a nossa amizade pelos outros real e sincera.

Senhor, ajuda-nos a evitar uma amizade superficial que usa os outros para conseguirmos o que queremos. Ensina-nos a irradiar o calor de uma amizade à semelhança do Senhor, com todas as pessoas que encontrarmos. —DAVID C. EGNER

A verdadeira amizade pode ser um ímã que atrai as pessoas a Cristo.

Leitura da Bíblia em um ano

SALMOS 143–145;
1 CORÍNTIOS 14:21-40

APLICAÇÃO PESSOAL

Gratidão

Orar por

4 de setembro

Sigamos crescendo!

Leitura: Salmo 1

...antes, crescei na graça e no conhecimento de nosso Senhor e Salvador Jesus Cristo...
—2 PEDRO 3:18

Diversos anos atrás o meu interesse por flores tornou nossa casa um viveiro de plantas. Existe algo no crescimento das plantas que eu gosto muito. Quando inspecionava diariamente o seu progresso, aprendi com meus amigos verdes um novo apreço pela alegria e a necessidade do maravilhoso processo do crescimento.

Como cristãos, também somos como as plantas. Deveríamos aprofundar as nossas raízes, surgir da terra, esticar nossos galhos e irromper em flores. Entretanto, tal condição de crescimento nem sempre é evidente em nossas vidas. É tão fácil tornar-se enfadonho na rotina de nossas atividades diárias. Muitas vezes, apenas seguimos em frente e vivemos quase sem nos movermos firmemente em direção à maturidade e ao ato de produzir frutos.

Em tais épocas, estamos espiritualmente parados e devemos permitir que Jesus, o "sol da justiça" (Malaquias 4:2) aqueça os nossos corações novamente com o Seu amor. Devemos firmar nossas raízes profundamente na Palavra de Deus, meditando nela de dia e de noite (Salmo 1:2). Então seremos como uma árvore frutífera plantada em rios de água viva e nossos ramos se estenderão numa constante e crescente esfera de influência e testemunho. Os ramos estarão cheios de flores que refletirão a beleza de uma vida justa.

Se nos tornamos inativos, cresçamos novamente!

—MART DEHAAN

A deterioração começa quando o crescimento estanca.

5 de setembro

Todo o que nele crê

Leitura: João 3:14-21

Porque Deus amou ao mundo de tal maneira que deu o seu Filho unigênito, para que todo o que nele crê não pereça, mas tenha a vida eterna. —JOÃO 3:16

Henry Moorhouse gostava de pregar sobre o evangelho de João 3:16. Quando ele se deparava com as palavras "todo o que nele crê" enfatizava toda a sua abrangência. Estes termos, dizia ele, deixam claro que qualquer um e todos os que confiam em Cristo serão salvos.

Dizia sempre que estava contente por haver as palavras "todo aquele" em João 3:16, em lugar do nome Henry Moorhouse. Se o seu nome estivesse lá, ele não estaria seguro se o nome significaria ser ele, e explicou: "Certa vez comprei uma máquina que foi enviada erroneamente a um outro homem chamado Henry Moorhouse, em um endereço diferente. Se em João 3:16 estivesse escrito que Deus amou Henry Moorhouse, eu poderia até pensar que se tratava do outro Henry Moorhouse. Mas como diz 'todo o que nele crê' não pode haver engano!" Moorhouse podia ter a certeza de que isto também o incluía.

Sim, "todo o que nele crê" abrange a todos. Se você já crê em Cristo, agradeça-lhe por sua salvação. Se não, deposite a sua confiança em Cristo agora mesmo e receba o Seu dom da vida eterna e todas as bênçãos que a acompanham, a libertação para não ser condenada, o perdão dos pecados, a paz com Deus e a promessa do Céu.

Quem é quem em "todo o que nele crê"? É você. Sou eu. Somos todos nós e qualquer um. Estes são o "quem"! —RICHARD W. DEHAAN

A salvação é um presente
que qualquer um pode abrir.

Leitura da Bíblia em um ano
SALMOS 146–147;
1 CORÍNTIOS 15:1-28

APLICAÇÃO PESSOAL

Gratidão

Orar por

Leitura da Bíblia em um ano
SALMOS 148–150;
1 CORÍNTIOS 15:29-58

APLICAÇÃO PESSOAL

Gratidão

Orar por

6 de setembro

Senhor Rogers

Leitura: Colossenses 3:22-4:1

Tudo o quanto fizerdes, fazei-o de todo o coração, como para o Senhor e não para homens. —COLOSSENSES 3:23

O falecido Fred Rogers, criador e apresentador de um conhecido programa infantil da televisão americana chamado *A vizinhança do senhor Rogers*, tinha uma compreensão especial do seu ministério e de seu trabalho. Sua viúva, Joanne, contou a um jornalista: "Sempre digo às pessoas que ele era um pastor presbiteriano ordenado e este foi o seu ministério. Seu trabalho era o seu ministério e ele o amava; e como o amava. É isto que me entristece ao perdê-lo. Ele teria trabalhado por muito mais tempo se pudesse, no entanto, aceitou isto com todo o seu coração e estava preparado para ir ao Céu."

Talvez pensemos que o nosso trabalho seja secular, e que liderar um estudo bíblico é espiritual. Entretanto, a Bíblia não faz tal distinção. Paulo instruiu os cristãos a trabalhar "…não servindo apenas sob vigilância, visando tão somente agradar homens […] Tudo quando fizerdes, fazei-o de todo o coração, como para o Senhor e não para homens, cientes de que recebereis do Senhor a recompensa da herança. A Cristo, o Senhor, é que estais servindo" (Colossenses 3:22-24).

Quando honramos a Deus e ajudamos as pessoas, o nosso trabalho e ministério se unem em um único serviço agradável a Deus. O senhor Rogers nos mostrou como podemos fazer isto em nossa própria vizinhança. —DAVID MCCASLAND

O trabalho diário, quando feito para Deus, adquire valor eterno.

7 de setembro

Imagem no espelho

Leitura: 2 Coríntios 3:7-18

**PROVÉRBIOS 1–2;
1 CORÍNTIOS 16**

E todos nós [...] contemplando, como por espelho, a glória do Senhor, somos transformados, de glória em glória, na sua própria imagem...
—2 CORÍNTIOS 3:18

Anos atrás, um homem idoso de negócios me perguntou: "Qual é o seu maior problema?"

Ponderei por um instante antes de responder: "Quando olho no espelho toda manhã, vejo o meu maior problema".

A leitura das Escrituras de hoje ensina que os cristãos devem ser como um espelho. Paulo disse que nossas faces não devem ser cobertas. Isto é lógico. Ninguém instala um espelho para depois cobri-lo com uma cortina. Um espelho coberto não cumprirá o seu objetivo de refletir os objetos que estão diante dele.

Em 2 Coríntios 3:18 somos descritos como pessoas que estão "...contemplando, como por espelho, a glória do Senhor". Quando contemplamos a Sua glória "...somos transformados [...] na sua própria imagem...", isto é, somos transformados à semelhança de Cristo.

Quem sabe nos perguntemos por que ainda estamos tão longe de sermos semelhantes a Cristo em nossa forma de pensar e agir. Talvez esta pergunta a ajudará: "A vida de quem estamos espelhando?".

O povo de Deus deve refletir a Sua glória. Para que isto aconteça, devemos ter como hábito o privilégio de contemplar a Sua glória, ler e meditar em Sua Palavra, orar e confiar no Espírito Santo de Deus, a fim de que Ele opere em nossos corações. Somente então conseguiremos obedecer aos Seus mandamentos e depender das Suas promessas.

A glória de quem você reflete hoje? —ALBERT LEE

A face é um espelho do coração
— as pessoas veem a Jesus em seu rosto?

Leitura da Bíblia em um ano

PROVÉRBIOS 3–5;
2 CORÍNTIOS 1

APLICAÇÃO PESSOAL

Gratidão

Orar por

8 de setembro

De quem é a culpa?

Leitura: Lucas 13:1-5

…Pensais que esses galileus eram mais pecadores do que todos os outros galileus, por terem padecido estas coisas? —LUCAS 13:2

Um casal morreu quando seu carro foi atingido por um motorista bêbado. Por que isto aconteceu? Eles eram pessoas boas, ativas em sua igreja e muito queridos. Não tinham nenhuma culpa e não podemos culpar Deus pelo outro motorista ter se embriagado. Algumas pessoas culpariam o diabo. No entanto, devemos reconhecer o fato de que um motorista embriagado, que perde o controle do seu carro, tem alta probabilidade de matar alguém.

Jesus mencionou duas tragédias que ocorreram em Seus dias. Em uma delas, Pilatos matou alguns galileus e misturou o seu sangue com o sacrifício deles (Lucas 13:1). Em outra, 18 israelitas morreram quando uma torre caiu sobre eles (v.4). Tinha-se a ideia de que as pessoas que morressem desta maneira deviam ser culpadas de pecados horríveis. Jesus rejeitou esta forma de pensar. Ele disse aos Seus ouvintes que em lugar de tentar procurar alguém para culpar, deveriam ver tais acontecimentos como uma chamada ao arrependimento. Se eles o rejeitassem voluntariamente como Messias e persistissem em seus pecados, enfrentariam um trágico fim.

Quando ouvimos falar de tragédias inexplicáveis, deixemos a pergunta do "por que" sem resposta. Estando seguros do amor de Deus (Romanos 8:39), vejamos estes acontecimentos como um tempo para autoexame e para o arrependimento. —HERB VANDER LUGT

As tragédias da vida são uma chamada para a reflexão e o arrependimento.

9 de setembro

Caminho desconhecido

Leitura: Salmo 119:105-112

Ensina-me, Senhor, o teu caminho e guia-me por vereda plana…
—SALMO 27:11

Quando caminhamos por veredas desconhecidas, nos deparamos muitas vezes com problemas.

Conheço um adolescente que certa manhã decidiu passar por um caminho diferente para ir ao trabalho. Quando tentava andar por ruas desconhecidas da cidade, passou por um cruzamento, sem perceber o sinal de PARE.

Dentro de alguns segundos, parou, mas não por causa do sinal. Ele recebeu ordem de parar por um policial gentil que o lembrou de que já deveria ter parado. Esta lição a respeito de ruas desconhecidas lhe custou alguns reais.

O que teria acontecido se um guia tivesse acompanhado este jovem motorista? E se alguém estivesse do seu lado para lhe dizer qual o caminho que deveria escolher e tivesse alertado sobre o perigo à sua frente? Ele não teria perdido seu dinheiro, com toda certeza.

Na vida temos que caminhar muitas vezes por veredas desconhecidas — caminhos que podem parecer ameaçadores. Como caminhar por eles, sem cometer erros que nos custem tão caro?

Temos que levar alguém conosco que conheça o caminho. O salmista reconheceu este guia quando escreveu: "Senhor, guia-me na tua justiça […] endireita diante de mim o teu caminho" (Salmo 5:8). O caminho que você está andando hoje lhe parece desconhecido? Peça ao seu Pai celestial que ande com você. —DAVE BRANON

O Espírito Santo que habita em nós irá nos guiar com fidelidade.

Leitura da Bíblia em um ano
PROVÉRBIOS 6–7;
2 CORÍNTIOS 2

APLICAÇÃO PESSOAL

Gratidão

Orar por

Leitura da Bíblia em um ano

PROVÉRBIOS 8–9;
2 CORÍNTIOS 3

APLICAÇÃO PESSOAL

Gratidão

Orar por

10 de setembro

Uma forma de vida

Leitura: Colossenses 3:5-9

...não se ponha o sol sobre a vossa ira.
—EFÉSIOS 4:26

"Como tudo ficou sujo tão depressa?" resmunguei enquanto limpava a mesa de vidro. "Há um mês toda a casa estava completamente limpa." Meu marido respondeu: "A limpeza é uma maneira de viver, e não um acontecimento único." Sei que ele está certo, mas detesto admitir isto. Gostaria de limpar a casa uma só vez e que ela ficasse sempre limpa.

Mas a sujeira não se rende tão facilmente. Uma mancha atrás da outra, e a sujeira retorna. Peça por peça, e a desordem se acumula. O pecado é como a sujeira e a desordem em minha casa.

Quero eliminá-los apenas com uma oração de confissão e arrependimento. Mas o pecado não se elimina assim facilmente. Pensamento após pensamento, e as más atitudes voltam. Escolha após escolha, e as consequências desagradáveis se amontoam.

O apóstolo Paulo falou aos cristãos em Colossos para "...despojai-vos, igualmente, de tudo isto: ira, indignação, maldade, maledicência, linguagem obscena do vosso falar" (Colossenses 3:8). E ele disse à igreja de Éfeso: "Irai-vos e não pequeis; não se ponha o sol sobre a vossa ira" (Efésios 4:26).

A morte e a ressurreição de Cristo eliminaram a necessidade do sacrifício diário. Mas a confissão e o arrependimento ainda são essenciais para a vida diária cristã. Livrar-se de sentimentos como a ira, indignação e maledicência demonstram uma maneira de viver, e não um acontecimento único.

—JULIE ACKERMAN LINK

O melhor apagador do mundo
é a confissão honesta a Deus.

11 de setembro

Nomes preciosos

Leitura: Lucas 10:1,17-24

...alegrai-vos, não porque os espíritos se vos submetem, e sim porque o vosso nome está arrolado nos céus.
—LUCAS 10:20

Ninguém esperava que o segundo aniversário de 11 de setembro tivesse a mesma conotação emocional que o primeiro. Mas esta impressão desapareceu quando na cidade de Nova Iorque, um grupo de 200 jovens começou a ler os nomes das pessoas que haviam morrido no edifício *World Trade Center*. Os leitores eram filhos, filhas, irmãos, irmãs, sobrinhas e sobrinhos das vítimas. Os 2.792 nomes, preciosos para os que os estavam lendo, relembraram aqueles entes amados que foram perdidos.

O nome de uma pessoa representa a sua identidade, suas realizações e seus relacionamentos. Um dia, nosso nome talvez apareça em um monumento comemorativo ou em um túmulo, como marca de lembrança e honra.

Mas existe um livro-mestre celestial que é o mais importante de todos. Quando os seguidores de Jesus anunciaram o seu serviço bem-sucedido a Ele, o Senhor respondeu: "...alegrai-vos, não porque os espíritos se vos submetem, e sim porque o vosso nome está arrolado nos céus" (Lucas 10:20). Então Ele agradeceu ao Pai que simplificou o caminho até Ele, de forma que até uma criança pudesse entendê-lo (v.21).

Uma criança valoriza um relacionamento cheio de amor. Com este espírito, deveríamos nos regozijar que, por meio da fé em Cristo, pertencemos a Deus e estamos seguros em Seu amor por toda a eternidade. Os nossos nomes são preciosos para Ele.

—DAVID MCCASLAND

Quando você confia em Jesus aqui na Terra, Ele escreve o seu nome no Céu.

Leitura da Bíblia em um ano
PROVÉRBIOS 10–12;
2 CORÍNTIOS 4

APLICAÇÃO PESSOAL

Gratidão

Orar por

Leitura da Bíblia em um ano

PROVÉRBIOS 13–15;
2 CORÍNTIOS 5

APLICAÇÃO PESSOAL

Gratidão

Orar por

12 de setembro

O mau samaritano

Leitura: Mateus 23:1-15

Ai de vós [...] hipócritas, porque dais o dízimo [...] e tendes negligenciado os preceitos mais importantes [...] a justiça, a misericórdia e a fé. —MATEUS 23:23

Um bom samaritano, se tornou um mau samaritano, ao salvar a vida de uma mulher e em seguida roubar-lhe a sua bolsa. Os policiais disseram que um transeunte percebeu uma mulher aflita, pronta para pular da ponte. O homem lutou com a mulher até que ela se soltasse, ela caiu de costas no concreto e perdeu a consciência. Foi aí que veio a surpresa. Segundo testemunhas, o suspeito então agarrou a bolsa da mulher e fugiu.

O comportamento escandaloso deste homem ilustra a forma de ser dos fariseus. Eles também estavam prontos a resgatar os outros (Mateus 23:15). Eram considerados homens de oração, das Escrituras, campeões da fé e auxiliadores dos necessitados. Mas as intenções dos seus corações revelaram que na verdade eles eram ladrões e exploradores das pessoas.

Nenhum de nós está acima de tal comportamento. Também podemos ir em busca de outros com o desejo honesto de ajudá-los — mas no íntimo podemos estar mais interessados e preocupados mais com o nosso bem-estar do que com o de outros.

Senhor, não queremos ser assim. Ansiamos ser tão verdadeiros e amorosos quanto o Seu Filho. Ajuda-nos a não ceder ao egoísmo. Quando expressarmos o Seu amor aos outros, não permitamos que nossos motivos se transformem em desejo de vantagem própria. —MART DEHAAN

Um bom motivo pode tornar-se mau
se escapar pelo caminho egoísta.

13 de setembro

Uma questão vitalícia

Leitura: Salmo 90

Os dias da nossa vida sobem a setenta anos ou, em havendo vigor, a oitenta; neste caso, o melhor deles é canseira e enfado… —SALMO 90:10

Leitura da Bíblia em um ano
PROVÉRBIOS 16–18;
2 CORÍNTIOS 6

Os cientistas dizem que a média de vida das pessoas nos Estados Unidos poderá chegar a 100 anos até o final do século 21. Afirmam que a genética que controla o envelhecimento poderia ser alterada a fim de estender a vida além dos 70 ou 80 anos, aos quais se faz referência no Salmo 90:10. Entretanto, o último capítulo da vida ainda terá estes dizeres: "Pois a vida passa depressa, e nós voamos."

Moisés, que escreveu estas palavras, comparou a nossa existência à relva que brota e germina pela manhã, mas à tarde, murcha e seca (vv.5,6). Embora tenha vivido 120 anos (Deuteronômio 34:7), a brevidade da vida sempre esteve presente em sua mente. Por isso, orou: "Ensina-nos a contar os nossos dias para que alcancemos coração sábio" (Salmo 90:12).

D. J. De Pree, foi membro por muitos anos da diretoria de Ministérios Pão Diário. Ele tomava estas palavras ao pé da letra. Ele calculou o número de dias desde o seu nascimento até que alcançasse 70 anos. Ao final de cada dia, descontava um do total. Ao ver este número diminuir, ele se lembrava de viver cada dia mais de forma que tivesse valor para o Senhor.

Todos nós fazemos parte de uma cena que passa rapidamente. Isto deveria nos levar a sermos sóbrios, não nos desanimar. Moisés afirmou que Deus era o seu "…refúgio, de geração em geração…" (v.1). Esta é a forma como devemos enfrentar a questão da transitoriedade de nossa existência terrena. —DENNIS DEHAAN

Uma vida vivida para Deus
terá valor eterno.

Leitura da Bíblia em um ano
PROVÉRBIOS 19–21;
2 CORÍNTIOS 7

APLICAÇÃO PESSOAL

Gratidão

Orar por

14 de setembro

A paz de Jesus

Leitura: Mateus 16:21-23

Deixo-vos a paz,
a minha paz vos dou...
—JOÃO 14:27

Na véspera da execução do mártir cristão Nicholas Ridley (1500–55), seu irmão se ofereceu para ficar com ele na prisão, para confortá-lo. Ridley não quis, dizendo que planejava dormir profundamente como sempre. Como ele conhecia a paz de Jesus, podia descansar no seu Senhor.

Na manhã seguinte, Ridley contou a um companheiro cristão, que também estava sendo executado: "Irmão, tenha ânimo, porque ou Deus vai diminuir a fúria das chamas ou Ele vai nos fortalecer para permanecermos nelas." Então eles se ajoelharam e oraram ali no poste e após uma breve conversa, foram queimados à morte por causa de sua fé.

Jesus deu a Nicholas Ridley a Sua paz (João 14:27). Mas que tipo de paz tinha Jesus? Em Mateus 16:21-23, vemos a Sua paz transparecer em Sua determinação em ir a Jerusalém, mesmo sabendo que iria sofrer e morrer (Lucas 9:51). Pedro o repreendeu, mas Jesus confiou em Seu Pai e enfrentou a cruz. O Seu propósito para a vida era o de morrer.

Amy Carmichael disse: "A paz de Jesus resistiu a todo tipo de teste, tensão e nunca quebrou. É isto, a Sua própria paz, da qual Ele disse: 'lhes dou'".

Não importa quão grandes ou pequenas sejam as nossas provações, podemos confiar que Jesus nos dará a Sua própria paz em meio a elas. —ANNE M. CETAS

Quando Jesus governa o coração,
a paz reina.

15 de setembro

Guiados pelo Espírito

Leitura: Romanos 8:5-17

Leitura da Bíblia em um ano
PROVÉRBIOS 22–24;
2 CORÍNTIOS 8

Pois todos os que são guiados pelo Espírito de Deus são filhos de Deus. —ROMANOS 8:14

Quando eu ainda era um jovem pastor durante os anos 1940, Francis Schaeffer era conhecido por seu talento e organização. Uma escola bíblica de verão em sua igreja atraiu mais de 700 crianças de toda a cidade e foi assunto no jornal local. Mas quando ele e sua esposa começaram um trabalho na Suíça, intencionalmente Schaeffer não determinou nenhum objetivo de organização.

Ele descreveu esta decisão incomum como uma orientação específica de Deus para eles e disse que foi a coisa mais difícil que já havia feito. Mas ele queria que a mão de Deus fosse reconhecida, e não o sucesso de programas bem organizados.

Schaeffer disse: "Parece-me que é muito difícil em nossa geração encontrar algo que não possa ser explicado. Vamos olhar para Deus e ver o que Ele quer fazer por meio desta obra."

Paulo disse: "Pois todos os que são guiados pelo Espírito de Deus são filhos de Deus" (Romanos 8:14). Isto pode ser aplicado a decisões específicas, mas o texto também fala de uma determinação geral para a vida. Os filhos de Deus não deveriam tomar nenhuma decisão sem a liderança do Espírito Santo.

Ser guiado pelo Espírito e seguir a Sua direção significa caminhar na fé que honra a Deus e conduz à vida e à paz (vv.6,13). —DAVID MCCASLAND

O coração do homem traça o seu caminho, mas o SENHOR lhe dirige os passos.
—PROVÉRBIOS 16:9

Leitura da Bíblia em um ano
PROVÉRBIOS 25–26;
2 CORÍNTIOS 9

APLICAÇÃO PESSOAL

Gratidão

Orar por

16 de setembro

Como ser amigo

Leitura: Provérbios 27:6-17

*…mas há amigo mais chegado
do que um irmão.* —PROVÉRBIOS 18:24

Nossa filha Melissa tinha muitos amigos na escola. Uma de suas melhores amigas era Katie. Depois da morte de Melissa em um acidente de carro, Katie nos contou como se tornaram amigas.

Katie era uma aluna nova, pois tinha sido transferida de outro estado. Ela se sentia só, tímida e deslocada, até o dia em que Melissa percebeu que ela estava sentada sozinha no ônibus escolar.

Melissa levantou se do lugar em que estava, sentou-se ao lado de Katie e começou a fazer perguntas. Desde então, elas sempre se sentaram juntas todos os dias e se tornaram amigas inseparáveis pelos sete anos seguintes.

Em nosso mundo existem tantas pessoas que necessitam de apenas um ato de amor para mudar as suas vidas. Elas podem achar que não se enquadram ou que estão enfrentando algum problema que as leva a sentir-se sozinhas. Às vezes, tudo o que temos a fazer é estender a mão, dar um sorriso ou uma palavra de encorajamento. Como cristãos, conhecemos e experimentamos o amor de Deus (1 João 3:16), por isso temos a capacidade de ir ao encontro de outros e compartilhar este amor.

Existem muitas pessoas ao nosso redor que podem ser nossos amigos. Tenhamos a iniciativa da amizade e asseguremo-nos de ninguém fique de fora.

—DAVE BRANON

Quando você vir alguém em necessidade,
seja de fato uma amiga.

17 de setembro

Nada escondido

Leitura: 1 Timóteo 5:24,25

Os pecados de alguns homens são notórios [...]. Da mesma sorte também as boas obras [...] não podem ocultar-se. —1 TIMÓTEO 5:24,5

Uma mulher tinha sido caluniada e mal interpretada por uma colega invejosa. Ela ficou frustrada porque suas tentativas de confrontá-la em particular só tinham piorado a situação. Então decidiu deixar seu orgulho de lado e não fazer mais nada. Ela disse: "Fico contente que o Senhor conhece a verdadeira situação." Ela expressou uma profunda verdade que nos adverte e nos conforta.

Paulo destacou que nada pode ficar oculto para sempre (1 Timóteo 5:24,25). Isto serve como uma advertência solene. Por exemplo: um apresentador de notícias contou sobre uma pessoa altamente respeitada que foi presa por causa de crimes que havia cometido secretamente, por anos.

No entanto, o fato de que nada pode permanecer oculto também pode ser um grande consolo. Conheci pessoas que nunca tiveram uma posição de honra e nem foram reconhecidas por seu serviço. Mas depois que morreram, soube que elas, de forma humilde, haviam tocado muitas vidas com suas palavras bondosas e seus atos de ajuda. As suas boas obras não puderam permanecer ocultas.

Não podemos esconder nada de Deus — esta é uma advertência solene! Mas isto também é um grande conforto, pois nosso Pai celestial sabe de todo sorriso encorajador, toda palavra bondosa e todo ato de amor feito em nome de Jesus. E um dia, Ele nos recompensará por isto. —HERB VANDER LUGT

Nenhum vício, nem virtude podem permanecer secretos para sempre.

Leitura da Bíblia em um ano
PROVÉRBIOS 27–29;
2 CORÍNTIOS 10

APLICAÇÃO PESSOAL

Gratidão

Orar por

Leitura da Bíblia em um ano

PROVÉRBIOS 30–31;
2 CORÍNTIOS 11:1-15

APLICAÇÃO PESSOAL

Gratidão

Orar por

18 de setembro

Alimentando o lobo

Leitura: Romanos 6:15-23

*...nada disponhais para a carne
no tocante às suas concupiscências.*
—ROMANOS 13:14

Conta-se a história do chefe de uma tribo, sentado em frente a uma fogueira com seu neto. O menino havia quebrado um tabu daquela tribo e seu avô queria ajudá-lo a compreender o que ele tinha feito. O chefe da tribo disse: "É como se tivéssemos dois lobos dentro de nós. Um é bom, o outro é mau. Ambos desejam que nós lhes obedeçamos."

O menino perguntou: "Qual deles é o que vence?"

O velho chefe da tribo respondeu: "Aquele a quem alimentarmos!"

Todo seguidor de Jesus Cristo pode se identificar com esta batalha. Estamos em uma luta incessante com desejos egoístas e pecaminosos. Eles surgem dentro de nós e nos pressionam fortemente, a fim de que os alimentemos. Parece que estão morrendo de fome e sede. A princípio, são pequenos e inofensivos desejos, mas crescem e ficam mais fortes e por fim conseguem nos controlar (Romanos 6:16).

Para resistir, devemos crer no que a Bíblia nos diz sobre o poder da tentação. Também devemos crer que o Espírito Santo nos ajudará a resistir ou nos libertará do seu poder.

Mas então vem a parte mais difícil. Quando um desejo mau pede para ser alimentado, devemos dizer não, se necessário repetidamente. Paulo disse: "nada disponhais para a carne" (13:14).

Lembre-se: o que alimentamos nos controlará.

—DAVID C. EGNER

É mais fácil resistir ao primeiro
mau desejo do que satisfazer todos
os que se seguem depois.

19 de setembro

Informar Deus

Leitura: Salmo 139:1-6

Acaso, alguém ensinará ciência a Deus... —JÓ 21:22

Não podemos contar algo a Deus que Ele já não saiba. Quando oramos, estamos simplesmente colocando em palavras o que Ele já sabia anteriormente.

Isto não torna a oração desnecessária; antes, nos anima a orar. Encontramos alívio em falar com alguém que conhece a nós e toda situação. É um conforto saber que a resposta de Deus vem não de informações que nós lhe damos, mas do Seu perfeito conhecimento de nossas circunstâncias. Ele conhece todas as condições, passadas, presentes, futuras, que servem para o nosso bem-estar.

Em Mateus 6:8 Jesus disse: "o vosso Pai, sabe." Ele sabe dos nossos pensamentos, nossas intenções, nossos desejos; Ele conhece profundamente todos os nossos caminhos (Salmo 139:3). Ele conhece o sofrimento do nosso coração, a tensão das contínuas frustrações, os inimigos dentro e fora que lutam contra as nossas almas.

Então, podemos atrever-nos a ditar o tempo e a forma da libertação das provações ou da adversidade? Podemos dizer que a nossa maneira é a melhor para desenvolver a nossa alma?

Não, não podemos ensinar nada a Deus. Somente Ele sabe como nos conduzir à glória. De todos os caminhos possíveis, Ele escolheu o melhor, a rota que mais se adapta ao que somos e segundo o que Ele tem preparado para nós.

Não podemos ensinar nada a Deus, mas podemos amá-lo e confiar nele. E isto é tudo o que Ele pede de nós. —DAVID H. ROPER

Deus conhece o fim desde o começo, por isso podemos confiar nele em tudo durante este trajeto.

Leitura da Bíblia em um ano
ECLESIASTES 1–3;
2 CORÍNTIOS 11:16-33

APLICAÇÃO PESSOAL

Gratidão

Orar por

Leitura da Bíblia em um ano

ECLESIASTES 4–6;
2 CORÍNTIOS 12

APLICAÇÃO PESSOAL

Gratidão

Orar por

20 de setembro

Se há dúvida, não!

Leitura: Romanos 14:14-23

Mas aquele que tem dúvidas é condenado se comer, porque o que faz não provém de fé; e tudo o que não provém de fé é pecado. —ROMANOS 14:23

Em seu livro *Illustrations of Bible Truth* (Ilustrações da verdade da Bíblia), H. A. Ironside conta a respeito de um homem que estava se preparando para participar de um banquete. Ele queria vestir uma camisa branca que tinha usado numa ocasião anterior e por isso a inspecionava cuidadosamente para saber se ela estava muito suja.

Sua esposa percebeu o que ele estava fazendo e disse: "Lembre-se, querido, se você tem dúvidas, não vá em frente." A questão estava decidida. O homem jogou a camisa no cesto de roupa suja.

O conselho desta esposa me lembra do princípio contido no texto de hoje. É um princípio que pode ser aplicado a questões duvidosas de consciência. Em caso de dúvida, não.

As dúvidas sobre as quais o apóstolo Paulo escreveu no capítulo 14 de Romanos tinham a ver com carne e vinho, considerados "impuros" por alguns, mas não por outros (vv.14,21). Ele indicou que se tivermos dúvidas se um ato é certo ou errado e ainda assim o fizermos, o nosso ato não é fruto de fé e, portanto, é pecado (v.23). Ele também destacou que é errado fazer qualquer coisa que leve um irmão em Cristo "a tropeçar, ou se ofender ou se enfraquecer" (v.21). Nunca devemos dar a outro cristão razão de violar a sua consciência.

Quando enfrentamos práticas questionáveis com a consciência atribulada, fazemos bem em seguir o princípio: Em caso de dúvida, não! —*RICHARD W. DEHAAN*

Uma pequena palavra pode nos poupar de muitos problemas. É a palavra NÃO.

21 de setembro

Rebaixado

Leitura: Filipenses 2:5-11

Leitura da Bíblia em um ano
ECLESIASTES 7–9;
2 CORÍNTIOS 13

Humilhai-vos, portanto, sob a poderosa mão de Deus, para que ele, em tempo oportuno, vos exalte. —1 PEDRO 5:6

Um redator de esportes descreveu o grande jogador e treinador de beisebol, Don Baylor, como uma pessoa que sempre se lembrou do que significa ser "rebaixado" para jogar em times menores. Quando um de seus jogadores era rebaixado de posto, ele sempre lhe explicava a situação. Um proprietário de um time falou de Baylor: "Ele passou por diversas lições da vida, as quais pode compartilhar com os jogadores." Isto faz uma grande diferença quando o treinador sabe como se sente o jogador.

É sempre humilhante ser rebaixado de posto, de privilégios ou responsabilidades. Mas estas coisas podem vir como parte do treinamento de Deus em nossas vidas. O apóstolo Pedro escreveu: "Deus resiste aos soberbos, contudo, aos humildes concede a sua graça. Humilhai-vos, portanto, sob a poderosa mão de Deus, para que ele, em tempo oportuno, vos exalte" (1 Pedro 5:5,6).

O apóstolo Paulo descreveu Jesus como o exemplo de humilde submissão a Deus. Ele foi rebaixado do Céu para tornar-se homem — um "servo" que foi obediente a ponto de morrer na cruz por nossos pecados (Filipenses 2:6-8).

Humildade e submissão a Deus não são sinais de fraqueza, mas evidências do poder e caráter à semelhança de Cristo. Podemos receber coragem e forças do próprio Senhor Jesus, que sabe o que significa ser "rebaixado". —DAVID MCCASLAND

O poderoso Criador do Universo tornou-se o humilde carpinteiro de Nazaré.

Leitura da Bíblia em um ano

ECLESIASTES 10–12; GÁLATAS 1

APLICAÇÃO PESSOAL

Gratidão

Orar por

---

22 de setembro

O sinal certo

Leitura: Mateus 14:14-21

Desembarcando, viu Jesus uma grande multidão, compadeceu-se dela e curou os seus enfermos. —MATEUS 14:14

Foi um engano trágico. No dia 3 de julho de 1988, o navio USS Vincennes abateu um avião iraniano com 290 pessoas a bordo. Todos morreram. O capitão do navio pensou que estavam sendo atacados por um avião de combate iraniano F-14.

Pesquisas de opinião pública mostraram que a maioria dos americanos se opôs a pagar indenização às famílias das vítimas. O tratamento cruel dos reféns americanos no Irã ainda estava vívido em muitas mentes. Mas o presidente americano aprovou a indenização. Quando os repórteres lhe perguntaram se tal pagamento não seria um sinal errado, ele respondeu: "Nunca acho que a compaixão seja um mal precedente."

O princípio da vingança é bem mais simples de ser praticado. No entanto, a compaixão é uma característica cristã, um profundo cuidado pelas necessidades físicas, emocionais e espirituais da pessoa como um todo. Ela revela a bondade de Deus por pessoas pecadoras — por você e por mim.

Alimentar cinco mil pessoas foi um milagre que surgiu da compaixão. Jesus ficou comovido com as necessidades físicas e espirituais das pessoas (Mateus 14:14; Marcos 6:34). Ele não se contentava simplesmente em ensinar e então deixá-las seguir o seu caminho.

Como cristãos, devemos olhar para a pessoa em sua totalidade com os olhos de Jesus. Ser movido pela compaixão sempre envia o sinal certo. —DENNIS DEHAAN

A compaixão é o amor em ação.

23 de setembro

Quem recebe o amor?

Leitura: Lucas 15:11-32

Leitura da Bíblia em um ano
CÂNTICO DOS CÂNTICOS 1–3;
GÁLATAS 2

APLICAÇÃO PESSOAL

Meu filho, tu sempre estás comigo; tudo o que é meu é teu. —LUCAS 15:31

Um sociólogo estava pesquisando sobre as dificuldades de crescer em uma família grande, e por isso entrevistou uma mãe de 13 filhos. Ele a indagou: "Você acha que todos os filhos merecem o amor imparcial total e a atenção de uma mãe?"

"É claro", respondeu ela.

"Bem, qual dos seus filhos você ama mais?" ele perguntou, procurando pegá-la em contradição.

Ela respondeu: "Aquele que está doente até que fique bom novamente e aquele que está longe, até que volte para casa."

A resposta desta mãe lembra-me do pastor que deixou as 99 ovelhas para buscar aquela que estava perdida (Lucas 15:4), a mulher que procurou a dracma perdida (v.8) e o pai que fez uma festa quando seu filho perdido voltou para casa (vv.22-24).

Os líderes religiosos dos dias de Jesus ficaram ressentidos pela maneira como Ele dava tanta atenção aos pecadores (vv.1,2). Por isso, Ele contou estas histórias para enfatizar o amor de Deus pelas pessoas que estão perdidas no pecado. Deus tem amor suficiente para todos. Além disso, aqueles que estão "bem" e não estão "perdidos" experimentam igualmente todo o amor do Pai como aqueles aos quais Ele dá uma atenção especial (v.31).

Pai, perdoa-nos por nos sentirmos menosprezados quando o Senhor derrama o Seu amor sobre os pecadores necessitados. Ajuda-nos a ver como também somos carentes e ajuda-nos a permanecer em Seu imenso amor. —MART DEHAAN

Deus ama a cada um de nós como se só existisse um de nós para ser amado.
—AGOSTINHO

Gratidão

Orar por

Leitura da Bíblia em um ano

CÂNTICO DOS CÂNTICOS 4–5;
GÁLATAS 3

APLICAÇÃO PESSOAL

Gratidão

Orar por

24 de setembro

Os planos de Deus

Leitura: Provérbios 16:1-9

*O coração do homem traça o seu caminho, mas o S*ENHOR* lhe dirige os passos.* —PROVÉRBIOS 16:9

Acontecimentos transformadores na vida não vêm por acaso. Eles não são determinados pelas estrelas. Não ocorrem por sorte. Não existe nada que seja o acaso. O Senhor usa toda as situações da vida para cumprir os Seus propósitos.

Frank W. Boreham (1871–1959), um pastor e ensaísta britânico, disse: "Não foi por acaso que Elias e Acabe se encontraram na encosta do monte Carmelo. Não foi por acaso que Herodes e João Batista se encontraram na Galileia. Não foi por acaso que Pilatos e Jesus se encontraram na sala de julgamento, em Jerusalém. Não foi por acaso que Pedro e Cornélio se encontraram no barco sírio. E não foi por acaso que Filipe e o etíope se conheceram na rua empoeirada de Gaza. Não foi por acaso que Nero e Paulo se encontraram em meio aos antigos esplendores de Roma… Não, nossos encontros não são um acaso como não foi o encontro de Stanley e do missionário escocês, David Livingstone na África Central."

Deveríamos iniciar cada dia com um desejo sincero de agradar ao Senhor na alegre expectativa de ver os planos dele para nós. Podem ser circunstâncias não planejadas ou pessoas que conhecemos inesperadamente. Mas deveríamos dar-lhes as boas-vindas e vê-las como oportunidades para testemunhar, para servir aos outros e para crescermos espiritualmente.

Ao reconhecer a direção soberana de Deus, regozijemo-nos com Seus planos. —RICHARD W. DEHAAN

As paradas de um bom homem são ordenadas pelo Senhor, bem como o seu caminhar. —MÜLLER

25 de setembro

Ele está no céu

Leitura: 2 Coríntios 5:1-8

Porquanto, para mim, o viver é Cristo, e o morrer é lucro. —FILIPENSES 1:21

Quando eu soube que o meu querido amigo Kurt DeHaan, ex-editor administrativo do *Pão Diário*, havia morrido de um ataque cardíaco enquanto fazia seus exercícios na hora do almoço, disse para mim mesmo: "Ele está no Céu." Isto me trouxe grande conforto.

Alguns dias mais tarde, eu falava com meu antigo pastor Roy Williamson, agora na casa dos 80 anos, e lhe perguntei sobre um homem da nossa congregação. Ele disse: "Ele está no Céu." Também quis saber a respeito de outra pessoa. Ele replicou: "Ela também está no Céu." Então, com os olhos cintilantes, ele disse: "Eu conheço mais pessoas no Céu do que aqui na Terra".

Mais tarde, fiquei pensando sobre as palavras daquele pastor. Ele podia ter dito simplesmente: "Ele morreu" ou "Ela morreu." Mas como é bom e animador ouvir que aqueles santos queridos de Deus estão no Céu. Que alegria saber que quando os que creram em Cristo como seu Salvador morrem, vão instantaneamente com Jesus! O apóstolo Paulo o colocou desta maneira: "…estamos em plena confiança, preferindo deixar o corpo e habitar com o Senhor" (2 Coríntios 5:8). Lá não haverá mais dor. Nem tristeza. Nem pecado. Somente paz, alegria e glória.

Nós ainda sofremos quando um cristão querido morre. A dor é uma expressão de amor. Mas debaixo disto tudo há uma alegria infalível porque sabemos que nosso ente querido está no Céu. —DAVID C. EGNER

Os filhos de Deus nunca dizem adeus pela última vez.

Leitura da Bíblia em um ano
CÂNTICO DOS CÂNTICOS 6–8; GÁLATAS 4

APLICAÇÃO PESSOAL

Gratidão

Orar por

Leitura da Bíblia em um ano

ISAÍAS 1–2;
GÁLATAS 5

APLICAÇÃO PESSOAL

Gratidão

Orar por

26 de setembro

Uma lição de louvor

Leitura: Salmo 150

Louvai a Deus no seu santuário...
—SALMO 150:1

O Salmo 150 não é somente uma expressão bonita de louvor, mas também é uma lição de como louvar ao Senhor. Ele nos fala onde devemos louvar, porque devemos louvar, como devemos louvar e a quem deveríamos oferecer o nosso louvor.

Onde devemos louvar? No "santuário" de Deus e "no firmamento" (v.1). Onde quer que estejamos neste mundo, este é o lugar apropriado para louvar aquele que criou todas as coisas.

Por que devemos louvar? Primeiro, pelo que Deus faz. Ele realiza "feitos poderosos". Segundo, por quem Deus é. O salmista o louvou por causa de "sua muita grandeza" (v.2). O Criador Todo-Poderoso é o Sustentador do Universo.

Como devemos louvar? Em voz alta. Silenciosamente. Com entusiasmo. Com ritmo. Ousadamente. De forma inesperada. Sem temor. Em outras palavras, podemos louvar a Deus de diversas maneiras e em muitas ocasiões (vv.3-5).

Quem deveria louvar a Deus? "Todo o ser que respira" (v.6). Jovens e idosos. Ricos e pobres. Fracos e fortes. Toda criatura com vida. A vontade de Deus é de que todo o que recebeu o sopro de vida, use-o para reconhecer Seu poder e grandeza.

O louvor é a nossa expressão de entusiasmo e de gratidão a Deus por reinar em glória, para sempre.

—JULIE ACKERMAN LINK

O louvor é o transbordar de um coração alegre.

27 de setembro

O cuidado de Deus

Leitura: Salmo 31:1-14

*…pois tens visto a minha aflição,
conheceste as angústias de minha alma.*
—SALMO 31:7

Durante um tempo de dor, C. S. Lewis observou que os seus vizinhos atravessavam a rua para evitá-lo quando viam que ele se aproximava.

Davi também conheceu um tempo de sofrimento quando disse: "…espanto para meus vizinhos [...] estou esquecido no coração deles, como morto…" (Salmo 31:11,12).

Talvez você passe por tempos nos quais os amigos parecem que a esqueceram em sua tristeza. Eles não telefonam, não escrevem, nem prometem orar.

Mas estes são tempos nos quais podemos sentir a ternura de Deus de forma mais profunda. Quando os dias são longos e solitários e ninguém parece se importar, Ele nos busca e nos cerca com Seu cuidado amoroso. Nossa tristeza está longe de incomodá-lo, ela desperta a Sua tenra compaixão. Ele conhece a angústia do nosso coração (v.7). E Ele se preocupa. Assim podemos entregar o nosso espírito em Suas mãos (v.5), como nosso Senhor Jesus o fez quando todos o abandonaram e fugiram.

O poeta Frank Graeff pergunta: "Será que Jesus se preocupa quando meu coração está com dor demais para sorrir e cantar, quando os fardos pressionam, a ansiedade aflige e o caminho se torna cansativo e longo?" A resposta? Sim! Ele nos convida a entregarmos os nossos fardos e ansiedades a Ele porque Ele tem cuidado de nós (1 Pedro 5:7).

Confie em Deus para cuidar de você hoje.

—DAVID H. ROPER

Nunca podemos ir além do círculo do cuidado de Deus.

Leitura da Bíblia em um ano
ISAÍAS 3–4;
GÁLATAS 6

Leitura da Bíblia em um ano

ISAÍAS 5–6;
EFÉSIOS 1

APLICAÇÃO PESSOAL

Gratidão

Orar por

28 de setembro

Pensem juntos

Leitura: Filipenses 4:4-13

…se alguma virtude há e se algum louvor existe, seja isso o que ocupe o vosso pensamento. —FILIPENSES 4:8

Um executivo da maior fábrica de brinquedos do mundo disse: "Somos uma máquina tão grande, em termos de entregas anuais, que não temos tempo para pensar."

Em um esforço para estimular a criatividade, esta empresa reúne empregados selecionados de vários escritórios e os encoraja a pensarem juntos em novas formas de atividades. Por exemplo: quando um grupo foi solicitado que inventasse um método para evitar que um ovo se quebre quando cai de uma altura aproximada de quatro metros, eles foram além de uma proposta convencional de amortecer a queda e criaram uma corda elástica para o ovo, que evita que ele caia no chão.

E nós? Nossas vidas estão tão concentradas em atividades e produção que não temos mais tempo para pensar? Na carta de Paulo aos filipenses, ele os aconselhou a meditar em tudo o que é verdadeiro, respeitável, justo, puro, amável e de boa fama (4:8). O que aconteceria se começássemos este tipo de pensamento conjunto em nossas igrejas e lares? Será que descobriríamos formas criativas dadas por Deus para os problemas que parecem não ter solução? Será que a nossa perspectiva de vida sofreria uma mudança radical?

"Pensem nessas coisas" é um grande mandamento. Obedecê-lo com nossas famílias e demais cristãos poderia nos levar a descobertas que contribuiriam para ajudar aos outros, a servir a Deus e a viver para Ele. Agora temos algo em que pensar!

—DAVID MCCASLAND

A forma certa de pensar conduz a uma vida correta.

29 de setembro

Relacionamentos

Leitura: João 15:1-14

Amarás, pois, o Senhor, teu Deus, de todo o teu coração, de toda a tua alma, de todo o teu entendimento e de toda a tua força. —MARCOS 12:30

Um professor de uma universidade americana escreveu uma carta aberta a todos os formandos do país. Ele lhes disse que, de certa forma, deveriam esquecer o que haviam aprendido na escola, pois elas tendem a dar ênfase excessiva à ideia de que o êxito é o resultado de se passar nos testes. O professor destacou que ter sucesso no local de trabalho depende, em grande parte, de aprender a ser bem-sucedido no que chamou de "rede de relacionamentos" — a habilidade de cooperar com outros e trabalhar como uma equipe eficaz.

Esta verdade também se aplica à vida cristã. Muitas vezes pensamos que a maturidade e o sucesso espiritual são o resultado do quanto sabemos a respeito dos princípios e verdades bíblicas.

Entretanto, Jesus nos mostrou que o verdadeiro sucesso vem de algo mais — de amarmos uns aos outros da mesma maneira como Ele nos amou. Jesus deixou claro que podemos fazer isto somente se permanecermos nele (João 15:7). Isto significa que precisamos ficar próximos a Ele por meio da oração e obedecer aos Seus mandamentos (v.10). A nossa rede de relacionamentos deve dirigir-se primeiro a Deus e depois aos outros.

O segredo do sucesso espiritual não depende somente de adquirirmos conhecimentos individuais, mas sim da combinação deste conhecimento com o amor, em todos os nossos relacionamentos.

—MART DEHAAN

À medida que os cristãos se aproximam de Cristo, eles se aproximam cada vez mais uns dos outros.

Leitura da Bíblia em um ano
ISAÍAS 7–8;
EFÉSIOS 2

APLICAÇÃO PESSOAL

Gratidão

Orar por

Leitura da Bíblia em um ano
ISAÍAS 9–10;
EFÉSIOS 3

30 de setembro

Siga as instruções

Leitura: Salmo 119:129-136

A revelação das tuas palavras esclarece e dá entendimento aos simples.
—SALMO 119:130

As empresas começaram a mudar seus manuais e etiquetas de advertência. Veja estas instruções:
- Para comidas congeladas: Descongele antes de comer.
- No ferro de passar roupa: Não passe à ferro a roupa no corpo.
- No pote de creme de amendoim: Pode conter amendoim.
- Na tampa de uma caixa de leite: Depois de abrir, mantenha a caixa em pé.

Se algumas pessoas necessitam destas orientações óbvias em itens domésticos, pense o quanto mais precisamos da orientação de Deus. O Salmo 119 fala da importância do manual de instruções do Senhor — a Bíblia. Nas páginas das Escrituras encontramos o que Deus quer que creiamos, sejamos e façamos. Ele ensina:

"Crê no Senhor Jesus e serás salvo, tu e tua casa" (Atos 16:31).

"Antes, sede uns para com os outros benignos, compassivos, perdoando-vos uns aos outros, como também Deus, em Cristo, vos perdoou" (Efésios 4:32).

"Ide por todo o mundo e pregai o evangelho a toda criatura" (Marcos 16:15).

Peça para que o Senhor a ensine os Seus estatutos e guie os seus passos segundo a Sua Palavra (Salmo 119:133,135). Então leia-os frequentemente e siga as suas instruções. —ANNE M. CETAS

As Escrituras têm como objetivo dar-nos proteção, correção e direção.

Minhas notas

Outubro

OUTUBRO

quarta	quinta	sexta	sábado

OUTUBRO

OBJETIVOS

TAREFAS DO MÊS

PENSAMENTO DO MÊS

A nossa fraqueza torna-se *bênção* quando nos *apoiamos* na força de *Deus*.

IMPORTANTE

ANIVERSARIANTES

Meus objetivos espirituais

SEMANA 1

SEMANA 2

SEMANA 3

SEMANA 4

1º de outubro

Livre-se de um peso

Leitura: Gênesis 45:1-15

Agora, pois, não vos entristeçais, nem vos irriteis contra vós mesmos por me haverdes vendido para aqui...
—GÊNESIS 45:5

Leitura da Bíblia em um ano
ISAÍAS 11–13;
EFÉSIOS 4

APLICAÇÃO PESSOAL

Vanderlei C. de Lima liderava a maratona até cerca do 36.º quilômetro na Olimpíada de Atenas, em 2004. Ele tinha grandes chances e estava bem preparado para vencer aquela corrida; um ideal tão desejado por tantos maratonistas. Mas, em seu caminho surgiu um fanático religioso irlandês que o atacou e o derrubou fazendo-o perder preciosos segundos que o impediram de ser o vencedor final.

Vanderlei não desistiu. Alguns espectadores o ajudaram a levantar-se e ele finalizou a corrida, e ainda conseguiu receber a medalha olímpica de bronze.

O público reconheceu a situação dele e o aplaudiu em pé quando ele entrou no estádio onde a maratona se encerrava. Por seu espírito esportivo, esforço e humildade Vanderlei foi depois condecorado com a medalha de mais alta distinção Olímpica.

O maratonista perdoou o seu agressor e afirmou não ter guardado mágoas dele.

Em Gênesis 45, José não culpou os seus irmãos, por terem-no vendido ainda jovem como escravo para os egípcios. Ele perdeu muitos anos de convívio familiar na terra de seu pai, e mesmo assim, estava disposto a perdoar os seus irmãos.

Os planos de Deus são sempre maiores e melhores do que os nossos. Mesmo que às vezes não os compreendamos no momento em que estamos sofrendo. Há alguém que hoje precise de suas palavras de perdão para livrar-se de um fardo pesado? —DAVE BRANON

O coração repleto de raízes de amargura precisa ser lavrado pela graça de Deus.

Gratidão

Orar por

Leitura da Bíblia em um ano

ISAÍAS 14–16;
EFÉSIOS 5:1-16

APLICAÇÃO PESSOAL

Gratidão

Orar por

2 de outubro

"Detone" uma Bíblia

Leitura: 2 Timóteo 3:10-17

Toda a Escritura é inspirada por Deus e útil para o ensino, para a repreensão, para a correção e para a educação na justiça. —2 TIMÓTEO 3:16

A Bíblia é um livro notável. Milhões de cópias são impressas a cada ano. A Bíblia é o livro mais vendido por diversas décadas, porém, diz-se que é também o livro menos lido em todos os tempos.

O apóstolo Paulo ensinou que as Escrituras nos foram dadas por Deus e são capazes de produzir transformação naqueles que a levam a sério (2 Timóteo 3:16). O evangelista e pregador, D. L. Moody, disse: "As Escrituras não foram dadas para aumentar o nosso conhecimento, mas para transformar as nossas vidas."

Se é assim, por que negligenciamos tantas vezes esta fonte de poder transformador? O escritor e professor J. I. Packer disse: "Se eu fosse o diabo, uma de minhas primeiras metas seria a de fazer as pessoas pararem de cavoucar a Bíblia." Você manuseia a sua Bíblia todos os dias até que ela caia aos pedaços? Certo professor de ensino da Bíblia aconselhou os cristãos a "detonarem" uma Bíblia a cada dez anos. Aqui está a razão: Deus quer falar conosco por meio da Bíblia, dizer-nos como viver para Ele e responde às nossas perguntas cruciais. Por intermédio dela Ele quer nos alertar sobre os perigos do pecado e nos dar alimento espiritual. Não negligencie a sua Bíblia. Se o fizer, estará deixando de lado a sua própria saúde espiritual. —JOANIE E. YODER

Uma Bíblia bastante usada é sinal de uma alma bem alimentada.

3 de outubro

Não se desespere

Leitura: 2 Pedro 3

Empenhai-vos por serdes achados por ele em paz, sem mácula e irrepreensíveis. —2 PEDRO 3:14

**ISAÍAS 17–19;
EFÉSIOS 5:17-33**

APLICAÇÃO PESSOAL

Durante os nossos dias, quando há acontecimentos horríveis no mundo, os cristãos deveriam ficar tristes, mas não surpresos. Jesus nos advertiu de antemão que viriam tempos horríveis (Lucas 21:25-28). Na leitura de hoje, Pedro reafirmou aos cristãos os propósitos e a vitória final de Deus. O apóstolo falou de zombadores não piedosos que falarão nos últimos dias: "Onde está a promessa da sua vinda?" (2 Pedro 3:4). Quem sabe também nos perguntemos por que Cristo não volta e muda todas as coisas agora.

Pedro afirmou que "não retarda o Senhor a sua promessa", mas retarda a Sua volta para dar mais tempo às pessoas em todo lugar para que se arrependam (v.9). Não devemos nos esquecer que "para o Senhor, um dia é como mil anos e mil anos como um dia" (v.8). Por fim virá o dia do Senhor, trazendo o julgamento com fogo destruidor. A isto se seguirá um novo céu e uma nova terra, onde habitará a justiça e o povo de Deus que foi perdoado (v.13).

Ao esperarmos por este dia de triunfo, devemos viver uma vida santa, sermos inculpáveis e imaculados (v.14), resistindo a todas as más influências (v.17) e crescendo na graça e no conhecimento de Cristo (v.18). Então, em vez de ficarmos desesperadas com o mal, seremos capazes de compartilhar as boas-novas de Jesus com o mundo. —JOANIE E. YODER

Não sabemos o que acontecerá a este mundo, mas conhecemos aquele que virá a este mundo.

Gratidão

Orar por

Leitura da Bíblia em um ano

ISAÍAS 20–22;
EFÉSIOS 6

APLICAÇÃO PESSOAL

Gratidão

Orar por

4 de outubro

E se não...

Leitura: Daniel 3:1-18

*Se não, fica sabendo, ó rei,
que não serviremos a teus deuses,
nem adoraremos a imagem
de ouro que levantaste.* —DANIEL 3:18

Lembro de uma lição de Escola Dominical, há quase 40 anos, na qual nos ensinaram a amar a Deus, apesar das circunstâncias. Amar a Deus é fácil quando Ele responde aos nossos pedidos e provê o que desejamos. Amá-lo em circunstâncias difíceis é uma prova de nossa fé.

Em Daniel 3, lemos sobre a decisão de vida e morte que Sadraque, Mesaque e Abede-Nego tiveram que tomar. Se eles escolhessem adorar a imagem de ouro, viveriam; e se recusassem a fazê-lo, a morte seria certa. Os três responderam ao rei Nabucodonosor: "Se o nosso Deus, a quem servimos, quer livrar-nos, ele nos livrará da fornalha [...]. Se não, fica sabendo, ó rei, que não serviremos a teus deuses, nem adoraremos a imagem de ouro que levantaste" (vv.17,18).

Será que Sadraque, Mesaque e Abede-Nego não tinham fé quando disseram: "...se não... (livrar--nos)"? Não. Eles sabiam que Deus era totalmente capaz de livrá-los da fornalha em chamas. Vemos aqui uma lição para todos nós. Deus é Todo-Poderoso? Sim. Ele é capaz de nos livrar de todos os nossos problemas? Sim. Deus sempre nos livra de nossas dificuldades? Não.

Talvez não compreendamos completamente o propósito de Deus em nossas dificuldades e sofrimentos, mas não devemos deixar de amá-lo. Devemos confiar e esperar nele, apesar das provações que tentam nos esmagar. —ALBERT LEE

A fé genuína se mantém forte quando a libertação parece distante.

5 de outubro

Observar o vento

Leitura: Atos 8:26-34

Leitura da Bíblia em um ano: ISAÍAS 23–25; FILIPENSES 1

Quem somente observa o vento nunca semeará, e o que olha para as nuvens, nunca segará. —ECLESIASTES 11:4

Quando se trata de falar de Jesus a outros, às vezes sou como um fazendeiro cauteloso que fixa seu olhar no tempo, esperando pelo dia perfeito para plantar sua colheita. A estação passa e ele não ceifa nada. A oportunidade se foi; a colheita se perdeu (Eclesiastes 11:4).

Hesito e pergunto: "Será que esta pessoa está pronta para ouvir o evangelho? Será que é o tempo certo para falar?" Você nunca sabe o que se passa nas profundezas do coração de outra pessoa. Algumas talvez estejam vivendo na escuridão, mas anseiam que alguém lhes mostre a luz.

O eunuco etíope em sua carruagem real parecia estar muito bem (Atos 8:27). Desfrutava de prestígio, riqueza e poder, mas seu interior estava vazio e em busca de algo mais. Lia a promessa de Isaías sobre o Salvador e Seu sofrimento e tentava entender estas palavras. Justamente neste momento, Filipe aproveitou a oportunidade para falar ao eunuco sobre Jesus (v.35).

Tenho um amigo que já levou muitas pessoas a conhecerem Jesus pessoalmente. Certa vez, perguntei-lhe como sabia quando as pessoas estavam prontas para receber o evangelho. Ele respondeu: "É bem fácil, eu lhes pergunto." Por isso, preciso parar de me preocupar com o vento e as nuvens e devo agir — espalhar a semente para onde quer que vá, independente do tempo. Você nunca sabe o que acontecerá.

—DAVID H. ROPER

É sempre o momento de semear a Palavra de Deus.

Leitura da Bíblia em um ano

ISAÍAS 26–27;
FILIPENSES 2

APLICAÇÃO PESSOAL

Gratidão

Orar por

6 de outubro

Em todos os lugares

Leitura: Salmo 121

O Senhor guardará a tua saída e a tua entrada, desde agora e para sempre. —SALMO 121:8

O Salmo 121 era um dos favoritos de meu pai. Na Escócia era chamado de "o Salmo dos transeuntes." Sempre que um membro da família, um hóspede ou um amigo partia para uma viagem, era lido este Salmo, e muitas vezes cantado, como uma oração familiar. Na época em que meu pai, ainda adolescente e sozinho deixou o "antigo País" para ir aos Estados Unidos, eles se despediram dele com este salmo.

Com o passar dos anos, meu pai desfrutou de muitos dias alegres e suportou outros que foram escuros e tristes. Ele levou estas palavras do salmo consigo quando foi para a Primeira Guerra Mundial e depois disto, quando estava no hospital por quase um ano recuperando-se das feridas de estilhaços.

No primeiro versículo, o salmista olha para além dos montes para Deus, que os havia criado. Meu pai vivia na região mais complicada da cidade de Nova Iorque. Embora quase nunca visse montanhas, confiava na certeza de que o Deus dos montes também era o Deus das ruas perigosas onde vivia. Quantas "saídas" e "entradas" meu pai fez durante os seus 87 anos de vida! E quando saiu pela última vez, creio que cantava o Salmo 121 ao descer para o vale e ir para casa, do outro lado desta vida.

Como é bom ter esta confiança de que o Deus dos montes e das ruas vai adiante de cada cristão!

—HADDON W. ROBINSON

Não precisamos temer o que está diante de nós porque Deus está conosco.

7 de outubro

O que já somos

Leitura: Filipenses 3:1-11

*Ora, o Senhor é o Espírito;
e, onde está o Espírito do Senhor,
aí há liberdade.* —2 CORÍNTIOS 3:17

Em uma universidade britânica, um grupo de estudantes havia levantado a questão: "O que você quer ser?" Foram dadas respostas diversas: um campeão de atletismo, um político influente, um erudito notável.

Tímido, mas falando com clareza, um dos estudantes disse algo que provocou um silêncio penetrante: "Vocês podem rir de mim, mas quero ser um santo."

Imagine, um santo! Qualquer que seja a sua concepção de santidade, muitos de nossa sociedade secular considerariam esta ambição como uma excentricidade. Mas se somos cristãos, esta deveria ser a prioridade máxima de nossa vida. A essência da santidade consiste simplesmente em ser como Jesus. Paulo disse que o propósito primordial de Deus, o Pai, é que sejamos conforme a imagem de Seu Filho (Romanos 8:29).

É claro, cada cristão tem a garantia de conformidade perfeita com Cristo, no mundo que virá. Mas Deus não quer que esperemos passivamente até entrarmos no céu para que esta transformação venha a ocorrer (1 João 3:2). Devemos cooperar com o Espírito Santo para crescermos mais e mais à semelhança de Cristo "neste mundo" (1 João 4:17).

Sim, já somos santos pela fé em Cristo Jesus (Filipenses 1:1). Mas a cada dia enfrentamos o desafio do que já somos — semelhantes a Cristo, em cada área de nossas vidas. —VERNON C. GROUNDS

Pertencer a Cristo significa ser santo;
viver como um santo, significa ser
como Cristo.

Leitura da Bíblia em um ano

ISAÍAS 28–29;
FILIPENSES 3

APLICAÇÃO PESSOAL

Gratidão

Orar por

Leitura da Bíblia em um ano

ISAÍAS 30–31;
FILIPENSES 4

APLICAÇÃO PESSOAL

Gratidão

Orar por

---

8 de outubro

Venham a mim

Leitura: João 6:30-40

Declarou-lhes, pois, Jesus: Eu sou o pão da vida; o que vem a mim jamais terá fome… —JOÃO 6:35

Quando Jesus viveu nesta terra convidou as pessoas a virem a Ele, e o faz ainda hoje (João 6:35). Mas o que Ele e o Pai nos céus têm que nós precisamos?

Salvação. Jesus é o único caminho para obter o perdão dos pecados e a promessa do céu. "Para que todo o que nele crê tenha a vida eterna" (João 3:15).

Propósito. Devemos nos propor de todo o coração, alma, mente e forças a seguir a Jesus. "Se alguém quer vir após mim, a si mesmo se negue, tome a sua cruz e siga-me" (Marcos 8:34).

Consolo. Em provações ou tristezas, o "…Deus de toda consolação […] nos conforta em toda a nossa tribulação" (2 Coríntios 1:3,4).

Sabedoria. Necessitamos de sabedoria além de nossos próprios conhecimentos, a fim de tomarmos decisões. "Se, porém, algum de vós necessita de sabedoria, peça-a a Deus […] e ser-lhe-á concedida" (Tiago 1:5).

Forças. Quando estamos fracos, "O Senhor dá força ao seu povo…" (Salmo 29:11).

Vida abundante. A vida plena está no relacionamento com Jesus, que afirma: "…Eu vim para que tenham vida e a tenham em abundância" (João 10:10).

Jesus disse: "…o que vem a mim, de modo nenhum o lançarei fora" (João 6:37). Venha! —ANNE M. CETAS

Jesus nos convida a irmos a Ele por toda a vida.

9 de outubro

Ira sem pecado

Leitura: Provérbios 15:1-18

Leitura da Bíblia em um ano
ISAÍAS 32–33;
COLOSSENSES 1

Irai-vos e não pequeis; não se ponha o sol sobre a vossa ira. —EFÉSIOS 4:26

Quando um juiz da suprema corte dos Estados Unidos visitava uma cidade para fazer um discurso, foi atacado por um homem irado. O suspeito justificou o ataque por causa das decisões que o juiz havia tomado na suprema corte. Ele disse: "Este juiz está trazendo palavrões para minha casa através de um aparelho de TV." E continuou: "A única maneira que conheço de pará-lo é dirigir-me à fonte." Foi aí que o homem errou. É claro que ele tinha todo o direito de expressar suas fortes opiniões. Até seria justificado por irar-se, se acreditasse que a decisão da corte estava encorajando a imoralidade. Mas a forma que escolheu para expressar sua indignação foi tão má, se não pior, quanto uma decisão errada da corte.

O texto das Escrituras de hoje diz: "Irai-vos e não pequeis…" (Efésios 4:26). O que os outros dizem e fazem podem despertar a nossa ira. Mas devemos ter cuidado para não reagirmos de forma errada e perdermos o controle. O apóstolo Paulo nos lembrou de que "…embora andando na carne [...] as armas da nossa milícia não são carnais…" (2 Coríntios 10:3,4).

Os cristãos também se iram? Certamente! Mas jamais deveríamos permitir que a nossa a nossa ira se expresse em algo pecaminoso. A ira e o pecado têm consequências. —RICHARD W. DEHAAN

Irar-se não é pecado,
quando o pecado gera esta ira.

APLICAÇÃO PESSOAL

Gratidão

Orar por

Leitura da Bíblia em um ano

ISAÍAS 34–36;
COLOSSENSES 2

APLICAÇÃO PESSOAL

Gratidão

Orar por

10 de outubro

Tenha um ótimo dia!

Leitura: Provérbios 11:24-31

Cada um contribua segundo tiver proposto no coração, não por tristeza ou por necessidade; porque Deus ama a quem dá com alegria.
—2 CORÍNTIOS 9:7

Depois de admirar uma pintura na casa de uma mulher, surpreendi-me por sua generosidade, quando ela a tirou da parede e me presenteou. Já presenciei outros atos semelhantes de generosidade. Há anos, minha sogra preferiu não trocar sua geladeira antiga, para que pudesse dar mais dinheiro para a obra do Senhor. Uma família cristã que conheço havia colocado dinheiro na poupança para comprar um carro novo. Mas quando ouviram de uma necessidade urgente no campo missionário, ficaram com o seu carro velho e deram o dinheiro para a missão.

Ouvi também sobre um cristão, homem de negócios, que coloca algo em seus bolsos todas as manhãs, para dar a alguém — uma caneta, uma bijuteria e uma nota de vinte reais. À medida que o dia passa, ele procura alguém que possa ser abençoado ao receber o seu presente. Ele disse: "Ao procurar constantemente pela oportunidade de doar, tenho um ótimo dia."

O velho ditado: "Quem recebe, come bem, mas quem dá, dorme bem" é apenas parcialmente verídico. Conforme Provérbios 11:25, os doadores também comem bem: "A alma generosa prosperará, a quem dá a beber será dessedentado." Não devemos dar de má vontade ou simplesmente porque nos sentimos obrigados a isto, mas devemos dar de todo o coração. Deus ama o doador generoso e alegre (2 Coríntios 9:7). —JOANIE E. YODER

Muitas pessoas dão facilmente o crédito a Deus, mas poucos lhe dão dinheiro com alegria.

11 de outubro

Pedido hipócrita

Leitura: Mateus 16:1-4

Uma geração má e adúltera pede um sinal; e nenhum sinal lhe será dado, senão o de Jonas... —MATEUS 16:4

Um grupo de líderes religiosos pediu que Jesus lhes desse "um sinal vindo do céu" (Mateus 16:1). Eles tinham presenciado muitos milagres de Jesus, mas os minimizaram ou os atribuíram a Satanás. Os fariseus agora pediam que Jesus efetuasse mais um milagre, talvez algo semelhante ao que Josué tinha feito, mandando que o Sol e a Lua parassem (Josué 10:12-14), ou como Elias, que tinha orado para que caísse fogo do céu (1 Reis 18:30-40). Eles fizeram isto para colocar Jesus à prova. Ao ver a hipocrisia deles, Jesus lhes disse que embora eles soubessem interpretar o tempo pelo aspecto do céu, não conseguiam identificar "os sinais dos tempos" revelados em Seu ministério de ensino e de curas (v.3).

Algumas pessoas me disseram que creriam em Jesus se Ele lhes mostrasse os milagres como os registrados nos evangelhos. Mas o que faz estas pessoas pensarem que reagiriam de forma diferente dos líderes religiosos nos dias de Jesus? Todo aquele que busca sinceramente a verdade tem todas as evidências necessárias para a fé. A ressurreição de Jesus é um acontecimento histórico comprovado. O poder do Cristo ressurreto pode ser visto em muitos dos Seus seguidores. O Novo Testamento fala à mente e ao coração de toda a alma sincera. Pedir por mais sinais significa expressar um pedido hipócrita.

—HERB VANDER LUGT

Exigir um milagre para crer em Jesus é o mesmo que ignorar as evidências da Sua ressurreição.

Leitura da Bíblia em um ano
ISAÍAS 37–38;
COLOSSENSES 3

APLICAÇÃO PESSOAL

Gratidão

Orar por

Leitura da Bíblia em um ano

ISAÍAS 39–40;
COLOSSENSES 4

APLICAÇÃO PESSOAL

Gratidão

Orar por

12 de outubro

Precisa-se de ajuda!

Leitura: 2 Timóteo 2:1-13

*…Se alguém quer vir após mim,
a si mesmo se negue, tome a sua cruz
e siga-me.* —MATEUS 16:24

Talvez a propaganda mais eficaz que já foi escrita apareceu num jornal de Londres, no início do século 20: Dizia: "Necessita-se de homens para uma jornada perigosa. Salários baixos, ambiente extremamente frio, longos meses de completa escuridão, perigo constante. O retorno em segurança é duvidoso." Estas foram as palavras escritas por Ernest Shackleton, o famoso explorador do Polo Sul. Ao comentar as inúmeras respostas que recebeu, Shackleton disse: "Parecia que todos os homens da Grã-Bretanha estavam determinados a nos acompanhar."

As palavras de Shackleton me lembram as palavras de Jesus em Mateus 16:24: "…Se alguém quer vir após mim, a si mesmo se negue, tome a sua cruz e siga-me". O Senhor estava chamando pessoas para que o seguissem numa jornada perigosa — o caminho da cruz. Ele fez este chamado depois de dizer aos Seus discípulos que seguia para Jerusalém para sofrer e ser morto.

Através dos séculos, milhares responderam às palavras de Jesus, ao abandonarem tudo e o seguirem. Mas ao contrário da expedição de Shackleton que teve um fim, a obra do Senhor ainda segue e são necessários mais voluntários. O Senhor continua a chamar por aquelas pessoas que querem servi-lo, sem medir os custos. Você já respondeu ao Seu chamado? —RICHARD W. DEHAAN

Uma fé que não custa nada
e nada exige não é digna.

13 de outubro

Cadeira de rodas

Leitura: Mateus 25:31-40

...tal como o Filho do Homem, que não veio para ser servido, mas para servir e dar a sua vida em resgate por muitos.
—MATEUS 20:28

Uma mulher colocou o seguinte anúncio no jornal local: "Se você está solitário ou tem algum problema, telefone-me. Estou numa cadeira de rodas e quase nunca saio de casa. Podemos compartilhar os nossos problemas uns com os outros. Apenas ligue. Terei prazer em conversar." A resposta a este anúncio foi surpreendente — no mínimo 30 telefonemas a cada semana.

O que motivou esta mulher a ir em busca de outros para ajudá-los? Ela explicou que antes de sua paralisia, era portadora de saúde perfeita, mas estava em desespero profundo. Tentou se suicidar ao pular da janela de seu apartamento, mas a queda a deixou paralisada da cintura para baixo. No hospital, completamente frustrada, sentiu que Jesus disse: "Você teve um corpo sadio, mas uma alma paralítica. De agora em diante, você terá um corpo paralítico, mas uma alma sadia."

Como resultado desta experiência, ela entregou a sua vida a Cristo. Quando finalmente teve permissão para ir à sua casa, orou e pediu a Deus uma maneira de compartilhar a Sua graça com outros e a ideia do anúncio no jornal veio à sua mente. Cada cristão pode fazer algo para ajudar aos outros. Mesmo que estejamos limitados por alguma doença, velhice ou deficiência, ainda assim podemos orar, telefonar ou escrever. Qualquer que seja a nossa condição, podemos ser testemunhas eficazes para Jesus. —VERNON C. GROUNDS

Apenas após falar com Deus sobre as pessoas, estamos prontos para falar às pessoas de Deus.

Leitura da Bíblia em um ano
ISAÍAS 41–42;
1 TESSALONICENSES 1

Leitura da Bíblia em um ano

ISAÍAS 43–44;
1 TESSALONICENSES 2

APLICAÇÃO PESSOAL

Gratidão

Orar por

14 de outubro

Uma vida completa

Leitura: Marcos 2:1-12

...Filho, os teus pecados estão perdoados. [...] Levanta-te, toma o teu leito e vai para tua casa. —MARCOS 2:5,11

Uma assistente social contou aos seus colegas a respeito de um menino de um bairro marginalizado. Quando o viu ele parecia ser pouco mais do que um ser humano retorcido. Ele tinha sido atingido por um carro e meses depois ainda não tinha recebido o tratamento médico adequado. Embora o menino não estivesse em sua lista de obrigações, a assistente social levou-o a um ortopedista, que fez uma cirurgia nas pernas dele. Dois anos mais tarde, o menino entrou caminhando em seu escritório, sem bengalas. A recuperação foi completa. Os dois se abraçaram. A assistente disse para si mesma: "Se eu não fizer mais nada na vida, já fiz uma grande diferença, pelo menos para este menino!".

Ela fez uma pausa e comentou com seus colegas: "Isto já faz alguns anos. Onde vocês acham que este menino está hoje?" Alguns sugeriram que ele talvez fosse um professor, outros um médico ou assistente social. Com profunda emoção, a mulher respondeu: "Não, ele está na penitenciária, por ter cometido um dos crimes mais horríveis que um ser humano pode cometer. Fui um instrumento para ensiná-lo como caminhar novamente, mas não havia ninguém que o ensinasse por onde caminhar."

Devemos mostrar Jesus para as pessoas. Por meio dele, aqueles que têm corpos, sonhos lares e corações despedaçados receberão a vida completa.

—HADDON W. ROBINSON

Uma pessoa pode errar indo em muitas direções, mas acertará somente em uma.

15 de outubro

Pessoas comuns

Leitura: Deuteronômio 4:5-14

…não te esqueças daquelas coisas que os olhos têm visto […] e as farás saber a teus filhos… —DEUTERONÔMIO 4:9

Leitura da Bíblia em um ano
ISAÍAS 45–46;
1 TESSALONICENSES 3

David Isay, um produtor de rádio, diz que em uma cultura inundada por histórias de celebridades, precisamos ouvir as vozes de pessoas comuns, pois suas vidas e suas contribuições não são menos importantes. Isay participa de um projeto cujo objetivo é "instruir e inspirar as pessoas a gravarem as histórias uns dos outros".

Este é um conceito muito importante, especialmente para os cristãos. Pense o que significaria para os seus bisnetos se pudessem ouvir e ver você contar a história da sua vida — descrevendo as pessoas e os acontecimentos que lhe marcaram e compartilhar com eles o que Cristo significa para você.

Pouco antes do povo de Israel entrar na Terra Prometida, Moisés lhes disse: "…não te esqueças daquelas coisas que os olhos têm visto, e não se apartem do teu coração todos os dias da tua vida, e as farás saber a teus filhos e aos filhos de teus filhos" (Deuteronômio 4:9). Nós também temos a responsabilidade de nos comunicarmos face a face com o nosso próximo. E muito mais do que isso, nós temos em nossas mãos a oportunidade sem igual de deixar uma mensagem para as gerações futuras. Comece a gravar sua própria história, importante e única. Hoje podemos fazer isso, não apenas escrevendo com palavras, mas registrando-a em pequenos vídeos. Se lhe for possível, ajude um amigo ou parente a gravar a sua. Há enorme valor e muito aprendizado que podemos extrair das histórias de pessoas comuns que conhecem e amam o Senhor. —DAVID H. ROPER

Ao dedicarmos a nossa vida a Deus,
deixamos um legado permanente.

Leitura da Bíblia em um ano

ISAÍAS 47–49;
1 TESSALONICENSES 4

APLICAÇÃO PESSOAL

16 de outubro

Feliz em casa!

Leitura: Apocalipse 21:1-5

Na verdade, não temos aqui cidade permanente, mas buscamos a que há de vir. —HEBREUS 13:14

Às vezes, no inverno, ocorre uma situação interessante junto ao Lago Michigan, nos EUA. O ar está tão cheio do branco da neve que você não consegue enxergar mais do que alguns metros à sua frente. A pessoa sente-se totalmente indefesa, especialmente se estiver na direção de um veículo. É exatamente esta a experiência que tivemos num dia extremamente frio.

Nossa família tinha sido convidada para a ceia de Natal na casa de minha irmã. Ao seguirmos em direção ao Lago Michigan, a temperatura tornou-se uma armadilha traiçoeira, mas conseguimos chegar ao nosso destino. Porém mais tarde, ao escurecer e voltarmos para casa, a situação piorou ainda mais. A estrada estava coberta de gelo, o tráfego seguia a passos de tartaruga e diversos carros atolaram. Então todos fomos envolvidos por uma breve "onda branca." Acredite, foi assustador! Depois de uma jornada cansativa e lenta, finalmente chegamos à casa. Acho que todos em nossa família disseram: "Estou muito contente por chegar à casa!" Eu me pergunto se teremos esse mesmo sentimento quando entrarmos no céu. As perigosas "ondas brancas" da nossa jornada terrena acabarão. As tentações, os estresses e os fracassos, tudo terá ficado no passado. Mas o melhor de tudo é que estaremos seguros com o nosso Salvador. Sim, estaremos muito contentes por estarmos em casa! —DAVID C. EGNER

Para o cristão, a melhor forma de soletrar a palavra céu é L-A-R.

Gratidão

Orar por

17 de outubro

Louvor ativo

Leitura: Salmo 100

Entrai por suas portas com ações de graças e nos seus átrios, com hinos de louvor. —SALMO 100:4

O pastor Ray Stedman escreveu num dos seus livros que desejaria que todos os visitantes de um culto dominical na igreja pudessem subir ao púlpito e observar os rostos das pessoas na congregação enquanto estivessem ouvindo o sermão. A maioria parece prestar atenção à mensagem, mas muitos têm seus pensamentos em outro lugar. Ele escreve: "Seria fascinante se ao final do culto as pessoas pudessem relatar onde estiveram durante o culto!"

Para tirar o maior proveito possível ao assistir um culto, é necessário preparar o coração para ouvir a Palavra de Deus e ser participantes ativos por meio da prática do que aprendemos da Bíblia. Devemos nos envolver no cântico dos hinos, nas orações, e silenciosamente também. Quando o coral se apresenta aproveite a oportunidade para louvar a Deus de todo o coração. Finalmente, é importante que nos disciplinemos a ouvir atentamente e com um coração receptivo aos ensinos da Palavra de Deus. O anseio pela verdade bíblica aquieta o nosso espírito, inspira o louvor, evoca a adoração a Deus e nos impulsiona a servi-lo.

Se sairmos de um culto de adoração sentindo-nos vazios e sem ânimo — o mais fácil é culpar o pastor ou outra pessoa que subiu ao púlpito. Mas estes são somente participantes, como nós. É necessários que façamos a nossa parte. Os que se dedicam a louvar e adorar ao Senhor tiram maior proveito do culto dominical. —RICHARD W. DEHAAN

O verdadeiro louvor é a adoração feita com envolvimento pessoal.

Leitura da Bíblia em um ano
ISAÍAS 50–52;
1 TESSALONICENSES 5

Leitura da Bíblia em um ano

ISAÍAS 53–55;
2 TESSALONICENSES 1

APLICAÇÃO PESSOAL

Gratidão

Orar por

18 de outubro

Oração livre

Leitura: Efésios 6:10-20

…orando em todo o tempo no Espírito e para isto vigiando com toda perseverança e súplica por todos os santos. —EFÉSIOS 6:18

Pediram a um pastor que visitasse uma paciente num hospital psiquiátrico e orasse por ela. Depois dessa visita, ele achou que seria muito bom se alguém fosse lá regularmente e orasse por todos os pacientes. Concluiu-se que este "alguém" era ele. Em nova visita, ele fez um anúncio que dizia: "Oração livre." Mais tarde, ele comentou: "Repentinamente, 15 pessoas fizeram fila para que eu orasse por elas."

As pessoas muitas vezes pedem orações, mas será que realmente oramos fielmente por elas? Quantas vezes vemos outros em grandes necessidades, mas achamos que é mais fácil discutir a situação difícil com amigos, em vez de interceder por elas? Mas as pessoas querem e necessitam de nossas orações. Paulo concluiu o seu apelo de "…vestir toda a armadura de Deus" (Efésios 6:13-17), escrevendo: "…com toda oração e súplica, orando em todo o tempo no Espírito e para isto vigiando com toda perseverança e súplica por todos os santos" (v.18).

Oswald Chambers se referiu muitas vezes à oração como "o ministério de vida interior" e disse: "Não existe armadilha ou perigo de uma desenfreada paixão ou orgulho na intercessão; trata-se de um ministério escondido que produz frutos, por meio do qual o Pai é glorificado." Fidelidade na oração, seja ela em público ou a sós, é um dos grandes presentes que podemos dar aos outros. —DAVID MCCASLAND

A nossa intercessão pode ser a chave para a intervenção de Deus.

19 de outubro

Um bom dia para morrer

Leitura: 1 Reis 19:1-18

…e pediu para si a morte e disse:
Basta; toma agora, ó Senhor,
a minha alma… —1 REIS 19:4

Certo jovem de 21 anos, que vivia no mesmo bairro em que vivo, foi levado à morte por seu desespero e raiva. Alguém o havia espancado por algo que ele havia dito. Para vingar-se, ele voltou com uma arma, e quando a polícia chegou, o jovem correu, atirando neles. Para proteger as outras pessoas, os policiais atiraram nele. Mais tarde, disseram que ele havia falado para um membro da família, naquela manhã: "Hoje seria um bom dia para morrer." Eu me pergunto o que pode ter levado esse jovem a tamanho desespero!

Certo dia, o profeta Elias sentiu-se sem esperança e desejou morrer. Ele acabara de experimentar uma grande vitória sobre os profetas de Baal, mas agora sua vida estava ameaçada pela esposa do rei, Jezabel. Com medo, ele se refugiou no deserto (1 Reis 19:4). Ali, orou pedindo a morte: "…Basta; toma agora, ó Senhor, a minha alma…" Podemos pensar que Elias estava exagerando, mas os sentimentos de desespero são reais. Ele se dirigiu sabiamente à verdadeira fonte de ajuda — ele orou a Deus. O Senhor sabia que Elias precisava de novas forças, e por isso Deus supriu as necessidades dele (vv.5-7). O Senhor mesmo se revelou a Elias (vv.9-13) e renovou o sentimento de propósito em sua vida, incumbindo-o de um tarefa determinada (vv.15-17). Deus lhe deu esperança, ao lembrá-lo de que não estava sozinho (v.18). Olhe para Deus. Ele é a sua fonte de esperança. —ANNE M. CETAS

Se a sua esperança estiver em Deus,
você não precisa desesperar-se.

Leitura da Bíblia em um ano
ISAÍAS 56–58;
2 TESSALONICENSES 2

APLICAÇÃO PESSOAL

Gratidão

Orar por

Leitura da Bíblia em um ano

ISAÍAS 59–61;
2 TESSALONICENSES 3

APLICAÇÃO PESSOAL

Gratidão

Orar por

20 de outubro

Um presente da graça

Leitura: 2 Coríntios 8:7-15

…pois conheceis a graça de nosso Senhor Jesus Cristo que, sendo rico, se fez pobre por amor de vós…
—2 CORÍNTIOS 8:9

Nos Estados Unidos, ser condecorada como rainha de uma festa no colégio é uma grande honra para qualquer jovem. Mas, quando uma escola decidiu coroar a jovem Shannon Jones, isto significou um momento especial para ela e para todos daquela comunidade. A jovem Shannon, de 19 anos, é portadora da Síndrome de *Down*, atleta com medalhas e com participação ativa no grupo de jovens de sua igreja.

Shannon sabia que esta experiência fora um presente de sua irmã mais jovem Lindsey, a 'catalisadora' para que ela fosse eleita. O pai delas disse: "Sinto-me tão orgulhoso de Lindsey. Provavelmente em algum lugar escondido em sua mente, isto era algo que ela gostaria de ser." Mas, ela contribuiu para que a sua irmã fosse a escolhida.

Os gestos humanos de grande inspiração de amor são apenas uma sombra do presente imensurável que nosso Salvador nos deu. Paulo escreveu: "Pois conheceis a graça de nosso Senhor Jesus Cristo que, sendo rico, se fez pobre por amor de vós, para que, pela sua pobreza, vos tornásseis ricos" (2 Coríntios 8:9). Cristo deixou Sua glória no céu e morreu na cruz por nossos pecados, a fim de que pudéssemos ser perdoados pela fé nele. Seu sacrifício foi baseado em Seu amor e não em nosso mérito. Tudo o que somos e o que temos são dons da graça do nosso Salvador. —DAVID MCCASLAND

A graça é uma bênção não merecida,
dada aos pecadores indignos.

21 de outubro

Sem palavras rudes

Leitura: Efésios 4:29-32

Não saia da vossa boca nenhuma palavra torpe, e sim unicamente a que for boa para edificação... —EFÉSIOS 4:29

Uma das maiores honras que já recebi aconteceu em um dos períodos mais tristes de minha vida. Eu estava quebrantado quando o meu bom amigo e colega Kurt DeHaan morreu repentinamente enquanto fazia seus exercícios regulares na hora do almoço. Kurt foi o editor administrativo do *Pão Diário* de 1989 até o dia de sua morte.

Sua perda causou forte impacto em cada um de nós de Ministérios Pão Diário, mas sua esposa Mary e seus quatro filhos sentiram a dor mais forte que podemos imaginar. Antes do funeral, recebi um telefonema da esposa dele, perguntando se eu poderia falar algumas palavras sobre Kurt. Fiquei muito comovido com este privilégio, de sabor doce e amargo ao mesmo tempo.

Ao refletir sobre a vida de Kurt, um traço sempre me voltava à mente. Era uma característica notável, e nela centrei a minha despedida para ele. Nos 22 anos em que o conheci, trabalhei e conversei com ele, nunca ouvi Kurt dizer uma palavra negativa a respeito de outra pessoa. Que legado notável de um coração verdadeiramente cristão! Kurt viveu segundo os padrões que encontramos em Efésios 4:29-32. Ele buscou edificar aos outros, demonstrou bondade e ternura em lugar da amargura e da malícia. E nós, será que dirão o mesmo a nosso respeito? —DAVE BRANON

Uma palavra amável é o óleo que tira a aspereza da vida.

Leitura da Bíblia em um ano
ISAÍAS 62–64;
1 TIMÓTEO 1

APLICAÇÃO PESSOAL

Gratidão

Orar por

Leitura da Bíblia em um ano
ISAÍAS 65–66;
1 TIMÓTEO 2

22 de outubro

O limoeiro

Leitura: 1 João 4:15-19

…Deus é amor, e aquele que permanece no amor permanece em Deus, e Deus, nele.
—1 JOÃO 4:16

As pessoas que desistiram do amor provavelmente concordam com as palavras da canção de Will Holt, *Lemon Tree* (O Limoeiro), que diz:

"Não confie no amor, meu filho, meu pai me disse, temo que você descubra que o amor é como o belo limoeiro." A árvore é muito bonita e as flores têm um aroma doce, mas é impossível comer do fruto do pobre limão. Muitas pessoas pensam da mesma maneira. "Creem que o amor é algo ruim" dizem elas porque foram usadas ou abusadas. Mas existe um amor que é suave: "Deus é amor" (1 João 4:16).

O mundo tenta dar outra interpretação para as palavras de João. "O amor é Deus," dizem eles, e buscam o amor como o maior bem que existe. Mas João não disse que o amor é Deus. Ele disse: "Deus é amor." O autor Frederick Buechner escreveu: "Dizer que o amor é Deus é um romantismo idealista. Dizer que Deus é amor é a suprema possibilidade ou a verdade final."

A suprema possibilidade? Sim, para alguns é. Eles buscaram o amor em todos os lugares errados e não têm mais para onde se voltar. Mas quando se entregam a Deus, na pessoa de Jesus, Seu Filho, encontram o amor que buscaram por toda a vida. Deus não é indiferente, não desampara e não despreza, minha amiga. Deus é amor. —DAVID H. ROPER

O amor de Deus não conhece limites.

23 de outubro

Zelosos por Deus

Leitura: 2 Reis 13:14-19

Saúda-vos Epafras [...] o qual se esforça sobremaneira, continuamente, por vós nas orações... —COLOSSENSES 4:12

Sabemos muito pouco a respeito de Epafras, apenas que ele estava tão preocupado com o bem-estar espiritual das pessoas em Colossos que foi descrito como alguém que "...se esforça sobremaneira, continuamente, por vós nas orações..." (Colossenses 4:12).

Quando eu era pastor, vi este tipo de entusiasmo na maneira como os novos convertidos oravam e testemunhavam. Mas com frequência, muitos deles perdiam gradativamente este zelo.

Creio que foi a falta de entusiasmo do rei Jeoás que deixou Eliseu muito irado (2 Reis 13). O monarca obedeceu ao mandamento do profeta moribundo, que era o de atirar uma flecha para o leste. Ele ouviu como Eliseu prometeu que Deus traria libertação completa do domínio da Síria ao Seu povo. Jeoás havia obedecido à ordem de golpear o chão com algumas flechas, por três vezes. Então por que o profeta lhe falou irado de que ele deveria ter golpeado o chão cinco ou seis vezes? Creio que ele sentiu que Jeoás obedecia às suas instruções de forma indiferente. O rei deveria ter ficado muito mais entusiasmado com a sua resposta à mensagem maravilhosa de Deus, a qual era dar a Israel a vitória sobre os seus inimigos.

A despreocupação do rei custou-lhe muito caro. A vitória foi incompleta. E, me pergunto, quantas vitórias espirituais já perdemos por falta de zelo pelo Senhor? —HERB VANDER LUGT

Quando amamos a Deus temos zelo por tudo o que Ele faz e fez.

Leitura da Bíblia em um ano
JEREMIAS 1–2;
1 TIMÓTEO 3

APLICAÇÃO PESSOAL

Gratidão

Orar por

Leitura da Bíblia em um ano

JEREMIAS 3–5;
1 TIMÓTEO 4

APLICAÇÃO PESSOAL

Gratidão

Orar por

24 de outubro

O rei dos macacos

Leitura: 2 Coríntios 10

Aquele, porém, que se gloria,
glorie-se no Senhor.
—2 CORÍNTIOS 10:17

Os estudos demonstram fatos fascinantes a respeito do comportamento dos chimpanzés. Os observadores dessa espécie perceberam como a atitude do líder de uma comunidade sob observação mudou devido a um experimento que foi usado por um dos membros do grupo de estudos.

Miguel, como era carinhosamente conhecido um dos chimpanzés, aprendeu a dominar o grupo de animais com a ajuda de algumas latas vazias de querosene e caixas pesadas de aço. Para emitir sons altos, ele batia fortemente um objeto no outro, enquanto os arrastava pelo chão. Este comportamento ruidoso assustou tanto todos os chimpanzés que o líder deles entregou o controle do grupo ao chimpanzé Miguel.

Infelizmente situações semelhantes podem ser vistas na igreja. Aqueles que são os mais ativos recebem muitas vezes maior atenção e honra. Mas ser responsável por grandes eventos e ter personalidade ofuscante não é necessariamente a evidência de bênçãos divinas. Paulo advertiu do perigo de observarmos "...o que está evidente..." (2 Coríntios 10:7). A verdadeira medida do nosso trabalho deve refletir o cumprimento da Palavra de Deus e a Sua glória, e não a nossa própria. Assegure-se de que tudo o que você faz seja feito para o Senhor. Então quando você se gloriar, engrandecerá somente a Ele! —MART DEHAAN

É impossível glorificar a Cristo
se o nosso objetivo for glorificar
a nós mesmos.

25 de outubro

Para que você vive?

Leitura: 2 Timóteo 4:6-18

Combati o bom combate, completei a carreira, guardei a fé. —2 TIMÓTEO 4:7

Muitas pessoas que estão na terceira idade, repentinamente, percebem que suas vidas foram vazias e inúteis. Descobrem que fizeram alguns negócios de sucesso e se divertiram bastante, mas em termos de amizades verdadeiras ou realizações duradouras, suas vidas foram inúteis e vazias. Subiram a escada do sucesso, somente para descobrir que durante toda a jornada os alicerces não eram firmes.

Quando o apóstolo Paulo fez uma retrospectiva de seu ministério, ele descobriu que a sua vida fora gratificante, mesmo que não tenha sido fácil. Se sua vida fosse medida pelos padrões de sucesso do mundo atual, pareceria quase insignificante. Paulo escreveu a sua segunda carta ao discípulo e amigo Timóteo enquanto estava debilitado e preso num calabouço frio e úmido, aguardando a sua própria execução. Em questão de semanas, o apóstolo enfrentaria Nero, o imperador romano, e sua vida chegaria ao fim. Mas ele sabia que depois de sua morte receberia a coroa da vida do Rei dos reis. E nós sabemos que a influência da vida de Paulo mudou o curso da própria história. Um antigo historiador teria escrito volumes sobre o esplendor de Nero e provavelmente nunca mencionaria o nome de Paulo. No entanto, hoje, muitas vezes, colocamos em nossos cachorros o nome de Nero e em nossos filhos o nome de Paulo. Creio que é muito importante saber para o que vivemos. A propósito, para que você está vivendo? —HADDON W. ROBINSON

Não há perdedores com Jesus e não há ganhadores com o diabo.

Leitura da Bíblia em um ano
JEREMIAS 6–8;
1 TIMÓTEO 5

APLICAÇÃO PESSOAL

Gratidão

Orar por

Leitura da Bíblia em um ano

JEREMIAS 9–11;
1 TIMÓTEO 6

APLICAÇÃO PESSOAL

Gratidão

Orar por

26 de outubro

Tesouro perdido

Leitura: Marcos 10:17-21

*…Vai, vende tudo o que tens, dá-o
aos pobres e terás um tesouro no céu;
então, vem e segue-me.* —MARCOS 10:21

Joel faz caminhadas pelos trilhos de ferrovias e anda pelos cruzamentos de estradas. Ele não está em busca de um tesouro perdido; mas em busca de pessoas sem-teto. Joel encontrou Nadir, que vive num barraco e está mentalmente doente. De vez em quando, Joel lhe faz uma visita para ter a certeza de que ela não está passando frio ou fome. Ele aproveita e lhe fala de Jesus, porque quer que ela encontre o "tesouro no céu".

Jesus também falou sobre este tesouro com um jovem rico que lhe perguntou como ele poderia herdar a vida eterna. O Mestre respondeu: "…Vai, vende tudo o que tens, dá-o aos pobres e terás um tesouro no céu; então, vem e segue-me" (Marcos 10:21). Jesus não estava dizendo que devemos desistir de nossos bens para sermos aceitos por Ele. Ele quer ensinar que não podemos conseguir a vida eterna por meio de nossas obras. Jesus estava mostrando a este homem que os seus bens não poderiam ser trocados pela salvação da alma. O coração daquele homem estava focado na riqueza, e não em Jesus. Este jovem rico e a jovem sem-teto têm mais em comum do que podemos imaginar.

Aos olhos de Deus, ambos estão espiritualmente falidos. Na verdade, todos nós estamos, a não ser que tenhamos Jesus. Nenhuma boa obra, nem a ajuda às pessoas sem-teto ou a doação de todo o nosso dinheiro pode prover a vida eterna. Jesus quer que lhe entreguemos o nosso coração. Então teremos um verdadeiro tesouro no céu, e procuraremos ajudar os outros em sua busca também. —ANNE M. CETAS

A salvação nos é concedida por Jesus.
Nós não a merecemos.

27 de outubro

Cartas a Deus

Leitura: Salmo 65:1-8

Ó tu que escutas a oração, a ti virão todos os homens. —SALMO 65:2

Todos os anos, milhares de cartas escritas para Deus são enviadas a um correio em Jerusalém. Uma carta escrita ao "Deus de Israel" pedia ajuda para conseguir um emprego como operador de escavadeira. Outra dizia: "Por favor, ajude-me a ser feliz, encontrar um bom trabalho e uma boa esposa — logo." Outro homem pedia perdão por ter roubado dinheiro de uma mercearia quando era criança.

Mas será que estes pedidos sinceros foram ouvidos por Deus? O salmista disse que Deus é aquele que ouve as orações (Salmo 65:2). Se fizermos nossas orações silenciosamente a Deus ou em voz alta, ou se as escrevermos no papel, elas irão diretamente a Deus. Mas Ele não responde a todo pedido como nós gostaríamos. Nossas petições podem ter motivos egoístas (Tiago 4:3), ou o pecado pode estar bloqueando a nossa comunhão com Ele (Salmo 66:18).

O Senhor conhece as nossas mais profundas necessidades e Ele quer que descubramos a alegria de Sua presença em cada um de nossos dias, em vez de dar tudo o que nós queremos. Por termos fé em Cristo, a oração se torna o nosso meio de comunhão com Deus, e não apenas uma lista de coisas que queremos que Ele faça. Em Sua sabedoria, Deus ouve todas as nossas orações. Em Sua graça, Ele oferece o perdão para todos os nossos pecados. Em Seu amor, Ele nos dá vida eterna e abundante por meio de Seu Filho. —DAVID MCCASLAND

Deus ouve mais do que nossas palavras — Ele escuta o rogar do nosso coração.

Leitura da Bíblia em um ano
JEREMIAS 12–14;
2 TIMÓTEO 1

APLICAÇÃO PESSOAL

Gratidão

Orar por

Leitura da Bíblia em um ano

JEREMIAS 15–17;
2 TIMÓTEO 2

APLICAÇÃO PESSOAL

Gratidão

Orar por

28 de outubro

A visão do sapo

Leitura: Salmo 119:33-40

Desvia os meus olhos, para que não vejam a vaidade, e vivifica-me no teu caminho —SALMO 119:37

Quando eu era menino, um de meus passatempos preferidos era caçar sapos ao longo das margens de um pequeno lago, perto de casa. Não sabia da capacidade de visão que eles tinham e lhes dava a habilidade de escaparem de mim com tanta facilidade. Mais tarde, aprendi que a esfera da ótica visual do sapo é como um quadro-negro limpo e que as únicas imagens que ele recebe são os objetos que lhe interessam especificamente, eles não são distraídos por coisas sem importância, mas estão alerta somente para o essencial e para o que pode lhes significar perigo.

Na vida cristã, tantas vezes nos preocupamos com coisas vãs deste mundo. Permitimos que nossas vidas fiquem abarrotadas com preocupações materiais e insignificantes e perdemos a perspectiva do que permanece. No texto de hoje, o salmista pediu que Deus o ajudasse a manter sua atenção fixa no que é bom e eterno (Salmo 119:37).

Não deveríamos perder de vista as palavras de nosso Senhor, mas guardá-las sempre em nosso coração (Provérbios 4:21). Assim, nossa visão estará clara e livre do que é desnecessário e veremos nitidamente o que Deus quer que façamos. Você permitiu que o pecado a distraísse, de maneira que já não consegue mais discernir o que realmente importa? Então aprenda esta lição sobre o sapo e fixe o seu olhar em Cristo e em Sua vontade para a sua vida. —MART DEHAAN

Quanto mais nos sentimos atraídos a Cristo, menos seremos distraídos pelo mundo.

29 de outubro

Trabalhar na colheita

Leitura: Mateus 9:35–10:4

Leitura da Bíblia em um ano
JEREMIAS 18–19;
2 TIMÓTEO 3

APLICAÇÃO PESSOAL

Rogai, pois, ao Senhor da seara que mande trabalhadores para a sua seara. —MATEUS 9:38

Quando D. L. Moody participava de uma convenção sobre evangelização em massa, ele fez mais do que falar a respeito. Pediu a um amigo, que era um músico talentoso, para encontrar-se com ele na esquina de uma rua, às seis horas da tarde. Lá o homem subiu numa caixa e cantou um hino. Quando se reuniu um grupo de pessoas, Moody falou brevemente e então convidou as pessoas a segui-lo para o salão de convenções, ali próximo.

Rapidamente, o auditório estava repleto de pessoas espiritualmente famintas e Moody lhes ensinou sobre Jesus. Quando chegaram os participantes da convenção, Moody parou de ensiná-los e disse: "Agora precisamos terminar, pois os irmãos que vieram para a convenção querem discutir o tópico de hoje: 'Como alcançar as massas.'" Quando Jesus viu as multidões, "…compadeceu-se delas" (Mateus 9:36). Ele disse aos discípulos: "…A seara, na verdade, é grande […]. Rogai, pois, ao Senhor da seara que mande trabalhadores para a sua seara" (vv.37,38). E Ele os enviou a fim de pregarem as boas-novas do Seu reino (10:1).

Estima-se que somente 10% da população do mundo seja cristã. E mais de 25% jamais ouviu a respeito do amor de Jesus. Como Seus discípulos hoje, não apenas falemos da necessidade de ouvir, mas vamos orar e divulgar o evangelho. —ANNE M. CETAS

A próxima pessoa que você encontrar poderá ser o seu novo campo missionário.

Gratidão

Orar por

Leitura da Bíblia em um ano
JEREMIAS 20–21;
2 TIMÓTEO 4

APLICAÇÃO PESSOAL

Gratidão

Orar por

30 de outubro

Você não vai escapar!

Leitura: Gálatas 6:1-9

*Porque as nossas transgressões
se multiplicam perante ti,
e os nossos pecados testificam
contra nós...* —ISAÍAS 59:12

Um grupo de estudantes decidiu faltar às aulas para participar de um concerto de rock, em praça pública. Pensaram que escapariam sem castigo, mas no dia seguinte, quando o jornal local apareceu nas bancas, mostrava a fotografia do concerto, na primeira página. E quem estava na foto? Isto mesmo, os estudantes fujões daquela escola, que foram facilmente reconhecidos.

A Bíblia ensina que não podemos esconder as nossas iniquidades. Quem sabe sejamos capazes de encobri-las por determinado tempo e até escapar por um período mais prolongado. Mas, inevitavelmente, virá o dia quando teremos que enfrentá-las, seja neste mundo ou no porvir.

Paulo disse: "Não vos enganeis: de Deus não se zomba; pois aquilo que o homem semear, isso também ceifará" (Gálatas 6:7). Talvez você tenha algum pecado secreto e esteja tentando escondê-lo. Se for assim, confesse-o e abandone esta prática. Ou talvez você esteja sendo gradualmente arrastada a uma situação que já sabe ser errada e está sentindo-se propensa a segui--la, achando que não será descoberta. Então lhe peço que não siga adiante. A sua foto talvez não apareça na primeira página do jornal, mas a Bíblia diz que você não escapará da consequência! —DAVID C. EGNER

Os erros podem ser semeados em secreto, mas a colheita não pode permanecer oculta.

31 de outubro

Sem dia das bruxas

Leitura: Hebreus 11:32–12:3

A memória do justo é abençoada, mas o nome dos perversos cai em podridão. —PROVÉRBIOS 10:7

A palavra *Halloween* (dia das bruxas, em inglês) vem de *All Hallows'Eve*, que era a noite antes de um feriado religioso da Inglaterra medieval e que se tornou conhecido como o "dia de todos os santos". Era um tempo dedicado pela igreja para comemorar os seus santos.

No entanto, a celebração atual de *Halloween* está mais relacionada aos costumes pagãos que vieram da antiga Europa. Os Druidas acreditavam que os espíritos dos mortos regressavam para suas antigas moradias durante a noite do dia 31 de outubro, e por isso acendiam tochas e colocavam a comida do lado de fora para estes indesejados visitantes. Eles faziam isto porque tinham medo, achando que sofreriam os danos se não o fizessem.

A Bíblia adverte contra todo e qualquer interesse pelo que é oculto e pela preocupação com as bruxas e fantasmas. Então o que os cristãos podem fazer? Certo pastor quis fazer uma reunião especial, e pediu que algumas pessoas da igreja viessem com trajes típicos de heróis da Bíblia e dos grandes santos da história da igreja. Com isto, eles lembrariam as pessoas da suficiência e da graça de Deus na vida de Seu povo. Sim, o exemplo deixado pela "…grande nuvem de testemunhas…" mencionadas em Hebreus 12:1 anima a nossa fé. Lembrá-las no dia das bruxas pode recordar-nos do nosso triunfo ao confiarmos no Senhor. —HERB VANDER LUGT

O maior presente que alguém pode nos dar é o exemplo de fé e piedade.

Leitura da Bíblia em um ano
JEREMIAS 22–23; TITO 1

APLICAÇÃO PESSOAL

Gratidão

Orar por

Novembro

NOVEMBRO

quarta	quinta	sexta	sábado

NOVEMBRO

OBJETIVOS

TAREFAS DO MÊS

PENSAMENTO DO MÊS

Para resistir *durante* as tempestades da vida, *firme-se* na rocha eterna: *Jesus.*

IMPORTANTE

ANIVERSARIANTES

Meus objetivos espirituais

SEMANA 1

SEMANA 2

SEMANA 3

SEMANA 4

1º de novembro

O verme dos pinheiros

Leitura: Jeremias 17:1-10

Leitura da Bíblia em um ano
JEREMIAS 24–26; TITO 2

Porque ele é como a árvore plantada junto às águas, que estende as suas raízes para o ribeiro... —JEREMIAS 17:8

No verão de 1992, um incêndio escureceu cerca de 20 km de floresta nos EUA. Um proprietário viu uma bola de fogo com chamas de pouco mais de 1,5 m atravessando a rua perto da sua casa e depois mudando de direção. O homem comentou num artigo de jornal: "Trabalhei 25 anos da minha vida aqui. Ver que tudo se foi em dez minutos faz você querer ficar aqui até o último minuto." Foi difícil conter o incêndio por causa das condições de seca. A floresta estava seca apesar da chuva, em parte por causa de um animal conhecido como o verme dos pinheiros, que destrói as folhas das árvores.

A condição das árvores ressecadas que causaram esse incêndio tem um paralelo na história de Israel. O profeta Jeremias disse que os seus compatriotas se tornaram como arbustos secos no deserto, em vez de serem como árvores verdejantes junto às águas (17:6-8). Mas ainda mais alarmante foi o fato de eles acenderem o fogo da ira de Deus (v.4), ao confiarem em homens e se afastaram do Senhor (v.5).

Para os cristãos de hoje, as provações de fogo que enfrentamos na vida são as que ameaçam queimar as nossas almas, se confiarmos em nossas próprias forças.

Pai, perdoa-nos por nos tornarmos áridos e sem folhas. Sem a Tua misericórdia, seríamos consumidos quando se aproxima o calor. Ensina-nos a estendermos as nossas raízes para o ribeiro da Tua suficiência.

—MART DEHAAN

O fogo da vida não o destruirá se você conhecer a Água Viva, Jesus Cristo.

APLICAÇÃO PESSOAL

Gratidão

Orar por

Leitura da Bíblia em um ano

JEREMIAS 27–29;
TITO 3

APLICAÇÃO PESSOAL

Gratidão

Orar por

2 de novembro

Faça o bem

Leitura: Tito 3:1-8

Lembra-lhes que se sujeitem aos que governam, às autoridades; sejam obedientes, estejam prontos para toda boa obra. —TITO 3:1

Quando os resultados das eleições presidenciais são conhecidos, alguns cidadãos ficam contentes e outros tristes, dependendo de sua posição política.

Aqueles que votaram no vencedor provavelmente aceitarão a autoridade do governo que ele estabelecer. A maioria dos outros se submeterão ao novo governo, mesmo que seja de má vontade.

Os cristãos devem ir além da simples submissão às autoridades governamentais ao seguir os princípios que a Bíblia nos dá. Ao escrever a Tito, Paulo disse que deveríamos ser igualmente pacíficos e amáveis, e fazer o bem sem caluniar a ninguém (3:1,2).

Tito estava trabalhando entre os cristãos de Creta, um lugar conhecido por seus moradores indisciplinados. Havia boas razões para dizer coisas más a respeito das pessoas que viviam e governavam ali, mas Paulo admoestou os cristãos a não fazê-lo.

Na verdade, Paulo mencionou nesta sua breve carta sete vezes a importância de fazer o bem: ser amigo do bem (1:8), ensinar o que é bom (2:3), fazer o que é bom (2:7,14; 3:1,2,8,14).

A carta de Paulo é um lembrete oportuno de que os cristãos devem fazer o que é bom para as pessoas, sem considerar se estas aprovam seus valores e concordam com suas práticas. Isto pode não ser fácil, mas é a atitude certa a tomar. —JULIE ACKERMAN LINK

Os cristãos podem ser construtivos
ao se recusarem a ser destrutivos.

3 de novembro

Uma nova chance

Leitura: Lucas 22:24-34

*…tu me amas? […].
Pastoreia as minhas ovelhas.*
—JOÃO 21:16

Leitura da Bíblia em um ano
JEREMIAS 30–31;
FILEMON

Jesus prometeu a Pedro algo que todo cristão anseia ter: uma nova chance (Lucas 22:31-34). Depois de lhe dizer que Satanás iria peneirá-lo como trigo, Jesus assegurou a Pedro que havia orado para que sua fé não desfalecesse. Mesmo que Pedro tivesse insistido que nunca o abandonaria, Jesus disse que ele iria negá-lo três vezes antes do amanhecer. Ao já antecipar a restauração de Pedro, Jesus o incumbiu de um ministério no futuro: "…quando te converteres, fortalece os teus irmãos" (v.32).

O pregador George Duncan disse: "Penso que muitos comitês de igreja não teriam visto em Pedro um candidato certo para as vagas ali existentes!" No entanto, Duncan destacou que no dia de pentecostes Deus escolheu a Pedro para pregar o sermão mais importante da história da igreja. Duncan disse: "Parece que alguns cristãos têm uma mensagem de perdão para os não cristãos, mas nenhuma mensagem de perdão para o cristão. Fico contente que Deus tem esta mensagem para nós!" Por causa deste perdão um novo dia de serviço foi oferecido a Pedro.

De fato, se você é uma cristã arrependida como Pedro, também pode confiar que o Senhor lhe dará mais uma chance. Confesse o seu pecado e experimente o perdão de Deus, Sua cura e restauração (1 João 1:9).

—JOANIE E. YODER

O perdão de Deus sempre vem acompanhado de uma nova chance.

Leitura da Bíblia em um ano
JEREMIAS 32–33;
HEBREUS 1

4 de novembro

Retroversão

Leitura: João 3:1-17

Não te admires de eu te dizer: importa-vos nascer de novo.
—JOÃO 3:7

O que o café normal, as guitarras acústicas e a TV em preto e branco têm em comum? Todos eles são o que o jornalista Frank Mankiewicz chama de "retroversões" — palavras ou frases criadas por que uma palavra familiar precisa ter um significado distinto de um termo ao qual se refere para bem designar um item novo ou nova invenção. A princípio, todo café era do mesmo tipo, todas as guitarras acústicas e todas as televisões eram em preto e branco. Hoje não é assim, por isso precisamos de uma lista crescente de retroversões, incluindo o café descafeinado, guitarras elétricas e televisões com alta definição de imagem.

Pode-se dizer que Jesus transformou a frase sobre o nascer de novo numa retroversão, quando falou a Nicodemos: "…se alguém não nascer de novo, não pode ver o reino de Deus" (João 3:3).

Nicodemos era uma pessoa religiosa e não entendeu a ideia de um segundo nascimento. Ele perguntou a Jesus: "Como pode um homem nascer, sendo velho? Pode, porventura, voltar ao ventre materno e nascer segunda vez?" (v.4). Jesus lhe explicou então a diferença entre o nascer da carne e o nascer do Espírito e concluiu: "Não te admires de eu te dizer: importa-vos nascer de novo" (v.7).

Nossa vida cristã começa quando convidamos Jesus a viver em nós. Isto é um milagre! Nascemos de novo. —DAVID MCCASLAND

A vida natural veio com o sopro de Deus;
a vida eterna vem com a morte de Cristo.

5 de novembro

Além das fronteiras

Leitura: Gênesis 12:1-4

...Sai da tua terra, da tua parentela e da casa de teu pai e vai para a terra que te mostrarei. —GÊNESIS 12:1

Leitura da Bíblia em um ano
JEREMIAS 34–36;
HEBREUS 2

A vida consiste no que nos acontece enquanto fazemos outros planos. Estamos sujeitos aos desvios e correções que jamais tínhamos imaginado ou esperado.

Abraão e Sara podiam testificar disso. Eles estavam planejando se aposentar quando a vida "aconteceu" para eles. Deus fez um ajuste em sua agenda. Ele disse para Abraão: "...Sai da tua terra, da tua parentela e da casa de teu pai e vai para a terra que te mostrarei" (Gênesis 12:1). Assim, este casal idoso desmontou a sua tenda e foi na direção que apenas Deus conhecia.

Quando Alexandre, o Grande, havia terminado a sua conquista da Pérsia, ele foi à direção leste. O professor, pastor e escritor Halford Luccock disse em uma de suas obras que o general "marchou além das suas fronteiras."

Foi isto o que aconteceu a Sara e Abraão. Deus lhes deu ordens para marchar, sem um mapa. Eles precisavam apenas ter fé suficiente para começar a jornada. Eles se dirigiram para territórios desconhecidos, passando por aventuras inimagináveis. Deus nunca lhes disse que os guiaria livremente por todos os caminhos, sem antes cumprir a Sua promessa de um filho, que se tornaria uma grande nação.

Faça os seus planos. Mas escreva-os em uma folha de papel, e não em concreto. Deus e a vida têm a sua maneira de introduzir e guiá-la a uma jornada que você talvez nunca pudesse imaginar, nem em seus maiores sonhos. —HADDON W. ROBINSON

Confia no SENHOR de todo o teu coração e não te estribes no teu próprio entendimento. —PROVÉRBIOS 3:5

Leitura da Bíblia em um ano
JEREMIAS 37–39;
HEBREUS 3

APLICAÇÃO PESSOAL

Gratidão

Orar por

6 de novembro

O bom ateu

Leitura: Lucas 10:25-37

...Amarás a teu próximo como a ti mesmo. —ROMANOS 13:9

Quando um homem soube que uma senhora idosa já não tinha mais condições para comprar os remédios e pagar o aluguel, ele resolveu tirá-la desta situação. Levou-a para sua casa e tratou-a como se fosse a sua própria mãe. Deu-lhe um quarto para dormir, preparou-lhe as refeições, comprou os remédios e a levava de carro sempre que precisava de atendimento médico. Ele continuou a cuidar dela quando ela já não conseguia fazer nada. Fiquei admirado quando soube que este homem bom era um ateu zeloso!

Os judeus ficaram chocados com a parábola de Jesus sobre o bom samaritano, porque Jesus o colocou sob um enfoque positivo. Eles desprezavam os samaritanos, da mesma maneira que, às vezes, temos a tendência de olhar com menosprezo para os ateus.

Um perito da lei colocou Jesus à prova, perguntando como ele podia herdar a vida eterna. Jesus lhe perguntou o que dizia a lei. O homem respondeu que precisava amar o Senhor com todo o seu coração e o seu próximo como a si mesmo (Lucas 10:25-27). Ele perguntou a Jesus: "Quem é o meu próximo?" (v.29). Na história de Jesus, o samaritano foi o próximo que mostrou bondade com o homem ferido.

Jesus queria que a parábola desafiasse os Seus ouvintes. As histórias do bom samaritano e do bom ateu nos lembram deste grande princípio da palavra de Deus: "Amarás a teu próximo como a ti mesmo" (Romanos 13:9). —HERB VANDER LUGT

Pessoas necessitadas precisam da sua mão auxiliadora.

7 de novembro

A guerra acabou!

Leitura: Hebreus 4

E, vindo, evangelizou paz a vós outros que estáveis longe e paz também aos que estavam perto. —EFÉSIOS 2:17

Leitura da Bíblia em um ano
JEREMIAS 40–42;
HEBREUS 4

O conflito amargo finalmente havia terminado entre o norte e o sul. Os soldados da Guerra Civil dos EUA estavam livres para voltar para suas famílias. Mas alguns deles permaneceram escondidos no mato, comendo frutas silvestres. Eles ou não tinham ouvido ou não acreditavam que a guerra havia terminado, por isso continuaram a suportar aquelas condições miseráveis quando poderiam estar em suas casas.

No reino espiritual acontece algo semelhante. Cristo trouxe a paz entre Deus e os homens, ao morrer em nosso lugar. Ele pagou o castigo dos nossos pecados na cruz. Qualquer um que aceitar o Seu sacrifício será perdoado por um Deus Santo.

Infelizmente, muitas pessoas se recusam a crer no evangelho e continuam a viver como fugitivos espirituais. Às vezes, até os que confiaram em Cristo vivem quase no mesmo patamar. Seja por ignorância ou falta de vontade, fracassam em reivindicar as promessas de Deus. Eles não experimentam a alegria e a certeza que acompanha a salvação. Não buscam o conforto e a paz que Deus quer dar aos Seus filhos. Eles são o objeto de Seu amor, cuidado e provisão, mas vivem como se fossem órfãos.

Você está vivendo longe do conforto, do amor e do cuidado de seu Pai celestial? Venha para casa. A guerra terminou! —RICHARD W. DEHAAN

A vitória de Cristo sobre a morte significa paz para os Seus santos.

Leitura da Bíblia em um ano
JEREMIAS 43–45;
HEBREUS 5

APLICAÇÃO PESSOAL

Gratidão

Orar por

8 de novembro

O pequeno evangelista

Leitura: Marcos 12:28-34

Amarás, pois, o Senhor, teu Deus, de todo o teu coração, de toda a tua alma, de todo o teu entendimento e de toda a tua força. —MARCOS 12:30

Meu pequeno vizinho, Miguel, de 6 anos e eu estávamos conversando em meu jardim em frente de casa, quando duas crianças novas da vizinhança vieram nos ver. Depois que perguntei seus nomes, a primeira pergunta de Miguel a eles foi: "Vocês amam a Deus?" O pequeno menino de 5 anos respondeu rapidamente: "Não!" Miguel olhou para ele com um olhar de reprovação e preocupação. Quando a menina de 4 anos percebeu que ele não ficou satisfeito com a resposta, ela disse: "Sim!"

A "estratégia de testemunho" de Miguel pode não ser a mais eficaz, mas ele tem uma importante pergunta para as pessoas que encontra (e eu o ouvi fazer a mesma pergunta para muitas outras pessoas).

Perguntaram a Jesus: "Qual é o principal de todos os mandamentos?" (Marcos 12:28). Ele respondeu: "…O Senhor, nosso Deus, é o único Senhor! Amarás, pois, o Senhor, teu Deus, de todo o teu coração, de toda a tua alma, de todo o teu entendimento e de toda a tua força" (vv.29,30).

Jesus se referia aos tempos do Antigo Testamento em que Deus havia dito aos israelitas para considerá-lo o único Deus de suas vidas e de sua nação. Os povos pagãos ao seu redor tinham muitos deuses, aos quais amavam e adoravam, mas o povo de Deus deveria ser diferente.

Amar a Deus também deveria ser a nossa maior prioridade. Por isso, Miguel quer saber: "Você ama a Deus?" —ANNE M. CETAS

Se você realmente ama o Senhor,
vai querer que outros também o amem.

9 de novembro

Sem preocupações

Leitura: Salmo 23

O Senhor é o meu pastor;
nada me faltará. —SALMO 23:1

Leitura da Bíblia em um ano
JEREMIAS 46–47;
HEBREUS 6

APLICAÇÃO PESSOAL

Todos se preocupam às vezes, mas eu já fui uma "preocupada profissional". Pensava diariamente sobre cada uma de minhas preocupações.

Certo dia tive que fazer um exame médico desconfortável e estava com muito medo. Finalmente, decidi que durante o exame me concentraria nas primeiras palavras do Salmo 23: "O Senhor é o meu pastor…". Este exercício mental não somente me acalmou, como me ensinou a discernir algumas coisas novas. Mais tarde, ao meditar lentamente sobre todo o Salmo, o Senhor me mostrou novos ensinamentos. Por fim, fui capaz de compartilhar em conferências o que o Senhor tinha me ensinado.

Também há esperança para você que se preocupa! Rick Warren, autor do livro *Uma Vida com propósitos* (Editora Vida, 2003), escreveu: "Quando você pensa repetidamente em um problema, isto se chama preocupação. Quando você pensa repetidamente na Palavra de Deus, isto se chama meditação. Se você sabe como se preocupar, também sabe como meditar!"

Quanto mais meditamos na Palavra de Deus, menos nos preocupamos. No Salmo 23 em vez de se preocupar Davi meditou sobre o seu grande Pastor. Mais tarde, Deus o escolheu para ser o pastor do Seu povo (Salmo 78:70-72). Deus usa aqueles que sabem dizer com toda honestidade: "O Senhor é o meu pastor…". —JOANIE E. YODER

Quanto mais pensarmos na Palavra de Deus, menos pensaremos em nossas preocupações.

Gratidão

Orar por

Leitura da Bíblia em um ano

JEREMIAS 48–49;
HEBREUS 7

APLICAÇÃO PESSOAL

Gratidão

Orar por

10 de novembro

Praticando a fé

Leitura: Romanos 2:17-24

Vês como a fé operava juntamente com as suas obras; com efeito, foi pelas obras que a fé se consumou. —TIAGO 2:22

Muitas vezes nós, cristãos, somos admoestados a não ficar apenas no falar, mas colocar nossa fala em prática. Ou seja: não permita que o seu comportamento contradiga a sua profissão de fé. Em outras ocasiões, somos alertados a nos assegurarmos de que nosso falar e nossa vida concordem um com o outro. Entretanto, se nossa conduta não se harmonizar com a nossa confissão de fé, esta discrepância anula o testemunho do evangelho, o qual proclamamos.

Pelo que se sabe, Mahatma Gandhi nunca se tornou um cristão, mas ele fez uma afirmação que nós, os que seguimos a Jesus, faríamos bem em refletir. Quando pediram a Gandhi que colocasse sua mensagem em uma breve sentença, ele respondeu: "A minha vida é a minha mensagem."

Certamente explicaríamos a mensagem do evangelho da forma mais clara possível. Porém, a explicação mais clara não trará almas para o Senhor, a não ser que o Seu amor esteja incorporado em nossas vidas. Para citar o apóstolo Paulo em 1 Coríntios 11:1: "Sede meus imitadores, como também eu sou de Cristo." E, ao colocar-se como um padrão, ele escreveu em Filipenses 4:9: "O que também aprendestes, e recebestes, e ouvistes, e vistes em mim, isso praticai; e o Deus da paz será convosco."

Ore para que nós, assim como Paulo, demonstremos a nossa fé salvadora na vida prática diante de um mundo que nos observa. —VERNON C. GROUNDS

O mundo nos observa — será que vê o Senhor Jesus em nossas vidas?

11 de novembro

A agonia da cruz

Leitura: Isaías 53

Leitura da Bíblia em um ano
JEREMIAS 50;
HEBREUS 8

APLICAÇÃO PESSOAL

…a si mesmo se humilhou, tornando-se obediente até à morte e morte de cruz.
—FILIPENSES 2:8

Como cristãos, entendemos o significado espiritual do sacrifício de Cristo no calvário, mas esquecemos facilmente a tremenda agonia que Ele suportou ali. O aspecto mais difícil foi a separação do Pai, porém o sofrimento físico também foi horrível e além de qualquer compreensão.

Em seu livro *A Beautiful Way* (Um lindo caminho) Dan Baumann compartilha alguns pensamentos que podem aprofundar a nossa gratidão pelo que o Salvador fez por nós. Ele menciona que: "Talvez tenhamos enaltecido de forma inconsciente e irrefletida a cruz. Joias e torres muitas vezes são ornamentos parecidos e atrativos, mas nada falam da verdadeira história da crucificação. Foi o método mais dolorido de morte pública que existia no primeiro século. A vítima era colocada em uma cruz de madeira. Os pregos eram cravados nas mãos e nos pés da vítima e então a cruz era erguida e fincada no solo, rasgando a carne da pessoa crucificada e atormentando o seu corpo com dores dilacerantes. Os historiadores nos lembram que mesmo os soldados não conseguiam se acostumar com esta imagem horrível e muitas vezes ingeriam bebidas fortes para entorpecer os seus sentimentos."

Com uma nova consciência da agonia física de nosso Salvador, vamos agradecê-lo mais uma vez por Seu sacrifício no calvário. Ele nos amou tanto que estava disposto a morrer por nós, mesmo suportando a morte dolorosa da cruz. —RICHARD W. DEHAAN

Nunca poderemos sacrificar o suficiente por aquele que sacrificou tudo por nós.

Gratidão

Orar por

Leitura da Bíblia em um ano
JEREMIAS 51–52;
HEBREUS 9

APLICAÇÃO PESSOAL

Gratidão

Orar por

12 de novembro

Maus indicadores

Leitura: Atos 16:16-31

Por volta da meia-noite, Paulo e Silas oravam e cantavam louvores a Deus.
—ATOS 16:25

Céus escuros, depressão. É muito comum experimentar o que alguns chamaram de "indicador tenebroso." É uma forma de descrever o tempo nublado que pode ocorrer em uma região, durante o inverno.

Um conceito semelhante envolve a alteração de comportamento chamada de desordem afetiva do tempo. Diz-se que pessoas sensíveis experimentam certa melancolia, induzida pelo mau tempo.

Outros fatores podem ser considerados como maus indicadores. Pense sobre o que Paulo e Silas suportaram (Atos 16). Qualquer um de seus problemas seria suficiente para arruinar o dia mais ensolarado. Imagine a irritação, ao lidarem com pessoas ambiciosas que haviam transformado uma menina possessa em uma exibição (vv.16,17). Pense no sofrimento ao se confrontarem com uma multidão irada e juízes furiosos (v.22), ao serem severamente açoitados e presos (v.23) e quando lhes prenderam os pés no tronco (v.24).

Mas Paulo e Silas se colocaram acima disso tudo (v.25). Como conseguiram? Eles estavam cheios do Espírito Santo e tinham visão missionária. Eram motivados pelo desejo de obedecer a Deus e de anunciar a mensagem de Cristo.

Como eles, nós também podemos nos sobrepor às oscilações de nosso ânimo, ocasionadas pelas circunstâncias da vida. Quando somos fortes no Espírito, podemos vencer os maus indicadores de nossa vida. —MART DEHAAN

O Filho de Deus pode iluminar nossos dias mais escuros.

13 de novembro

Como é horrível!

Leitura: Lamentações 3:25-42

Esquadrinhemos os nossos caminhos, provemo-los e voltemos para o Senhor.
—LAMENTAÇÕES 3:40

Leitura da Bíblia em um ano
LAMENTAÇÕES 1–2;
HEBREUS 10:1-18

Um amigo me contou a respeito de um homem que gritava as mesmas três palavras, todos os dias, de uma banca de jornal na esquina de sua rua. Ele dizia aos transeuntes, ao lhes estender um jornal: "Como é horrível!" As pessoas compravam o jornal por que apenas queriam saber o que havia acontecido de tão horrível.

Tragédias e previsões terríveis sempre ocupam as primeiras páginas, mas se nos preocuparmos com as más notícias, vamos sucumbir ao que meu amigo chama de "horripilante" — um pessimismo devastador que obscurece toda situação com mau humor.

Se alguém tinha razões para ficar desanimado, era o profeta Jeremias. Ele declarou por 40 anos o julgamento de Deus para a nação de Judá, rebelde e sem arrependimento. Jeremias sofreu por causa da desobediência de seu povo, mas ele se agarrou na fé e na bondade de Deus. Mesmo depois de ser testemunha da destruição de Jerusalém e da captura do seu povo, Jeremias escreveu: "O Senhor não rejeitará para sempre; pois, ainda que entristeça a alguém, usará de compaixão segundo a grandeza das suas misericórdias. Esquadrinhemos os nossos caminhos, provemo-los e voltemos para o Senhor" (Lamentações 3:31,32,40).

A desobediência a Deus pode trazer muita dor, mas o caminho do desânimo conduz ao Senhor, que é "…Bom […] para os que esperam por ele…" (v.25).

—DAVID MCCASLAND

As circunstâncias horríveis não podem alterar a bondade de Deus.

Leitura da Bíblia em um ano

LAMENTAÇÕES 3–5;
HEBREUS 10:19-39

APLICAÇÃO PESSOAL

Gratidão

Orar por

14 de novembro

Mais do que social

Leitura: Hebreus 10:19-25

Amai-vos cordialmente uns aos outros com amor fraternal... —ROMANOS 12:10

A igreja pode ser um excelente lugar para se ouvir falar dos últimos jogos de futebol, das partidas de golfe, das últimas notícias da família, de preocupações com a saúde ou simplesmente para ver os amigos. Tomar um cafezinho juntos, um aperto de mão caloroso, tapinhas amigos nas costas, tudo isto faz parte da interação social que precisamos como seres humanos.

Tudo isto é bom, mas a comunhão no Novo Testamento é mais profunda do que simples contatos sociais quando nos reunimos na igreja. Ela acontece quando consideramos como podemos animar, encorajar e alegrar os nossos irmãos e irmãs em Cristo.

A Bíblia diz claramente que devemos ser "servos uns dos outros, pelo amor" (Gálatas 5:13), perdoar porque fomos perdoados (Efésios 4:32) e levar "as cargas uns dos outros" (Gálatas 6:2). Desde o primeiro século, os cristãos se reuniram em nome de Jesus a fim de que "...Consideremo-nos também uns aos outros, para nos estimularmos ao amor e às boas obras" (Hebreus 10:24).

A comunhão cristã acontece quando encorajamos os nossos amigos, oramos por eles e confessamos nossos pecados e fraquezas uns aos outros. Estes são os elementos que constituem a genuína comunhão.

E quanto a sua igreja? Você está simplesmente tendo encontros sociais? Ou pratica a verdadeira comunhão cristã? —DAVID C. EGNER

A comunhão cristã nos edifica
e nos une uns aos outros.

15 de novembro

O que Deus fez

Leitura: Atos 26:6-23

Pelo que, ó rei Agripa, não fui desobediente à visão celestial.
—ATOS 26:19

Leitura da Bíblia em um ano
EZEQUIEL 1–2;
HEBREUS 11:1-19

Durante um debate numa universidade americana, o teólogo e filósofo William Craig Lane explanou de forma convincente os argumentos históricos da sua fé na ressurreição de Jesus, assim como o apóstolo Paulo o fez no capítulo 26 de Atos. Em seguida, Lane relatou a história de sua conversão.

Quando criança, ele nunca fora à igreja, mas quando adolescente, começou a ser torturado por perguntas sobre a morte e o significado da vida. Ele começou a ir à igreja, mas os sermões não respondiam mais as suas perguntas. O que ele viu em seus colegas que iam à igreja o levou à conclusão de que a maioria dos cristãos era falsa. Então ele se tornou um solitário raivoso. Certo dia, uma moça que sempre parecia estar contente, contou-lhe que sua alegria era a consequência de ter Jesus em sua vida e ela lhe assegurou que Ele também queria viver no coração dele.

Lane passou os próximos seis meses pesquisando e lendo o Novo Testamento. Ele disse: "Cheguei ao fim de minhas buscas e clamei a Deus. Eu lhe falei de toda a amargura e ira que estavam dentro de mim. Senti esta tremenda infusão de alegria e, naquele momento, Deus se tornou realidade em minha vida, e Ele nunca me abandonou."

Falamos aos outros sobre a lógica que nos levou a crer em Jesus, que está fundamentada na Palavra de Deus. Mas também é importante dizer-lhes sobre o que Cristo fez pessoalmente por nós. —HERB VANDER LUGT

Quando falar aos outros sobre o que Jesus pode fazer por eles, conte-lhes o que Ele fez por você.

Leitura da Bíblia em um ano
EZEQUIEL 3–4;
HEBREUS 11:20-40

APLICAÇÃO PESSOAL

Gratidão

Orar por

16 de novembro

Assim como é

Leitura: 2 Coríntios 5:14-21

E, assim, se alguém está em Cristo, é nova criatura; as coisas antigas já passaram; eis que se fizeram novas.
—2 CORÍNTIOS 5:17

O carro velho está parado no pátio dos carros usados, enferrujado e abandonado. Anos de abuso e muito uso acabaram com o que era antes um automóvel brilhante.

Um homem entra no pátio e é atraído por este monte de ferrugem. Ele joga na mesa a quantia em dinheiro e o vendedor lhe entrega as chaves, enquanto lhe diz: "Eu lhe vendo este carro assim como ele é." O novo proprietário simplesmente sorri; ele conhece os seus carros e quer restaurar este refugo e dar-lhe a beleza que tinha anteriormente.

Do outro lado da cidade, uma mulher atribulada está sentada solitária, pensando onde errou. Anos de abuso e uma vida árdua deixaram-na assim, ela que havia sido uma jovem brilhante. Foi tantas vezes maltratada por outros que sente que não tem mais muito valor. E depois de cometer seus próprios erros, e vivendo com as más escolhas, está segura de que permanecerá para sempre em meio ao lixo em sua vida.

Mas então alguém lhe fala de Jesus, lhe diz que o Senhor é um especialista em 'restauração', que Ele está esperando para transformar qualquer pessoa que confiar nele — até mesmo ela. Alguém lhe assegura que Jesus a aceitará "assim como ela é." Ela crê nisso. Confia. E Jesus começa a restaurar mais uma pessoa perdida e lhe dá a vida abundante que Ele prometeu.

—DAVE BRANON

A salvação não significa virar uma nova página, significa receber uma nova vida.

17 de novembro

A dor não é inútil

Leitura: Isaías 28:23-29

Também isso procede do Senhor dos Exércitos; ele é maravilhoso em conselho e grande em sabedoria.
—ISAÍAS 28:29

Leitura da Bíblia em um ano
EZEQUIEL 5–7;
HEBREUS 12

APLICAÇÃO PESSOAL

Durante tempos de dificuldades, muitas vezes sinto vontade de me queixar: "Quem precisa desta dor? Com certeza, eu não!" Mas Isaías 28 e a minha própria experiência me contam que esta reação é impensada. Não significa que precisamos da dificuldade em si, mas que precisamos ser transformados e amadurecer. Nas mãos de Deus, a dificuldade pode ser uma ferramenta eficaz que produzirá o tão necessário crescimento.

Nos versículos 23 a 28, lemos a "parábola poética" do profeta, escrita para ajudar ao povo de Israel a compreender como Deus age e o que Ele queria alcançar em suas vidas, por meio de tempos difíceis. Ele descreve um agricultor que está arando com habilidade o solo, plantando a sua safra e debulhando a colheita. Se o solo pudesse falar, teria se queixado: "Quem precisa deste arado dolorido?" Mas a dor não é inútil. Isaías disse que Deus ensinou o agricultor a trabalhar com medidas certas e no devido tempo, lidando com todo o cuidado com a delicada safra e com os outros de forma mais vigorosa, mas sempre tendo em vista uma colheita certa.

Nossa tranquilidade em tempos difíceis reside no fato de que o Deus do agricultor é o nosso Deus "maravilhoso em conselho e grande em sabedoria" (v.29). A maneira do Senhor agir conosco sempre é cuidadosa e com um propósito, produzindo em nós "fruto pacífico […] fruto de justiça" (Hebreus 12:11). —JOANIE E. YODER

Quando você confia em Deus,
a dor é uma oportunidade para
o progresso.

Gratidão

Orar por

Leitura da Bíblia em um ano

EZEQUIEL 8–10;
HEBREUS 13

APLICAÇÃO PESSOAL

Gratidão

Orar por

18 de novembro

Promessa de Deus

Leitura: Hebreus 13:5,6

*…De maneira alguma te deixarei,
nunca jamais te abandonarei.*
—HEBREUS 13:5

O escritor do livro de Hebreus cita Deus falando ao Seu povo: "De maneira alguma te deixarei, nunca jamais te abandonarei" (Hebreus 13:5). O que isto evoca em você? Apenas um pouco de piedade com um grande bocejo?

Não é o mesmo que dizer que vamos tomar um café com a maior autoridade do país. Conhecer tal pessoa diria algo significativo a nosso respeito. Mas reivindicar que Deus está conosco a cada momento de cada dia, tão perto quanto nossa própria pele, em qualquer caminho de nossa vida, molhados em lágrimas ou risos — alguns diriam que isto chega quase a ser insanidade.

Mas, através da história, homens e mulheres firmaram suas vidas nesta verdade. Abraão, Moisés, Raabe, Josué, Davi, Ester, apenas para citar alguns. A promessa foi verdadeira para eles, mas como nós podemos saber que ela também se aplica a nós?

Esta verdade também se aplica a nós por causa de Jesus. Com a Sua vinda, Ele diz: "Eu quero estar com você; Eu me entreguei por você; você acha que Eu a esqueceria?"

Como você responde a esta promessa assombrosa? Diz que é bom demais para ser verdade. Diz que isto soa como algo inacreditável. Mas não ignore esta promessa. Em suas dores, temores, lutas, tentações, não há promessa mais maravilhosa do que esta: "De maneira alguma te deixarei, nunca jamais te abandonarei". —HADDON W. ROBINSON

Não importa para onde você for,
Deus irá com você.

19 de novembro

Provações alegres

Leitura: Tiago 1:1-12

Meus irmãos, tende por motivo de toda alegria o passardes por várias provações. —TIAGO 1:2

Leitura da Bíblia em um ano
EZEQUIEL 11–13;
TIAGO 1

APLICAÇÃO PESSOAL

A Bíblia nos aconselha a reagirmos às circunstâncias difíceis de forma diretamente oposta à nossa tendência natural. Um dos mandamentos mais desafiantes é este: "...tende por motivo de toda alegria o passardes por várias provações" (Tiago 1:2).

Outras traduções falam sobre olharmos para as dificuldades com pura alegria, considerando-nos pessoas contentes, e não resistindo às provações e tentações como sendo intrusos, mas dando-lhes as boas-vindas como amigas. Eu não sei quanto a você, mas esta não é a primeira coisa que me vem à mente.

Esta perspectiva pareceria absurda e impossível de alcançar, se não fosse pela razão que está por detrás disto: "sabendo que a provação da vossa fé, uma vez confirmada, produz perseverança" (v.3). Uma atitude de alegria não está baseada no que sentimos, mas no que sabemos de Deus e de Seu agir em nossas vidas. Portanto, um processo doloroso traçado com um propósito, pode ser um amigo ao qual saudamos com boas-vindas.

Não é a prova das nossas forças, mas a nossa fé em um Deus Todo-Poderoso que desenvolve a perseverança. Através de tudo isto o Senhor promete sabedoria para hoje (v.5) e a coroa da vida para aqueles que perseverarem (v.12).

Minha resposta natural às circunstâncias difíceis é: "Oh, não!" O Senhor quer que eu veja o que Ele pode realizar por meio delas e dizer: "Oh, sim!"

—DAVID MCCASLAND

A alegria nas tribulações vem quando sabemos que os resultados serão positivos.

Gratidão

Orar por

Leitura da Bíblia em um ano
EZEQUIEL 14–15;
TIAGO 2

APLICAÇÃO PESSOAL

Gratidão

Orar por

20 de novembro

Para o mundo ouvir

Leitura: Tiago 3:1-12

*…Ide por todo o mundo e pregai
o evangelho a toda criatura.*
—MARCOS 16:15

Fritz Kreisler (1875–1962), o mundialmente famoso violinista, fez fortuna com seus concertos e composições, mas doou generosamente quase tudo. Assim, quando encontrou um violino especial em uma de suas viagens, não tinha o dinheiro para comprá-lo.

Mais tarde, depois de juntar o dinheiro suficiente para aquele violino, voltou ao vendedor, esperando comprar aquele bonito instrumento. Mas para o seu grande desgosto, ele já havia sido vendido para um colecionador. Kreisler foi procurar o novo dono em sua casa e lhe disse que queria comprar o violino. O colecionador disse que este violino se tornou de estimação e que não iria vendê-lo.

Decepcionado, quando Kreisler estava saindo, teve uma ideia. Perguntou: "Posso tocar o instrumento só mais uma vez, antes que ele silencie para sempre?" Ele recebeu a permissão e a música foi tão comovente que as emoções do colecionador foram profundamente tocadas. Ele exclamou: "Não tenho o direito de mantê-lo comigo. Ele é seu, Sr. Kreisler. Leve-o para o mundo e deixe que as pessoas o ouçam."

Para pecadores que foram salvos pela graça, o evangelho se parece com as harmonias arrebatadoras do céu. Não temos o direito de guardá-lo para nós. Jesus nos pede que o levemos ao mundo e deixemos que as pessoas o ouçam. —VERNON C. GROUNDS

Alguém lhe falou sobre Jesus,
e você tem falado para alguém
sobre Jesus?

21 de novembro

Sacrifício sem igual

Leitura: Hebreus 10:1-18

Leitura da Bíblia em um ano
EZEQUIEL 16–17;
TIAGO 3

Jesus, porém, tendo oferecido, para sempre, um único sacrifício pelos pecados, assentou-se à destra de Deus. —HEBREUS 10:12

O que vem ao seu pensamento quando você ouve a palavra sacrifício? Quem sabe usemos o termo quando vemos como os pais seguem um orçamento rígido e dirigem um carro velho para que os seus filhos possam estudar na universidade. Ela certamente é uma boa palavra para descrever o ato heroico de um soldado que se lança sobre uma granada, para que a explosão não atinja os seus colegas.

No entanto, esses nobres sacrifícios desvanecem quando comparados ao que o nosso Salvador fez por nós na cruz. O Seu sacrifício foi sem igual. Jesus sofreu e morreu "…pelos nossos pecados, e não somente pelos nossos próprios, mas ainda pelos do mundo inteiro" (1 João 2:2). Por causa da Sua morte e ressurreição, todos os que aceitam a Sua oferta de salvação recebem o perdão completo e a vida eterna (João 3:16).

Em Hebreus 10, a Bíblia fala sobre os sacrifícios de animais que eram costume no Antigo Testamento, e os compara à morte de Jesus. O versículo 4 afirma: "Porque é impossível que o sangue de touros e de bodes remova pecados." Tais sacrifícios apontavam para a necessidade da morte de Cristo.

O sacrifício substitutivo de Jesus Cristo dá a salvação completa para todos os que depositam a sua confiança nele. Aleluia, que Salvador! —HERB VANDER LUGT

Jesus é o sacrifício perfeito e definitivo para a nossa salvação!

Leitura da Bíblia em um ano

EZEQUIEL 18–19;
TIAGO 4

APLICAÇÃO PESSOAL

22 de novembro

Cristãos fechados

Leitura: Mateus 5:13-16

…brilhe também a vossa luz diante dos homens, para que vejam as vossas boas obras e glorifiquem a vosso Pai que está nos céus. —MATEUS 5:16

Um homem de negócios entregou seu coração a Jesus como resultado de um evento evangelístico de Billy Graham. Quando ele contou isto a seus colegas, seu parceiro de negócios que também era cristão alegrou-se. Mas o novo cristão não sabia nada sobre a fé dele e disse: "Sabia que você foi uma das razões por eu ter resistido em me tornar cristão por diversos anos? Achei que se uma pessoa como você podia viver bem sem ser cristão, então não havia a necessidade de eu me tornar mais um."

Um amigo e eu estávamos num banco. Ele precisava trocar uma nota de R$ 50,00. A caixa, por engano, lhe deu três notas de R$ 20,00. Quando meu amigo percebeu o erro, entrou novamente no banco e explicou para a moça discretamente o que havia acontecido. E ela disse: "Não posso lhe agradecer o suficiente. Teria que pagar a diferença. Está claro que você é um homem honesto." Ele respondeu: "Sou honesto porque sou um seguidor comprometido com Jesus Cristo. Devolver-lhe o dinheiro é algo que Ele queria que eu fizesse."

Os cristãos deveriam ter vidas exemplares. Mas é importante que revelemos a fonte da força e da vida que nos capacita a sermos diferentes. Como Jesus disse: "Assim brilhe também a vossa luz diante dos homens, para que vejam as vossas boas obras e glorifiquem a vosso Pai que está nos céus" (Mateus 5:16).

—HADDON W. ROBINSON

É a vida por detrás das palavras
que torna o seu testemunho eficaz.

Gratidão

Orar por

23 de novembro

Tal como sou

Leitura: João 6:35-40

Leitura da Bíblia em um ano
EZEQUIEL 20–21;
TIAGO 5

*Todo aquele que o Pai me dá,
esse virá a mim; e o que vem a mim,
de modo nenhum o lançarei fora.*
—JOÃO 6:37

Charlotte Elliot, autora de diversos hinos, aprendeu uma lição importante sobre Jesus numa noite de insônia, em 1834. Ela era fisicamente inválida, de modo que, quando sua família organizou um bazar para arrecadar dinheiro a fim de construir uma escola, ela só pôde assistir ao evento, de longe.

Naquela noite, ela estava muito deprimida por causa de sua limitação e não conseguia dormir. Mas sua tristeza se transformou em alegria quando compreendeu que Deus a aceitou assim como ela era.

Sua experiência foi a inspiração destas palavras tão conhecidas e amadas: "Tal qual estou, eis-me, Senhor, pois o teu sangue remidor, verteste pelo pecador; Ó Salvador, me achego a Ti!" (CC 266). Quando publicou este poema no *Hinário da inválida*, ela o incluiu junto ao versículo de João 6:37.

Jesus sempre aceita as pessoas assim como elas são. Em João 6, o povo tinha vindo de muito longe para ouvir Jesus. Quando a multidão ficou com fome, Ele a alimentou milagrosamente com o pouco que um menino tinha, cinco pães e dois peixes. Em seguida, o Senhor ofereceu-se a si mesmo como o "pão da vida", prometendo que nunca rejeitaria ninguém que viesse a Ele.

Isto ainda é verdade, hoje. Ninguém que vem a Jesus será rejeitado. Venha a Ele com todos os seus pecados. Ele vai aceitá-la assim como é. —DAVID C. EGNER

Ninguém é bom demais ou mau demais para ser salvo.

APLICAÇÃO PESSOAL

Gratidão

Orar por

Leitura da Bíblia em um ano

EZEQUIEL 22–23;
1 PEDRO 1

APLICAÇÃO PESSOAL

Gratidão

Orar por

24 de novembro

Agradeça e lembre-se

Leitura: Hebreus 13:1-16

Não negligencieis, igualmente, a prática do bem e a mútua cooperação; pois, com tais sacrifícios, Deus se compraz.
—HEBREUS 13:16

Uma das colunas de jornal mais populares nos EUA se chama "Querida Abby." Ela começou a ser escrita em 1956 por Abigail Van Buren, e hoje é escrita por sua filha Jeanne Phillips. Em uma recente edição, ela incluiu esta oração de agradecimento, escrita há muitos anos por sua mãe.

Pai celeste, agradecemos pelo alimento e lembra-te dos famintos. Agradecemos também pela saúde e lembra-te dos enfermos. Agradecemos pelos amigos e lembra-te dos que não têm amigos. Agradecemos pela liberdade e lembra-te dos escravizados. Que estas lembranças nos motivem a servir. Que os dons que recebemos sejam usados para os outros. Amém.

As palavras desta oração são um eco dos ensinamentos claros das Escrituras. A nossa gratidão a Deus sempre deveria vir acompanhada pela preocupação com os necessitados. O escritor do livro de Hebreus disse: "…ofereçamos a Deus, sempre, sacrifício de louvor, que é fruto de lábios que confessam o seu nome" (Hebreus 13:15). Mas há algo mais do que a gratidão. Devemos colocar a nossa gratidão em ação. "Não negligencieis, igualmente, a prática do bem e a mútua cooperação; pois, com tais sacrifícios, Deus se compraz" (v.16).

Seja grata a Deus pelas muitas bênçãos, mas assegure-se de lembrar daqueles que têm menos.

—DAVID MCCASLAND

Servir aos outros é uma forma de agradecer a Deus.

25 de novembro

Seja grata

Leitura: Romanos 1:18-22

…ofereçamos a Deus, sempre, sacrifício de louvor, que é fruto de lábios que confessam o seu nome. —HEBREUS 13:15

Leitura da Bíblia em um ano
EZEQUIEL 24–26;
1 PEDRO 2

APLICAÇÃO PESSOAL

Por toda a história muitas culturas festejam sua gratidão em uma determinada época do ano. O dia de Ação de Graças começou com os peregrinos na outra América. Em meio ao extremo sofrimento, a perda de entes queridos e suprimentos escassos, eles ainda acreditavam que eram abençoados. Eles se propuseram a celebrar as bênçãos de Deus, compartilhando uma refeição com os nativos americanos que os ajudaram a sobreviver.

Sabemos que perdemos o espírito daquela celebração original quando nos deparamos com reclamações de que o nosso dia de ação de graças foi "estragado" pelo mau tempo, pela comida que não agradou ou um forte resfriado. Estamos sendo abençoados e isto deveria tornar todos os dias em dias de gratidão, quaisquer que sejam as circunstâncias.

O evangelista, Billy Graham escreveu: "A ingratidão é um pecado, assim como também é pecado mentir, roubar, viver uma vida imoral ou qualquer outro pecado condenado pela Bíblia." Em seguida, ele citou Romanos 1:21, que traz uma exortação bíblica contra a humanidade rebelde. O Dr. Graham acrescentou: "Nada nos transforma mais rapidamente em pessoas amargas, egoístas, insatisfeitas do que um coração ingrato. E nada fará mais para restaurar o contentamento e a alegria da nossa salvação do que um verdadeiro espírito de gratidão." Qual destas duas situações é a que melhor a descreve? —JOANIE E. YODER

A gratidão é uma atitude que honra a Deus.

Gratidão

Orar por

Leitura da Bíblia em um ano
EZEQUIEL 27–29;
1 PEDRO 3

APLICAÇÃO PESSOAL

Gratidão

Orar por

26 de novembro

Vigie seus olhos

Leitura: Mateus 6:19-23

São os olhos a lâmpada do corpo.
Se os teus olhos forem bons, todo o teu
corpo será luminoso. —MATEUS 6:22

A habilidade de discernir entre o bem e o mal é determinada pelas coisas nas quais colocamos os nossos olhos espirituais. Se fixarmos nossos olhos no dinheiro, por exemplo, talvez tenhamos uma boa vida por algum tempo, mas o nosso julgamento ficará turvo. Faremos escolhas que desafiarão nossos próprios valores — escolhas que podem destruir nossas famílias e, por fim, acabar nos destruindo.

A Bíblia adverte: "…os que querem ficar ricos caem em tentação, e cilada, e em muitas concupiscências insensatas e perniciosas" (1 Timóteo 6:9). Se amarmos o dinheiro, vamos chegar a todo e qualquer limite para consegui-lo. E então "que grandes trevas serão!" (Mateus 6:23).

Em um dos livros de C. S. Lewis *As Crônicas de Nárnia* (Martins Fontes, 2009), o desejo de Edmundo por doces o seduz e o faz trair seus queridos irmãos. O desejo de Eustáquio pelo ouro do dragão por fim o transforma num deles. A cobiça toma conta do Príncipe Caspian, quando este pensa em quanto poder lhe trarão as águas mágicas da ilha do mar Morto.

Comida, dinheiro, poder — onde quer que concentremos nossos olhos espirituais, isto determinará o que desejamos e se as nossas vidas estarão repletas de luz ou de trevas. Jesus disse: "São os olhos a lâmpada do corpo. Se os teus olhos forem bons, todo o teu corpo será luminoso" (Mateus 6:22).

Tenha cuidado para onde os seus olhos conduzem os seus desejos. —DAVID H. ROPER

A cura para a cobiça: pense em algo
que você possa doar, em vez de
algo para adquirir.

27 de novembro

Dedos que apontam

Leitura: Salmo 14

*...não há quem faça o bem,
não há nem um sequer.*
—SALMO 14:3

Leitura da Bíblia em um ano
EZEQUIEL 30–32;
1 PEDRO 4

Um empregado do departamento de cobranças de uma grande empresa me forneceu um esclarecimento sobre a natureza humana. Ele me contou que recebe sempre a mesma resposta de clientes que deixam de pagar suas contas. "Sei que deve haver outros que têm dívidas muito maiores do que eu. Por isso, deixe-me em paz!"

O empregado me disse: "Eles têm uma ideia totalmente errada da questão. Claro que há outras pessoas que devem muito mais. Mas de alguma maneira tenho que dizer-lhes: "Veja, a questão não se trata das dívidas dos outros. Os nossos registros mostram que as suas contas estão vencidas!"

A tendência do homem pecaminoso sempre foi de desviar a atenção de si, apontando o dedo para os outros. Pessoas religiosas desculpam suas inconsistências, referindo-se aos "pagãos" ao seu redor. E os "pagãos" tentam esquivar-se da questão, falando da hipocrisia dos religiosos. Mas Deus não se permite enganar por pessoas acusadoras.

Quando alguém parece ser um pecador maior do que nós, isto é apenas uma ilusão. Quanto antes compreendermos que ninguém deve mais a Deus do que nós, maior a probabilidade de recebermos o Seu livre perdão. Ele concede o Seu perdão somente aos que reconhecem humildemente que estão irremediavelmente endividados. —MART DEHAAN

Um pecado racionalizado se transforma em dois.

Leitura da Bíblia em um ano
EZEQUIEL 33–34;
1 PEDRO 5

APLICAÇÃO PESSOAL

Gratidão

Orar por

28 de novembro

Digno de adoração

Leitura: Salmo 99

Exaltai ao Senhor, *nosso Deus, e prostrai-vos ante o escabelo de seus pés, porque ele é santo.* —SALMO 99:5

Enquanto Moisés cuidava das ovelhas de seu sogro no deserto, sua atenção voltou-se para algo estranho. Uma sarça estava em chamas, mas não era consumida pelo fogo. Quando Moisés se voltou para averiguar a situação mais de perto, Deus lhe disse: "Tira as sandálias dos pés, porque o lugar em que estás é terra santa" (Êxodo 3:5).

Josué teve uma experiência semelhante quando se aproximou do comandante do exército do Senhor. Ele recebeu esta ordem: "…Descalça as sandálias dos pés, porque o lugar em que estás é santo" (Josué 5:15).

As experiências de Moisés e Josué nos ensinam que um Deus santo exige de nós reverência e respeito. É verdade, ficamos encorajados quando podemos aproximar-nos "do trono da graça" (Hebreus 4:16). Podemos entrar na presença de Deus com confiança porque Jesus abriu o caminho para nós, por meio de Sua morte na cruz. Mas nunca devemos nos aproximar de Deus com desrespeito. Nunca devemos profanar o Seu nome.

Nosso Pai celestial não é o "homem lá em cima." Ele é Deus, aquele que é grande. E por causa de Sua majestade e santidade, devemos exaltar e adorá-lo. Como o único Deus verdadeiro, Ele é digno da nossa adoração. Vamos dar-lhe os nossos maiores louvores.

—RICHARD W. DEHAAN

A verdadeira adoração reconhece a verdadeira dignidade de Deus.

29 de novembro

Como limpar tudo

Leitura: 1 João 1:5-10

*...o sangue de Jesus, seu Filho,
nos purifica de todo pecado.*
—1 JOÃO 1:7

Leitura da Bíblia em um ano
EZEQUIEL 35–36;
2 PEDRO 1

APLICAÇÃO PESSOAL

Uma reportagem com o intrigante título: *Como Limpar Praticamente Tudo* foi publicada num renomado jornal. O texto dá conselhos, mostrando que tipo de solvente deve ser usado para retirar uma grande variedade de manchas. Como sempre derramo ou deixo cair algo, este é o tipo de leitura para mim.

Você sabia que a glicerina remove manchas ocasionadas por uma caneta esferográfica? Água fervente pode tirar manchas de frutas. Os pais com filhos pequenos deveriam ter sempre vinagre à mão para se livrar das marcas de giz de cera. Alvejantes limpam bem o mofo. Suco de limão faz pequenos milagres em manchas de ferrugem.

Não experimentei todos eles, mas imagino que os cientistas já colocaram estes pequenos agentes à prova.

O que você não vai encontrar nesta reportagem é como lidar com a mancha mais séria de todas — a mancha feita em sua vida pelo pecado. Elas são profundas e feias, feitas por palavras ríspidas e atos cheios de vergonha. As lágrimas não vão conseguir apagá-las. Nem mesmo o zelo. Às vezes, estamos convencidos de que conseguimos superá-las e que os pecados se foram, mas num momento inesperado, percebemos como a mancha está se infiltrando.

A Bíblia nos diz o que precisamos fazer. "...o sangue de Jesus, seu Filho, nos purifica de todo pecado" (1 João 1:7). Este é o único remédio que funciona. —HADDON W. ROBINSON

Podemos caiar o pecado, mas somente
o sangue de Jesus pode deixá-lo
verdadeiramente branco.

Gratidão

Orar por

Leitura da Bíblia em um ano
EZEQUIEL 37–39;
2 PEDRO 2

APLICAÇÃO PESSOAL

Gratidão

Orar por

30 de novembro

Sons do silêncio

Leitura: Colossenses 3:12-17

Habite, ricamente, em vós a palavra de Cristo […] em toda a sabedoria…
—COLOSSENSES 3:16

Durante um culto, fiquei intrigado ao ver que a intérprete para os surdos continuou com a linguagem dos sinais durante o ofertório, enquanto o piano tocava. Depois do culto, perguntei-lhe o que ela disse durante o tempo que não foi dita nem cantada uma só palavra. Ela contou que havia interpretado as palavras do hino que estava sendo tocado e também respondeu a perguntas que a sua "audiência" lhe fez a respeito da pianista e seu estilo.

Ela me disse: "A música instrumental pode ser um espaço sem expressão na adoração para os surdos." Em lugar de fazer uma pausa ou desfrutar da música sozinha, ela pensou naqueles que não podiam ouvir e quis manter a adoração, sem interrupção para eles.

Esta experiência ampliou a minha compreensão do que está escrito em Colossenses 3:16: "Habite, ricamente, em vós a palavra de Cristo; instruí-vos e aconselhai-vos mutuamente em toda a sabedoria, louvando a Deus, com salmos, e hinos, e cânticos espirituais…". Quando permitimos que a Palavra de Deus preencha o nosso coração e lhe damos espaço livre em nossas vidas, podemos compartilhá-la com outros por meio de palavras de instrução, encorajamento e louvor ao Senhor. Imagine o impacto que isto poderia ter em nossos lares, em conversas particulares e na adoração conjunta.

O encorajamento aos outros, o compartilhar a Palavra de Deus de todo coração, será música para os seus ouvidos. —DAVID MCCASLAND

Permita que a Palavra de Deus encha o seu coração e guie as suas palavras.

Minhas notas

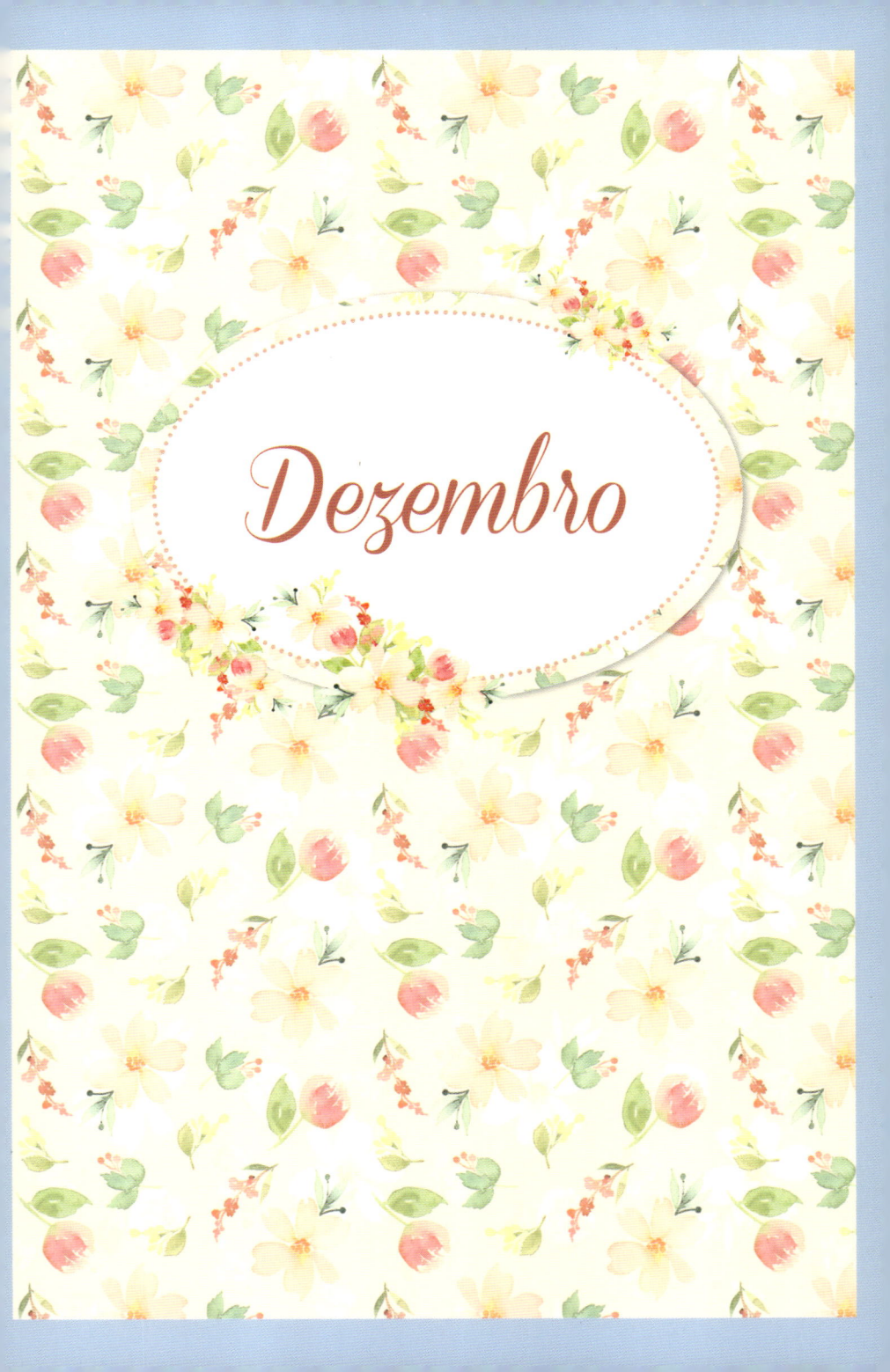

Dezembro

DEZEMBRO

quarta	quinta	sexta	sábado

DEZEMBRO

OBJETIVOS

TAREFAS DO MÊS

PENSAMENTO DO MÊS

Para vencer os *seus temores*, entregue-os *ao Senhor*.

IMPORTANTE

ANIVERSARIANTES

Meus objetivos espirituais

SEMANA 1

SEMANA 2

SEMANA 3

SEMANA 4

1º de dezembro

Pato ferido

Leitura: Romanos 7:14-25

Porque nem mesmo compreendo o meu próprio modo de agir, pois não faço o que prefiro, e sim o que detesto. —ROMANOS 7:15

Leitura da Bíblia em um ano
EZEQUIEL 40–41; 2 PEDRO 3

APLICAÇÃO PESSOAL

Muitos anos atrás, um homem rico foi caçar patos com alguém que contratou, chamado Samuel. Eles pegaram um cavalo e uma carruagem e, ao longo do caminho, o aro de uma das rodas caiu. Quando Samuel estava pregando a roda com o martelo, bateu acidentalmente em seu dedo. No mesmo instante, escaparam os palavrões. Rapidamente, ele se ajoelhou, pedindo perdão a Deus e orou: "Senhor, às vezes é tão difícil viver a vida cristã."

O homem rico disse: "Samuel, sei que você é um cristão, mas diga-me: Por que luta tanto? Eu sou ateu e não tenho problemas como este."

Samuel não sabia o que dizer. Justamente naquele momento, dois patos voaram por cima deles. O homem levantou a sua arma e ouviram-se dois tiros. Ele gritou: "Deixe o pato morto e vá atrás do que está ferido!" Samuel apontou para o pato que estava se debatendo desesperadamente para escapar e disse: "Tenho uma resposta para o senhor, chefe. Você disse que o meu cristianismo não é tão bom assim porque tenho que lutar muito. Bem, eu sou o pato ferido e luto para fugir do diabo. Mas, chefe, você é o pato morto!"

Este acontecimento exemplifica a descrição de Paulo sobre a experiência cristã, em Romanos 7:14-25. As lutas são a evidência da obra de Deus em nossas vidas. O perdão dos pecados está disponível, por isso não se desespere. Lembre-se: patos mortos não batem as asas. —DENNIS DEHAAN

Se Jesus vive em nós, o pecado não pode nos destruir.

Gratidão

Orar por

Leitura da Bíblia em um ano
EZEQUIEL 42–44;
1 JOÃO 1

APLICAÇÃO PESSOAL

Gratidão

Orar por

2 de dezembro

Retribuir o amor

Leitura: Malaquias 3:16-18

Eu vos tenho amado, diz o Senhor...
—MALAQUIAS 1:2

O livro de Malaquias começa com esta palavra sincera do Senhor para os Seus adoradores indiferentes: "Eu vos tenho amado..." (1:2). Embora Israel há muito tempo tivesse sido o objeto do amor de Deus, eles já não mais retribuíam este Seu amor.

Deus enumerou as maneiras pelas quais o Seu povo o havia ofendido por meio da desobediência. A resposta de Israel foi a de questionar Deus. Quando Ele lhes implorou: "...tornai-vos para mim e eu me tornarei para vós outros...", eles, em sua cegueira, questionaram Deus: "...Em que havemos de tornar?" (3:7). Com o "amor divino", o Senhor lhes mostrou seus muitos pontos cegos. Ele agiu assim para que o povo se arrependesse e aceitasse o Seu amor e o retribuísse com obediência sincera.

Muitas vezes nós também não somos completamente sinceras em nossa fé, dando a impressão de que amamos e servimos a Deus, mas na verdade estamos amando e servindo a nós mesmas. Hoje, como nos tempos de Malaquias, Deus procura pessoas que o reverenciem, e que conservem duas práticas espirituais: falar dele uns aos outros e meditar em Seus maravilhosos atributos (v.16). O primeiro é a comunhão com o povo de Deus; o segundo é a comunhão com o próprio Deus. Não devemos apenas receber e compartilhar o amor de Deus, também devemos retribuí-lo por meio da obediência alegre e sincera.

Tais adoradores são o "particular tesouro" de Deus (v.17). Você é um deles? —JOANIE E. YODER

Amar a Deus significa obedecê-lo.

3 de dezembro

Procurando Deus?

Leitura: Mateus 21:28-32

…Em verdade vos digo que publicanos e meretrizes vos precedem no reino de Deus. —MATEUS 21:31

Leitura da Bíblia em um ano
EZEQUIEL 45–46;
1 JOÃO 2

Minha esposa e eu jantávamos com outro casal em um albergue para pescadores. O jantar foi interrompido quando um companheiro de pesca, embriagado, começou a nos entreter com histórias das casas de má fama que havia visitado.

Embora seus comentários fossem insensíveis e ofensivos, percebi um tom comovente em sua voz e pensei em algo que G. K. Chesterton havia dito: "Mesmo quando os homens batem à porta de um bordel, estão procurando Deus."

Chesterton estava certo. Muitos desejos são a evidência de um anseio profundo por Deus. Este homem, que parecia estar tão distante do Senhor, estava mais perto do que imaginava.

Todo ser humano sabe que foi feito para as atividades sublimes, mas muitos se desviam facilmente por caminhos que rebaixam e degradam. Ele se torna menos comprometido com o outro ser humano do que deveria ser, e sabe disso. Existe um sentimento que corrói e lhe diz que deveria ser algo mais. Alguns encobrem este sentimento com justiça própria, assim como fizeram os fariseus, outros o ignoram. Há ainda os que sabem que perderam o rumo certo. Este sentimento incomodo, quando recebe a devida atenção, pode levá-los à presença de Deus.

Jesus falou aos fariseus: "…Em verdade vos digo que publicanos e meretrizes vos precedem no reino de Deus" (Mateus 21:31). Por essa razão acredito que o pescador embriagado está provavelmente mais perto de se arrepender do que os fariseus. —DAVID H. ROPER

Há um vazio em cada um de nós que anseia por Deus, que só Ele pode preencher. —PASCAL

Leitura da Bíblia em um ano

EZEQUIEL 47–48;
1 JOÃO 3

APLICAÇÃO PESSOAL

Gratidão

Orar por

4 de dezembro

Leia tudo

Leitura: Salmo 119:97-112

Toda a Escritura é inspirada por Deus e útil para o ensino, para a repreensão, para a correção e para a educação na justiça. —2 TIMÓTEO 3:16

Algumas famílias cristãs têm o costume de ler a Bíblia inteira. Depois do jantar, leem um ou dois capítulos, desde Gênesis até Apocalipse, não omitindo nada. Mesmo as genealogias, com nomes difíceis de serem pronunciados, são lidas em voz alta.

Podemos questionar a relevância de tal método para crianças, mas por outro lado, a família tem a oportunidade de conhecer a totalidade da Palavra de Deus. Este hábito também mostra às crianças as profundezas do pecado e as alturas espirituais as quais somos capazes de alcançar, e lhes ensina o certo e o errado.

Se você nunca fez isto, sugiro que você planeje-se para ler a Bíblia do começo ao fim! Procure tornar isto uma atividade em família ou faça-o em seu momento devocional.

Há duas razões importantes para se cumprir tal tarefa. Uma é a declaração de Paulo de que toda a Escritura é inspirada por Deus e útil (2 Timóteo 3:16). A outra é o testemunho de cristãos, cujas vidas foram transformadas por seguirem tal prática.

Leia toda a Palavra de Deus e você começará a ver o plano revelador da graça do Senhor. Você descobrirá que é a razão do amor de Deus, até mesmo antes de ter nascido. Faça-o uma vez e você desejará fazer a mesma leitura nos anos subsequentes.

—*VERNON C. GROUNDS*

Quem lê a Bíblia e medita em Suas palavras adquire a sabedoria que está disponível nela.

5 de dezembro

Sem respostas

Leitura: Jó 42:1-6

Acaso, quem usa de censuras contenderá com o Todo-Poderoso?...
—JÓ 40:2

Leitura da Bíblia em um ano
DANIEL 1–2;
1 JOÃO 4

APLICAÇÃO PESSOAL

Quando Lídia voltou do trabalho, viu como as chamas irrompiam de dentro de sua casa. Ela ficou desolada por algo mais do que a perda da casa, pela morte de sete membros de sua família nas chamas. Quando as notícias desta tragédia se espalharam naquela manhã, um diácono de sua igreja foi vê-la apressadamente, para confortá-la. Ela tinha algumas perguntas profundas para lhe fazer, mas ele não tinha as respostas.

Lídia podia identificar-se com a história de Jó. Ele perdeu todos os seus 10 filhos (Jó 1:18,19), mas continuou a adorar a Deus (v.21). Então, a sua saúde foi afetada e a sua esposa o aconselhou a amaldiçoar a Deus e a morrer (2:9). Os amigos de Jó achavam que tinham a resposta: ele devia ter caído em pecado e merecia estes problemas.

Jó se queixou amargamente ao Senhor e rogou por explicação e alívio, mas Deus não lhe deu resposta alguma. Ele nem mesmo lhe falou do pedido de Satanás de colocá-lo à prova (1:6-12; 2:1-6). Em lugar disso, o Senhor lembrou a Jó que Ele era o Deus sábio, e não Jó. Com isso, Jó se humilhou e se arrependeu por ter questionado a autoridade de Deus (42:1-6).

Deste lado do céu, talvez não encontremos respostas para nossas perguntas desesperadas: "Por que aconteceu isto?" e "Por que eu?" Mas podemos descansar na verdade de que Deus está no controle e Ele nos ama. —ANNE M. CETAS

Deus não precisa responder às nossas perguntas, mas Ele sempre cumprirá Suas promessas.

Gratidão

Orar por

Leitura da Bíblia em um ano
DANIEL 3–4;
1 JOÃO 5

APLICAÇÃO PESSOAL

Gratidão

Orar por

6 de dezembro

De joelhos

Leitura: Tiago 5:13-18

Perseverai na oração, vigiando com ações de graças. —COLOSSENSES 4:2

Meus joelhos estavam doendo e eu não conseguia descobrir o porquê. Não tinha feito nada para machucá-los nem feito qualquer pressão sobre eles.

Ou será que sim? Então me lembrei que nos últimos dias havia trabalhado nas paredes de nossa casa, escovando-as para deixá-las limpas antes de pintá-las. E depois as pintei. Durante todo este tempo, enquanto estava em pé sobre a pequena escada para alcançar o teto, tinha pressionado os meus joelhos contra a escada para me equilibrar. Na realidade, meu corpo estava sendo sustentado por meus joelhos.

Então um novo pensamento veio à minha mente: *Quando fora a última vez que meus joelhos tinham doído por eu estar me apoiando neles para orar?* Fazia um bom tempo.

Embora seja verdade que as pessoas orem incessantemente, sem se ajoelhar, a pergunta que fiz a mim mesmo é convincente. Se estamos de joelhos, em pé ou sentados, quantas vezes fazemos uso da oração para encontrar ajuda para nós mesmos? Podemos encontrar ajuda em muitas fontes — amigos, conselheiros, livros — mas não há nada melhor do que o apoio e as forças que adquirimos de Deus, quando oramos.

"…Muito pode, por sua eficácia, a súplica do justo" (Tiago 5:16). A oração tem poder. Por isso: "Perseverai na oração, vigiando com ações de graças" (Colossenses 4:2). Como estão os seus joelhos?

—DAVE BRANON

A oração não requer eloquência,
mas sim sinceridade.

7 de dezembro

Como ser impopular

Leitura: Jeremias 23:16-23

Leitura da Bíblia em um ano
DANIEL 5–7;
2 JOÃO

Ai dos pastores que destroem e dispersam as ovelhas do meu pasto! — diz o Senhor. —JEREMIAS 23:1

Em 1517, Martinho Lutero pregou as suas 95 teses na porta da igreja do castelo, em Wittenberg. Lutero ficou conhecido como reformador e nos lembramos de sua ousada posição como um marco decisivo na história da igreja.

Este pastor inflamado demonstrou grande coragem ao mostrar-se escandalizado com a prática da igreja de vender o perdão por meio de indulgências, que permitiam que as pessoas pecassem conscientemente em troca de dinheiro.

A paixão de Lutero para terminar estas práticas não o tornou popular diante das autoridades religiosas daqueles dias. Na verdade, seus esforços resultaram em uma série de tentativas para silenciá-lo.

Muito antes de Lutero, o profeta Jeremias sentiu o poder da Palavra de Deus em seu coração "…isso me foi no coração como fogo ardente, encerrado nos meus ossos; já desfaleço de sofrer e não posso mais" (Jeremias 20:9). Jeremias e Lutero se recusaram a permitir que a verdade de Deus fosse comprometida.

Viver para Deus significa viver da graça e do perdão, mas também significa ter a coragem de defender a verdade. Ter a Palavra de Deus em nosso coração não resulta sempre em sentimentos calorosos e agradáveis. Algumas vezes, Sua verdade transforma-se em fogo ardente que nos leva a desafiar a corrupção, mesmo que sejamos atacados por isto.

—JULIE ACKERMAN LINK

É melhor declarar a verdade e ser rejeitada do que negá-la apenas para ser aceita.

APLICAÇÃO PESSOAL

Gratidão

Orar por

Leitura da Bíblia em um ano

DANIEL 8–10;
3 JOÃO

APLICAÇÃO PESSOAL

Gratidão

Orar por

8 de dezembro

Más notícias?

Leitura: Salmo 112:1-10

*Não se atemoriza de más notícias;
o seu coração é firme, confiante
no Senhor.* —SALMO 112:7

Diversos anos atrás, antes que os telefones celulares se tornassem comuns, o líder de um seminário perguntou à sua audiência: "Se alguém entrasse nessa reunião, chamasse o seu nome e dissesse: 'Um telefonema para você', você pensaria em boas ou más notícias?" A maioria admitiu que pensariam que fossem más notícias, mas não sabiam dizer o porquê.

Esta constatação demonstra que muitas pessoas carregam um fardo comum — o medo de receber más notícias. Pode ser uma preocupação natural por causa da segurança daqueles que mais amamos, mas que pode se tornar em temor irracional de tragédias.

Quanto mais medo sentimos, mais necessidade temos de confiar em Deus. O Salmo 112 fala de uma pessoa que teme o Senhor, tem prazer em Seus mandamentos, é misericordioso e compassivo com os outros (vv.1,4,5). Porém o mais impressionante é que "Não se atemoriza de más notícias; o seu coração é firme, confiante no Senhor" (v.7).

Um hino de Frances Havergal, "Como um rio calmo", nos lembra de que um coração confiante é a resposta para a mente preocupada: "No Senhor firmado, tem o crente a paz, a completa bênção, comunhão veraz" (HCC 331).

A Bíblia não promete que não receberemos más notícias. Mas ela nos assegura de que não precisamos viver cada dia com o medo destruidor do que poderia vir a acontecer. "O seu coração, bem firmado, não teme…" (v.8). —DAVID MCCASLAND

A fé no Deus vivo pode afastar
o medo da nossa vida

9 de dezembro

Com medo de ter medo

Leitura: Salmo 56

*Em me vindo o temor,
hei de confiar em ti.*
—SALMO 56:3

Leitura da Bíblia em um ano
DANIEL 11–12;
JUDAS

APLICAÇÃO PESSOAL

Uma jovem senhora esperava o ônibus em uma área perigosa quando um policial se aproximou dela e perguntou: "Quer que eu espere com você?" Ela respondeu: "Não é necessário. Não estou com medo." O policial sorriu e disse: "Bem, eu estou com medo. Você se importaria de esperar comigo?"

Assim como este policial, nós, como cristãos, devemos admitir que às vezes temos medo — de morrer, de ter um câncer, de perder a nossa sanidade ou o emprego, de nossos filhos se envolverem em complicações, de envelhecer. Não gostamos de confessar os nossos temores e então, às vezes, os ignoramos, negamos ou reprimamos. Mas para vencer o medo, precisamos primeiro admiti-lo.

O salmista reconheceu os seus temores. Ele disse: "Em me vindo o temor, hei de confiar em ti" (Salmo 56:3). Esta confiança no Senhor aumentou a sua fé. Ele disse: "…nada temerei" (v.4). E novamente: "…nada temerei" (v.11). Isto era muito mais do que o falar para si mesmo. Foi uma decisão consciente de confiar em Deus: "…hei de confiar em ti" (v.3).

Podemos vencer os nossos temores. Admitir que estamos com medo significa entender que somos seres humanos. Mas admitir que temos medo, e confiar no Senhor e seguir adiante, aumentará a nossa confiança e não mais temeremos o medo.

—DENNIS DEHAAN

Não temos nada a temer,
a não ser o próprio medo.

Gratidão

Orar por

Leitura da Bíblia em um ano

OSEIAS 1–4;
APOCALIPSE 1

APLICAÇÃO PESSOAL

Gratidão

Orar por

---

10 de dezembro

Provérbios

Leitura: Ezequiel 18:1-9

*...andando nos meus estatutos,
guardando os meus juízos e procedendo
retamente, o tal justo, certamente
viverá, diz o Senhor Deus.*
—EZEQUIEL 18:9

Existe um perigo oculto em qualquer ditado. Ele é um princípio geral, e não uma verdade absoluta, e pode-se fazer mal uso dele. Dizemos: "Tal pai, tal filho", mas depende de quem diz isto e por quê. Existe uma verdade nisso, mas quando alguém fala assim para justificar as confusões que fez da vida, o ditado serve como uma desculpa para se fazer de vítima.

O profeta Ezequiel queria que os hebreus cativos na Babilônia voltassem não somente aos seus lares, mas ao seu Deus. Era algo difícil de conseguir. O povo respondeu, refugiando-se no ditado: "...Os pais comeram uvas verdes, e os dentes dos filhos é que se embotaram?" (Ezequiel 18:2).

Esta expressão foi usada para culpar a geração anterior, por eles agora estarem no cativeiro. Eles protestaram: "você não pode estar falando sério ao pedir que nos arrependamos. A culpa é dos nossos pais. Eles comeram as uvas verdes e nós temos que carregar as consequências."

Então Deus declarou por meio do profeta Ezequiel: "...jamais direis este provérbio em Israel" (v.3). Cada pessoa carrega a responsabilidade por seus próprios atos. Deus disse: "...a alma que pecar, essa morrerá" (v.4). Mas, "...andando nos meus estatutos, guardando os meus juízos e procedendo retamente, o tal justo, certamente viverá..." (v.9).

Os provérbios são instrumentos maravilhosos para orientação. Mas nunca tiveram o objetivo de desculpar o nosso mau comportamento. —HADDON W. ROBINSON

Um bom teste de caráter: quando fazemos algo de errado, a quem culpamos?

11 de dezembro

Uma diversão agradável

Leitura: Romanos 11:33–12:2

E não vos conformeis com este século, mas transformai-vos pela renovação da vossa mente… —ROMANOS 12:2

Leitura da Bíblia em um ano
OSEIAS 5–8;
APOCALIPSE 2

Uma amiga que procurava uma igreja para congregar, me contou que encontrou exatamente o que buscava: "Gosto desta igreja porque não preciso mudar meu estilo de vida, por causa dos meus divertimentos. Não me sinto culpada por isso e não exigem nada de mim. Sinto-me bem comigo mesma quando estou lá."

Sua história me faz pensar quantas pessoas estão na mesma situação. Esse tipo de cristianismo se constitui no que o autor W. Waldo Beach chama de "diversão agradável de fim de semana."

Mas será este o tipo de vida que Jesus quer para nós? Beach diz: "Não é a qualidade do ar-condicionado e do estofado dos bancos de uma igreja que conseguem encobrir a dura realidade de que o discipulado é algo custoso; para os fiéis, há sempre uma cruz a ser carregada. Ninguém pode entender o cristianismo em toda a sua profundidade quando faz uso dele apenas como uma diversão agradável de fim de semana."

Ser um cristão significa conhecer a Jesus pessoalmente. Nós o recebemos pela fé como o Salvador dos nossos pecados, e nos oferecemos a Ele. Negamos nossa vontade e escolhemos a dele. Ele transforma a nossa maneira de pensar, valores e prioridades, para refletirmos sobre o que é aceitável a Deus (Romanos 12:1,2).

Sua religião é apenas uma diversão agradável de fim de semana? Não é assim que se constrói um relacionamento verdadeiro com Jesus! —ANNE M. CETAS

O discipulado requer disciplina.

Leitura da Bíblia em um ano

OSEIAS 9–11;
APOCALIPSE 3

APLICAÇÃO PESSOAL

Gratidão

Orar por

12 de dezembro

Servindo sem distração

Leitura: Lucas 10:38-42

Marta agitava-se de um lado para outro, ocupada em muitos serviços... —LUCAS 10:40

Enquanto Marta servia a Jesus, sua irmã Maria se sentava aos Seus pés, ouvindo e aprendendo. Charles H. Spurgeon (1834–92) acreditava que o erro de Marta não consistia em servir, mas em permitir que isto tirasse a sua atenção de Jesus. Spurgeon dizia que deveríamos ser Marta e Maria, em uma só pessoa. Ele escreveu: "Deveríamos servir mais e ter mais comunhão, ao mesmo tempo. Para que isto aconteça, precisamos de uma grande graça. É mais fácil servir do que ter comunhão."

Certa vez, conheci uma jovem mãe que encontrou a graça de fazer ambas as coisas. Ela ansiava por Deus e por Sua Palavra, mas estava inevitavelmente imersa na vida familiar, todos os dias. Então lhe ocorreu uma ideia. Em cada quarto, ela colocou papel e lápis em um lugar mais alto, longe das pequenas mãozinhas. Ao servir ao Senhor com as responsabilidades do lar, ela também procurava manter a sua mente aberta para Deus. Sempre que uma passagem das Escrituras vinha à sua mente, ou algo para confessar, corrigir ou orar, ela o anotava na folha de papel mais próxima. À noite, quando as crianças já dormiam, juntava suas folhas de papel e refletia no que havia escrito em oração, e lia a sua Bíblia.

Esta mulher encontrou uma maneira de ser Marta e Maria ao mesmo tempo. Quem sabe nós também possamos descobrir formas de servir a Deus e de ter comunhão com Ele. —JOANIE E. YODER

Servir uns aos outros é muito bom,
mas render-se a Jesus é ainda melhor!

13 de dezembro

Homem da caverna

Leitura: Salmo 142

Atende o meu clamor,
pois me vejo muito fraco...
—SALMO 142:6

Davi estava em uma caverna (Salmo 142). Alguns comentaristas da Bíblia acham que isto aconteceu quando ele fugia do rei Saul, que queria matá-lo (1 Samuel 22:1). Problemas e pessoas problemáticas o perseguiam. Encurralado pelas circunstâncias e sufocado pelo perigo, ele se voltou a Deus, pedindo ajuda.

- Davi estava assustado, e por isso derramou o seu lamento diante de Deus (v.2).
- Ele se sentiu solitário e ninguém se preocupava com ele (vv.1,4,5).
- Sua situação era desesperadora, por isso clamou por livramento (v.6).
- Davi se encontrava numa armadilha, e rogou que Deus o libertasse (v.7).

O que pode cercar você hoje? Uma cova de desespero por causa de um sofrimento ou enfermidade? Uma cova de dificuldades causada por suas próprias decisões erradas? Uma cova de perguntas ou dúvidas que roubam a sua alegria e confiança?

Vejamos o que Davi fez quando estava escondido na cova: ele pediu misericórdia a Deus, buscou refúgio nele e prometeu usar sua futura libertação como louvor ao Senhor. Por fim, olhou para frente, antecipando o conforto de outros companheiros que também criam no Senhor.

As queixas seguidas pela fé. O desespero seguido pelo louvor. A solidão seguida pela comunhão. Podemos aprender muito com um homem na caverna. —DAVE BRANON

Em todo deserto de calamidade,
Deus tem um oásis de conforto.

Leitura da Bíblia em um ano
OSEIAS 12–14;
APOCALIPSE 4

APLICAÇÃO PESSOAL

Gratidão

Orar por

Leitura da Bíblia em um ano

JOEL 1–3;
APOCALIPSE 5

APLICAÇÃO PESSOAL

Gratidão

Orar por

14 de dezembro

Crer significa confiar

Leitura: Romanos 5:1-11

Pois não me envergonho do evangelho, porque é o poder de Deus para a salvação de todo aquele que crê...
—ROMANOS 1:16

De vez em quando encontro pessoas que sabem que têm necessidades espirituais, mas hesitam em se comprometer pessoalmente com Cristo. Embora tenham visto o que a fé em Cristo fez por outros, ficam confusas com o conselho que recebem das pessoas que frequentam as igrejas.

Um homem contou-me que tinha sido aconselhado a unir-se a determinada igreja para ser salvo. Outra pessoa lhe disse que precisava ser batizado em certa igreja. Ainda outras falaram vagamente em tentar obedecer ao sermão do monte. E um de seus amigos disse que ele precisava passar por um período de intensa tristeza, por causa de seus pecados, antes que Deus pudesse salvá-lo.

Sinceramente, não culpo aquele homem confuso, quando me disse: "Não quero ler nenhum panfleto bíblico. Mostre-me somente na Bíblia como posso ser salvo." Então começamos a ler as passagens no livro de Romanos e a discuti-las. Quando chegamos ao capítulo cinco, ele disse: "Agora as coisas estão claras para mim. Tudo o que preciso fazer é depositar a minha confiança em Jesus Cristo." Ele o fez e encontrou paz.

Temos a fé que salva quando cremos no que a Bíblia diz sobre nós e sobre Jesus Cristo, e quando agimos segundo esta verdade, confiando nele.

Se você ainda não o fez, confie em Jesus agora.

—HERB VANDER LUGT

Não somos salvos pelo que fazemos,
mas por confiarmos no que Cristo fez.

15 de dezembro

Perfeita paz

Leitura: Isaías 26:1-9

Tu, Senhor, conservarás em perfeita paz aquele cujo propósito é firme, porque ele confia em ti. —ISAÍAS 26:3

Poucas coisas (se é que existe algo) neste mundo caído podem ser chamadas de perfeitas. Mas Deus promete nos guardar em "perfeita paz" se mantivermos nossas mentes focadas nele e seguirmos confiando nele (Isaías 26:3).

Então por que temos tanta dificuldade em confiar nele? Muitas vezes é porque receamos que as coisas não caminhem como queremos, a não ser que nós mesmas as controlemos. Quanto menos controle tivermos, tanto mais ansiosas e preocupadas nos tornaremos.

A autora Hannah Whitall Smith escreveu: "Veja, não é difícil confiar a existência do Universo e toda a criação, ao Senhor. Então, será que o seu caso é bem mais complexo e difícil do que isto, que você precisa se preocupar ou ficar aflito acerca do controle do Senhor em sua vida?" Mas muitas vezes pensamos que a nossa situação é difícil demais para Deus. Se nós mesmas não conseguimos resolver as coisas, duvidamos que Ele o possa. Sim, temos as nossas crenças religiosas, mas não é o mesmo do que crer em Deus. Crer é uma resposta pessoal que provém de nossa fé cristã e se expressa na crescente confiança nele e em Suas promessas.

Quando nossas mentes permanecem centradas no Senhor, Ele nos guarda em perfeita paz. Esta tem sido a experiência de inúmeros cristãos, e você também pode experimentá-la. —JOANIE E. YODER

Podemos confiar em Deus na escuridão, e na luz.

Leitura da Bíblia em um ano
AMÓS 1–3;
APOCALIPSE 6

APLICAÇÃO PESSOAL

Gratidão

Orar por

Leitura da Bíblia em um ano

AMÓS 4–6;
APOCALIPSE 7

APLICAÇÃO PESSOAL

Gratidão

Orar por

16 de dezembro

O presente da família

Leitura: Êxodo 20:1-20

Honra teu pai e tua mãe...
—ÊXODO 20:12

Edith Schaeffer é reconhecida pelos livros que escreveu, palestras e por suas ideias sobre o valor dos dias simples da vida. No início de seu casamento com Francis, os pais de ambos moravam nas redondezas. O jovem casal se alternava em visitas todos os domingos à tarde e à noite, entre os Schaeffers e os Sevilles.

Após alguns anos, Edith e Francis se mudaram para a Suíça, de onde podiam falar com seus pais apenas uma vez por ano, numa breve conversa por telefone.

Meio século depois, olhando para trás, Edith escreveu como estava feliz pela maneira como tinham usado aquelas tardes de domingo. Percebeu que "a proximidade de entes queridos é uma situação que pode ter fim." Ela concluiu que a vida nem sempre nos coloca em condição de ter: "...tempo para cuidar dos pais e demonstrar amor". Devemos demonstrar-lhes o nosso amor sempre que pudermos.

O quinto dos Dez Mandamentos, diz: "Honra teu pai e tua mãe, para que se prolonguem os teus dias na terra que o Senhor, teu Deus, te dá" (Êxodo 20:12). O mandamento para amar e respeitar os nossos pais aplica-se igualmente para os filhos que moram ou não com os pais.

Aproveite cada momento que você tem para amar e honrar a sua família. A oportunidade que você tem hoje pode não durar para sempre. —DAVID MCCASLAND

O nosso tempo é um dos
maiores presentes que podemos
dar uns aos outros

17 de dezembro

Caminhando pela Terra

Leitura: João 1:1-18

*E o verbo se fez carne e habitou
entre nós, cheio de graça e de verdade,
e vimos a sua glória...* —JOÃO 1:14

Depois da missão *Apollo 15*, o coronel James Irwin contou alguns pontos altos de sua experiência. Falou sobre os seus corpos sem peso, flutuando livremente na cápsula espacial, a Terra em sua aparência externa ao ser vista da Lua e o retorno triunfante diante do mundo inteiro a observá-los.

Irwin também falou sobre o impacto que esta experiência teve em sua vida espiritual. Contou que, da superfície da Lua, sentiu a glória de Deus e a situação difícil do homem aqui na Terra. Quando voltou, compreendeu que não podia satisfazer-se apenas com o fato de ser meramente uma celebridade. Ele teria de ser um servo, falando aos seus companheiros aqui na Terra sobre uma maneira melhor de viver. Irwin concluiu, dizendo que se achamos que ir à Lua é um grande acontecimento, quão maior é a maravilha de Deus ter vindo à Terra na pessoa de Jesus Cristo!

A ciência e a tecnologia fizeram grandes avanços desde que o homem caminhou na Lua. Mas porque Deus caminhou na Terra, sabemos qual é a nossa origem e o nosso destino. Podemos conhecer o nosso Criador pessoalmente (João 1:1,14,18) e viver em Sua luz (v.9). Por meio da vida sem pecado de Jesus e de Sua morte sacrificial, podemos experimentar a alegria de ver os nossos pecados perdoados e experimentar a vida abundante que Jesus nos oferece, tudo porque Deus caminhou na Terra. —MART DEHAAN

Deus veio até nós na pessoa de Jesus Cristo, para um dia vivermos no lar celestial com Ele.

Leitura da Bíblia em um ano
AMÓS 7–9;
APOCALIPSE 8

Leitura da Bíblia em um ano

OBADIAS;
APOCALIPSE 9

APLICAÇÃO PESSOAL

Gratidão

Orar por

18 de dezembro

Não donos, só mordomos

Leitura: Salmo 95

…Porque tudo vem de ti, e das tuas mãos to damos. —1 CRÔNICAS 29:14

João Hauberg e sua esposa vivem numa casa estonteante, construída em sua maioria com vidros, por dentro e por fora. Centenas de artefatos de vidro decoram os ambientes repletos de luz, e até as pias, prateleiras e aparadores são feitos de vidro. Você poderia pensar que os Haubergs vivem com medo constante de quebrar alguma coisa. Pelo contrário, eles convidam visitantes para caminhar livremente por toda a casa.

Hauberg também é especialista em artesanatos indígenas americanos, mas doou toda a sua coleção para o museu de arte de sua cidade. O motivo da coleção não é o desejo de acumular e sim, dividir. Ele mesmo disse: "eu não sou o dono, apenas um mordomo."

O comentário de Hauberg expressa um princípio bíblico básico que se aplica a todas as nossas propriedades: Não somos os donos; apenas mordomos. É claro, legalmente somos os proprietários de nossos bens. Mas, como cristãos, reconhecemos alegremente com Davi que "…Ao Senhor pertence a terra e tudo o que nela se contém, o mundo e os que nele habitam" (Salmo 24:1).

Segundo os direitos da Criação, a escritura de tudo o que existe é de Deus, inclusive os bens que nós possuímos. Ele permite que usemos os recursos do Seu mundo, por certo período. Mas ao final, tudo reverterá para Ele.

Somos mordomos sábios e generosos daquilo que pertence a Deus? —VERNON C. GROUNDS

Tudo o que possuímos nos foi emprestado por Deus.

19 de dezembro

Como é bonito!

Leitura: Isaías 9:1-7

*Porque um menino nos nasceu,
um filho se nos deu...* —ISAÍAS 9:6

Leitura da Bíblia em um ano
JONAS 1–4;
APOCALIPSE 10

APLICAÇÃO PESSOAL

Um grupo de crianças de nossa cidade participava de um culto e começamos a cantar. Ariel, com sete anos, se inclinou para mim e disse em voz baixa: "Eu gosto deste hino, ele me faz chorar."

A música e as palavras sobre Jesus, o Salvador, tocaram seu coração: "Como ele é bonito! Bonito! Príncipe da Paz, Filho de Deus, não é?"

Sim, o Senhor Jesus é bonito. Não encontramos uma referência específica na Bíblia que o descreva desta forma, mas o Seu caráter pessoal é forte, porém gentil, santo, mas que perdoa, majestoso, todavia humilde — tudo junto. Simplesmente bonito!

Em sua profecia, Isaías descreveu Jesus e Sua vinda desta maneira: "Porque um menino nos nasceu, um filho se nos deu; o governo está sobre os seus ombros; e o seu nome será: Maravilhoso Conselheiro, Deus Forte, Pai da Eternidade, Príncipe da Paz" (Isaías 9:6).

Jesus é o Maravilhoso Conselheiro, dando-nos conforto e sabedoria. O Deus Forte, agindo com poder e autoridade. O Pai da Eternidade, provendo por todas as nossas necessidades e protegendo-nos. E o Príncipe da Paz, oferecendo reconciliação com Deus e com os outros.

Como Jesus é bonito! Venha adorá-lo.

—ANNE M. CETAS

Jesus é a imagem do Deus invisível.
—COLOSSENSES 1:15

Gratidão

Orar por

Leitura da Bíblia em um ano
MIQUEIAS 1–3;
APOCALIPSE 11

APLICAÇÃO PESSOAL

Gratidão

Orar por

20 de dezembro

Provados pelo fogo

Leitura: Salmo 66:1-12

Pois tu, ó Deus, nos provaste;
acrisolaste-nos como se acrisola a prata.
—SALMO 66:10

F. B. Meyer disse: "O fim principal da vida não é o fazer, mas o tornar-se." E para isto somos preparados todos os dias. Como a prata é refinada, acrisolada, pelo fogo, o coração muitas vezes é refinado pela fornalha da tristeza. O salmista disse em suas aflições: "…passamos pelo fogo…" (Salmo 66:12).

O processo de refinamento pode ser bastante doloroso, mas não nos destruirá, pois o "dono da refinaria" está sentado junto à fornalha, cuidando das chamas. Ele não permitirá que sejamos provados além do que podemos suportar; é para o nosso bem.

Talvez não entendamos por que temos que suportar algum sofrimento, ano após ano. A provação parece interminável e sem sentido. Nossos dias parecem ser vividos em vão. Sentimos como se nada fizéssemos com significado duradouro.

Mas Deus está fazendo o que importa — estamos sendo refinados. Ele nos coloca em uma "situação", onde aprendemos paciência, mansidão, humildade, compaixão e todas as outras virtudes "silenciosas" que nossas almas ainda não têm.

Por isso, não tenha receio e não se aflija. A provação presente, por mais dolorosa que seja, foi examinada pela sabedoria e pelo amor de Deus. O "dono da refinaria" está sentado ao lado do caldeirão, cuidando da temperatura das chamas, monitorando o processo, esperando pacientemente até que Sua face se espelhe na superfície. —DAVID H. ROPER

O fogo da provação pode produzir
um testemunho brilhante.

21 de dezembro

Construtores de estradas

Leitura: Hebreus 12:12-24

*…e fazei caminhos retos para os pés,
para que não se extravie o que é manco;
antes, seja curado.* —HEBREUS 12:13

Leitura da Bíblia em um ano
MIQUEIAS 4–5;
APOCALIPSE 12

Uma das capas de um livreto devocional do *Pão Diário* mostra um caminho coberto de folhas, por entre as montanhas. Aqueles que usam esta estrada podem desfrutar de uma viagem bonita por um terreno difícil e tortuoso, pavimentado por outros que tiveram que trabalhar muito para construí-la.

De certa forma, todos os cristãos são construtores de estradas. Pavimentamos o caminho da fé para a próxima geração. A fidelidade de nossas vidas pode determinar o quão difícil poderá ser a jornada da próxima geração. Será que eles terão que reparar o estrago que fizemos às ruas? Serão capazes de construir novas estradas para que outros encontrem o caminho para Deus?

Para sermos bons construtores de estradas, devemos prestar atenção ao conselho que encontramos na Palavra de Deus. O autor do livro de Hebreus nos instruiu para vivermos em paz e para sermos santos (12:14), para nos assegurarmos de que ninguém seja excluído da graça de Deus e a não permitirmos que a raiz de amargura cresça e cause problemas (v.15).

Nós, os que já viemos a Jesus, devemos a nossa gratidão àqueles que fizeram "caminhos retos" para a nossa caminhada de fé (v.13). Devemos lembrar-nos daqueles que nos seguirão e abrir caminhos retos para eles. Praticar a nossa fé de maneira a facilitar para os outros virem a Jesus e segui-lo. Que tipo de construtora de estradas você é? —JULIE ACKERMAN LINK

Uma vida para Deus
deixa um legado duradouro.

APLICAÇÃO PESSOAL

Gratidão

Orar por

Leitura da Bíblia em um ano
MIQUEIAS 6–7;
APOCALIPSE 13

APLICAÇÃO PESSOAL

Gratidão

Orar por

22 de dezembro

Faísca e fogo

Leitura: Tiago 3

…a língua, pequeno órgão, se gaba de grandes coisas. Vede como uma fagulha põe em brasas tão grande selva! —TIAGO 3:5

Em 2002, um incêndio destruiu mais de 137 mil acres de uma bonita floresta nas montanhas do Colorado, nos EUA. A fumaça escureceu os céus e os moradores das cidades tiveram que fugir para uma distância de mais de 60 quilômetros dali. Milhares de pessoas deixaram suas casas e milhões de dólares foram gastos para apagar o fogo que começou com um único fósforo.

Uma pequena faísca, um grande fogo. Esta é a figura que Tiago usa para descrever o estrago feito por nossas palavras imprudentes e descuidadas. "Assim, também a língua, pequeno órgão […] é fogo […] não só põe em chamas toda a carreira da existência humana, como também é posta ela mesma em chamas pelo inferno" (3:5,6).

A Bíblia nos adverte a não subestimarmos o potencial destrutivo daquilo que dizemos. Uma observação incendiária pode originar um inferno de males emocionais. A melhor maneira de prevenir as chamas da ira é não acender a primeira fagulha. Precisamos deixar que a sabedoria de Deus examine os nossos pensamentos, antes que eles saiam de nossa boca. "A sabedoria, porém, lá do alto é, primeiramente, pura; depois, pacífica, indulgente, tratável, plena de misericórdia e de bons frutos, imparcial, sem fingimento" (v.17).

Ao buscarmos a sabedoria na Palavra de Deus, podemos apagar as faíscas da desavença e, em troca, falar palavras de paz. —DAVID MCCASLAND

Palavras não podem quebrar os ossos,
mas podem partir os corações.

23 de dezembro

Festejem a criança

Leitura: Lucas 2:8-14

…é que hoje vos nasceu, na cidade de Davi, o Salvador, que é Cristo, o Senhor. —LUCAS 2:11

Por que festejamos o aniversário de Jesus de forma tão diferente de outros aniversários? Quando se trata de honrar figuras históricas que tem um dia comemorativo, não pensamos nelas quando eram bebê. Não temos figuras de um pequeno e engraçado bebê em sua cabana de madeira. Não, nós os lembramos por suas contribuições como adultos.

No entanto, é apropriado celebrarmos Jesus quando criança. Pense nisto. Quando Ele nasceu os pastores vieram para honrá-lo (Lucas 2:15,16). Mais tarde, os magos do oriente lhe trouxeram presentes (Mateus 2:8-12). Estas pessoas não tinham ideia do que Cristo cumpriria quando fosse adulto. Mas estavam certas do que fizeram por que o nascimento de Jesus foi o evento mais notável na história da humanidade.

Que maravilhoso! Deus em forma humana. O Criador do Universo visitando este planeta. Não hesitemos em celebrar esta criança no Natal. Maravilhe-se com a Sua encarnação. Permaneça admirada diante deste pequenino bebê, que criou os Seus adoradores. Então admire-se ainda mais, pois a história se torna ainda melhor. Este bebê cresceu e se tornou adulto, viveu uma vida perfeita e morreu de boa vontade pelos seus e pelos meus pecados.

Celebre o bebê e confie no Salvador. Assim podemos fazer do Natal uma festa completa.

—DAVE BRANON

Os homens sábios de hoje adoram a criança de Belém e o Homem do Calvário.

Leitura da Bíblia em um ano
NAUM 1–3;
APOCALIPSE 14

APLICAÇÃO PESSOAL

Gratidão

Orar por

Leitura da Bíblia em um ano

HABACUQUE 1–3;
APOCALIPSE 15

APLICAÇÃO PESSOAL

Gratidão

Orar por

24 de dezembro

Nascido para morrer

Leitura: Mateus 1:18-25

…tal como o Filho do homem,
que não veio para ser servido,
mas para servir e dar a sua vida
em resgate por muitos.
—MATEUS 20:28

Embora milhões de pessoas festejem o nascimento de Jesus, poucos parecem estar conscientes de seu verdadeiro significado.

Reconhecemos que Seu nascimento foi incomum porque Ele nasceu de uma virgem. Sua vida também foi sem igual, pois Ele foi o único que viveu sem pecado. Sua morte também foi incomum. Jesus não foi um mártir. Ele não foi uma vítima de circunstâncias infelizes, morrendo por uma causa nobre. E Ele também não entregou a Sua vida apenas para deixar um bom exemplo. Há razão muito maior do que isto. O Senhor Jesus veio a este mundo para ser o nosso Salvador!

O próprio Jesus disse que veio para "buscar e salvar o perdido" (Lucas 19:10). Quem é o perdido? A Bíblia nos diz que "todos pecaram" e que "o salário do pecado é a morte" (Romanos 3:23; 6:23). Para salvar o mundo, Jesus tinha que morrer por ele. O Senhor veio, teve uma vida perfeita e então sofreu a morte que nós deveríamos sofrer. O verdadeiro sentido do Natal é o fato de Jesus ter nascido para morrer. Ele foi crucificado e ressuscitou dos mortos, todos os que creem nele recebem o perdão dos pecados e a certeza de irem para o céu (João 1:12).

Você já aceitou o presente da salvação de Deus? Se ainda não, aceite-o hoje e este será o melhor Natal que você já teve. —RICHARD W. DEHAAN

Se a cruz não ofuscar a manjedoura, perde-se o verdadeiro significado do nascimento de Cristo.

25 de dezembro

Escondido à vista de todos

Leitura: Lucas 1:26-35

Eis que conceberás e darás à luz um filho, a quem chamarás pelo nome de Jesus. —LUCAS 1:31

Uma congregação encontrou a resposta para os seus problemas financeiros em uma das paredes da igreja. E a resposta estava "escondida" ali por mais de 25 anos! Alguém finalmente reconheceu uma peça de arte pendurada na capela — tratava-se de um bloco de madeira valioso, feito por Albrecht Dürer, no ano de 1493. A peça mostra como o anjo conta para Maria que ela daria à luz ao Filho de Deus.

Alguns membros simplesmente não podiam acreditar que não se deram conta do valor desta antiga obra-prima, e até diziam: "Se ela fosse verdadeira, por que estaria aqui?"

E nós? Deixamos de perceber o valor do acontecimento representado naquela peça de madeira?

Jesus não se esconde. A verdade de Deus veio a este mundo em forma humana foi anunciada abertamente em Sua Palavra. Está refletida em nossa arte e nos hinários. Mas o significado do nascimento de Cristo ainda é negligenciado. Ficamos tão envolvidos em atividades, que perdemos de vista o valor imensurável de reconhecer quem é aquela Criança.

O que está faltando é a nossa adoração. Pense no significado do Seu nascimento. Jesus é Deus! Ele veio para nos salvar dos nossos pecados (Mateus 1:21) e nos dar vida eterna (João 3:14-18).

Neste Natal, una-se aos magos e aos pastores e dê louvores a Jesus — Deus, que se tornou homem.

—MART DEHAAN

O nascimento de Cristo trouxe o Deus infinito para o homem finito.

Leitura da Bíblia em um ano
SOFONIAS 1–3; APOCALIPSE 16

Leitura da Bíblia em um ano

AGEU 1–2;
APOCALIPSE 17

APLICAÇÃO PESSOAL

Gratidão

Orar por

26 de dezembro

Decepcionado

Leitura: Lucas 2:8-20

Maria, porém, guardava todas estas palavras, meditando-as no coração. Voltaram, então, os pastores glorificando e louvando a Deus... —LUCAS 2:19,20

A noite do nascimento de Jesus foi emocionante para Maria e José. Diante dos seus olhos estava o bebê milagroso, cuja vinda a este mundo havia sido anunciada por um anjo. Os pastores se emocionaram quando viram e ouviram "...uma multidão da milícia celestial, louvando a Deus..." e anunciando o Seu nascimento (Lucas 2:13).

Mas não demoraria muito até que Maria e José enfrentassem as tarefas rotineiras de cuidar de um bebê recém-nascido e todas as responsabilidades que advêm disto. Os pastores estariam de volta aos campos, cuidando de suas ovelhas. Todos os fatores poderiam contribuir para uma decepção emocional, a qual geralmente se segue os momentos de grande emoção.

No entanto, não acredito que eles experimentaram qualquer "depressão pós-natalina." Maria não esqueceu repentinamente tudo o que tinha acontecido, os pastores não podiam esquecer facilmente o que ouviram e viram (vv.19,20). A mensagem dos anjos provou ser verdadeira e suas vidas experimentaram nova esperança.

Não existe razão alguma para a desilusão pós-natalina. Conhecemos toda a história. Jesus veio para morrer por nossos pecados e Ele venceu a morte por nós ao ressuscitar do túmulo. Temos verdades maiores sobre as quais ponderar e mais motivo para glorificar a Deus do que Maria e os pastores tiveram.

—HERB VANDER LUGT

Você se sente deprimida hoje?
Olhe para o alto.

27 de dezembro

O lugar de origem

Leitura: Miqueias 5:1-4

E tu, Belém-Efrata […] de ti me sairá
o que há de reinar em Israel…
—MIQUEIAS 5:2

Repentinamente a pequena cidade de Belém foi alvo de muita atenção. Judeus de muitas partes do mundo vieram para serem alistados no recenseamento decretado por César. Maria e José vieram de Nazaré. Os pastores vieram dos campos para ver o Bebê, deitado numa manjedoura (Lucas 2:15,16), depois que uma multidão de anjos havia anunciado: "Glória a Deus nas maiores alturas, e paz na terra entre os homens, a quem ele quer bem" (v.14).

Todos os anos no Natal, em nossa imaginação vamos a Belém para celebrar o nascimento de Jesus. Mas não podemos ficar lá; precisamos ir embora de novo. Os anjos voltaram para o céu. Maria e José foram a Jerusalém e depois procuraram por segurança no Egito.

A saída dos pastores nos dá uma mensagem clara. Eles deixaram o estábulo e contaram para todos sobre a Criança Santa. "Todos os que ouviram se admiraram das coisas referidas pelos pastores" (v.18).

Podemos fazer o mesmo. Miqueias profetizou que de Belém viria o Governante de Israel, o Eterno Criador do mundo que veio para salvar a humanidade dos pecados (Miqueias 5:2). Neste ano, unamo-nos àqueles que saíram de seus lugares de origem e foram a Belém para proclamar as boas-novas de Cristo, que veio para nos salvar. —DAVID C. EGNER

O evangelho é um presente que você pode guardar e, mesmo assim, passá-lo adiante.

Leitura da Bíblia em um ano
ZACARIAS 1–4;
APOCALIPSE 18

APLICAÇÃO PESSOAL

Gratidão

Orar por

**ZACARIAS 5–8;
APOCALIPSE 19**

APLICAÇÃO PESSOAL

Gratidão

Orar por

28 de dezembro

Trovões de Deus

Leitura: Salmo 81:6-10

*Clamaste na angústia, e te livrei;
do recôndito do trovão eu te respondi...*
—SALMO 81:7

Os trovões ressoam sobre as montanhas ao redor, ecoando por entre os penhascos e os desfiladeiros, fazendo tremer o solo com ruídos sônicos celestiais. Meu velho cachorro foge, e eu fico olhando admirado e encantado.

A tempestade me lembra do "recôndito dos trovões" do qual Deus respondeu ao Seu povo (Salmo 81:7). Israel clamava dos campos de trigo e dos fornos de tijolos do Egito. No seu devido tempo, a salvação de Deus chegou em forma de chuvas e granizo (Êxodo 9:13-34).

Outro salmo fala da tempestade que ofuscou a Israel quando passaram pelo mar Vermelho (Salmo 77:16-20). O seu trovão significou a morte para os egípcios, mas a libertação para o povo de Deus. Cada trovão que ressoava era a voz consoladora de um Pai falando aos Seus filhos.

Quando Jesus anunciou a Sua morte, em João 12:28,29, Ele pediu que Seu Pai glorificasse o Seu nome. Uma voz do céu respondeu, dizendo: "Eu já o glorifiquei e ainda o glorificarei." Para a multidão a voz soava como trovão.

Você está com problemas? Clame a Deus em sua tristeza e angústia. Talvez não ouça nenhum trovão, mas Ele vai ecoar nos céus mais uma vez, quando responder do esconderijo dos trovões. Deus dirá palavras de conforto ao seu coração e irá libertá-la de seus temores. —DAVID H. ROPER

Aqueles que confiam em Deus
encontram conforto em Seu poder.

29 de dezembro

Incompatível?

Leitura: 1 Pedro 3:8-17

…sede todos de igual ânimo, compadecidos, fraternalmente amigos, misericordiosos, humildes. —1 PEDRO 3:8

Leitura da Bíblia em um ano
ZACARIAS 9–12;
APOCALIPSE 20

APLICAÇÃO PESSOAL

A citação de uma revista de esportes expressa uma verdade que nós, como pessoas de fé, negligenciamos algumas vezes: "O que conta mais para se criar um time de sucesso não é o quão compatível os seus jogadores sejam, mas como eles enfrentam as incompatibilidades." Quando não nos damos bem com outros, temos a tendência de ignorar e deixá-los de lado.

Deus nos chama a tomarmos outra posição: "…sede todos de igual ânimo, compadecidos, fraternalmente amigos, misericordiosos, humildes, não pagando mal por mal ou injúria por injúria; antes, pelo contrário, bendizendo, pois para isto mesmo fostes chamados…" (1 Pedro 3:8,9).

Oswald Chambers nos lembra: "Na vida espiritual, tenha cuidado para não caminhar conforme as afinidades naturais. Todos têm afinidades naturais; gostamos de algumas pessoas e de outras não. Nunca devemos deixar que este 'gostar e não gostar' governe a nossa vida cristã. Se caminhamos 'na luz', como Deus está na luz, Ele nos dará comunhão com pessoas, com as quais não temos nenhuma afinidade natural."

É muito normal termos nossas preferências e gostos. Mas quando buscamos honrar ao Senhor em nossos relacionamentos, a compaixão, o amor, a humildade e a bondade são os passos sobrenaturais que Deus ordena, para tratarmos as incompatibilidades.

—DAVID MCCASLAND

Gratidão

Orar por

A melhor maneira de preservar a paz
na igreja é promover a sua união.

Leitura da Bíblia em um ano

ZACARIAS 13–14;
APOCALIPSE 21

APLICAÇÃO PESSOAL

Gratidão

Orar por

30 de dezembro

Os anjos dormem?

Leitura: Deuteronômio 30:11-14

Pois esta palavra está mui perto de ti, na tua boca e no teu coração, para a cumprires. —DEUTERONÔMIO 30:14

Um amigo meu tem uma filha de 5 anos que está a caminho de se tornar uma teóloga. Certo dia, ela perguntou ao seu pai: "Os anjos dormem?" Depois de pensar nas dimensões teológicas de sua pergunta, ele respondeu: "Sim, eu penso que sim." A menina prosseguiu com a próxima pergunta: "Bem, então como eles conseguem vestir os seus pijamas por sobre as asas?"

Talvez nos assemelhemos mais a esta criança do que imaginamos. Parece que nunca passamos da idade de fazer perguntas interessantes, que não precisam ser respondidas. É bom sermos curiosos, mas não é saudável nos tornarmos obcecados com questões que na verdade não têm tanta importância. Tais perguntas podem nos desviar de nossa fé.

O que precisamos saber sobre Deus e a Sua vontade para nós está escrito claramente nas Escrituras. As palavras que Ele falou por meio de Moisés a Seu povo também são verdadeiras para nós, hoje. "Porque este mandamento que, hoje, te ordeno não é demasiado difícil, nem está longe de ti […]. Pois esta palavra está mui perto de ti, na tua boca e no teu coração, para a cumprires" (Deuteronômio 30:11,14).

A Bíblia não é um enigma; é uma revelação. Ela nos diz tudo o que precisamos saber para sermos tudo o que Deus quer, em qualquer situação da vida.

—HADDON W. ROBINSON

A Bíblia é sábia naquilo que diz e também no que não diz.

31 de dezembro

Ontem, hoje, amanhã

Leitura: Filipenses 3:15-21

*…prossigo para o alvo […].
Irmãos, sede imitadores meus…*
—FILIPENSES 3:14,17

Leitura da Bíblia em um ano
MALAQUIAS 1–4;
APOCALIPSE 22

APLICAÇÃO PESSOAL

Em sua pintura *Uma alegoria da prudência*, o artista do século 16, Titian, retratou a prudência como um homem com três cabeças. Uma cabeça era a de um jovem olhando para o futuro, a outra era de um homem maduro observando o presente e uma terceira era de um homem idoso e sábio fitando longamente o passado. Acima das cabeças, Titian escreveu uma frase em Latim, que significa: "Do exemplo do passado, o homem do presente age de forma prudente para não colocar em risco o futuro."

Precisamos deste tipo de sabedoria para vencer a ansiedade criada pelos fracassos do passado e os temores de repeti-los no futuro, e que nos priva de vida plena agora. Paulo foi capaz de "esquecer" o seu passado e olhar com antecipação para o futuro (Filipenses 3:13,14). Isto não significa que sua memória foi apagada, mas que Paulo estava livre de qualquer culpa ou orgulho que talvez tenha sentido por causa de seus atos do passado, isto porque Deus o perdoou. Esta atitude o capacitou a viver o presente e "…prosseguir para o alvo, para o prêmio da soberana vocação de Deus em Cristo Jesus" (v.14). Por isso, ele tinha uma única paixão — conhecer melhor a Cristo.

Ao findarmos este ano, consagremo-nos novamente a Cristo. Ele nos capacitará a viver plenamente no presente, ao adquirirmos sabedoria do passado e enfrentarmos o futuro com coragem.

—DENNIS DEHAAN

Nunca permita que um passado desolador venha ofuscar um futuro brilhante.

Gratidão

Orar por

Meus pensamentos

Como foi o meu ano?

PRINCIPAIS OBJETIVOS ALCANÇADOS

Sou grata por

VIDA ESPIRITUAL

RELACIONAMENTOS

CUIDADO PESSOAL E SAÚDE

FINANÇAS

Meus motivos de oração para este ano

VIDA ESPIRITUAL

FAMÍLIA

VIDA PROFISSIONAL

FINANÇAS

Temas para leitura

AMIZADE

AMOR

ANSIEDADE

CONSOLO

ENCORAJAMENTO

ESPERANÇA

FÉ

GRATIDÃO

Temas para leitura

HUMILDADE

PAZ

PERDÃO

RECONCILIAÇÃO

SANTIDADE

SEGURANÇA

SOFRIMENTO

TENTAÇÃO

© 2024 Ministérios Pão Diário. Todos os direitos reservados.

COORDENAÇÃO EDITORIAL: Adolfo Hickmann
TRADUÇÃO: editores do *Pão Diário*
ADAPTAÇÃO E EDIÇÃO: Rita Rosário
PROJETO GRÁFICO: Audrey Novac Ribeiro
CAPA: Rebeka Werner
IMAGENS: © Shutterstock, © Freepik
DIAGRAMAÇÃO: Raquel Segala Ribeiro

REFERÊNCIAS BÍBLICAS:
Exceto se indicado o contrário, as citações bíblicas foram extraídas da Bíblia Sagrada: Edição Revista e Atualizada de João F. de Almeida @ 1993, Sociedade Bíblica do Brasil. Sociedade Bíblica do Brasil.

Proibida a reprodução total ou parcial, sem prévia autorização, por escrito, da editora. Todos os direitos reservados e protegidos pela Lei 9.610, de 19/02/1998.

Pedidos de permissão para usar citações deste livreto devem ser direcionados a: permissao@paodiario.org

PUBLICAÇÕES PÃO DIÁRIO
Caixa Postal 9740, 82620-981 Curitiba/PR, Brasil
publicacoes@paodiario.org
www.publicacoespaodiario.com.br
Telefone: (41) 3257-4028

1ª impressão: 2024

Impresso na China

- Adoro ao Senhor!
- Deus é amor
- Eu sou amada por Deus
- Eu sou amada por Deus
- Confio em Deus
- Canto em Seu louvor
- Importante! (×10)
- Quero ser amiga de Deus
- Quero ser amiga de Deus
- Confie no Senhor de todo o coração... Provérbios 3:5
- Tenho fé
- Tenho coragem
- Sou grata
- Sou forte
- Eu creio
- Não esquecer! (×5)
- Culto
- Célula
- Retiro
- Culto
- Culto
- Célula
- Retiro
- Reunião
- Posso todas as coisas por meio de Cristo, que me dá forças. Filipenses 4:13
- Amém! (×3)